Titus Milech   Tatort Deutschland

Titus Milech

Tatort Deutschland

Meine unheimliche Heimat

Herausgegeben von Erhard Roy Wiehn
Hartung-Gorre Verlag Konstanz

Umschlag-Titelseite: Blalla W. Hallmann, "Angst" 1956, Linolschnitt;
© 2026 bei Dr. Eva Zeltner.
Umschlag-Rückseite: Dr. med. Titus Milech (Foto: Matthias Reichelt, Berlin);

Bibliografische Information Der Deutschen Nationalbibliothek
Die Deutsche Nationalbibliothek verzeichnet diese Publikation in der Deutschen Nationalbibliografie; detaillierte bibliografische Daten sind im Internet über <http://dnb.dnb.de> abrufbar.

Lektorat: Erhard Roy Wiehn

2. Auflage 2026; 1. Aufl. 2017
Verlag: Hartung-Gorre Verlag, Säntisblick 26, 78465 Konstanz,
verlag@hartung-gorre.de
Druck: Libri Plureos GmbH, Friedensallee 273, 22763 Hamburg

ISBN: 978-3-86628-602-3 und 3-86628-602-3

Inhalt

***den Millionen bekannter und unbekannter Opfer
der Deutschen
gewidmet***

"Wenn Sie mir von Ihren Grübeleien erzählen, kann ich Sie von dem Wahn befreien, dass man ein Deutscher sein muss. Sollte man dies gottverlassene Volk nicht sich selbst überlassen?"[1]

(Sigmund Freud, 1932)

"Die Selbstdurchhellung als Volk in geschichtlicher Besinnung und die persönliche Selbstdurchhellung des Einzelnen scheint zweierlei. Doch geschieht das erstere nur auf dem Weg über das zweite ..."[2]

(Karl Jaspers, 1946)

"Deutschland ist ein in zwei Stücke zerfahrener Regenwurm; beide Teile krümmen sich, beide vom gleichen Faschismus verseucht, jeder auf seine Weise."[3]

(Victor Klemperer, 1957)

"Dieses Land [Österreich] kann uns krank machen aus Ekel, weil es das unsere ist. Aber man wird es weiterhin lieben auf unsere Art mit einer gequälten Liebe."[4]

(Jean Améry, 1977)

"Deshalb habe ich Deutschland verlassen, genauer gesagt bin geflohen, so wie jeder, mit etwas Einfühlsamkeit versehene Deutsche schlechterdings von diesem ernsten und furchtbar Goethe'schen Deutschland wegläuft."[5]

(Serge Rezvani, 2000)

"Das wirkt so fröhlich 'Heimat'. Aber kaum ist man auf der Suche nach dem, was Deutschland ausmacht, breitet sich Melancholie aus."

(Michael Winteroll, 2007)

---

[1] Auszug aus einem Brief vom 18. 8. 1932 an Arnold Zweig.

[2] Karl Jaspers, *Die Schuldfrage*, S. 77.

[3] Victor Klemperer, 1999.

[4] Christine Lecerf,

http://www.lemonde.fr/livres/article/2008/01/17/irene-heidelberger-leonard-l-homme-qui-n-a-pas-connu-la paix_1000329_3260.html [zuletzt: 15.02.2017]

[5] Serge Rezvani, 2000.

DANK

Danken möchte ich all den vielen Freunden besonders in Frankreich und in Griechenland, die mir Mut gegeben haben, diese Arbeit zu machen und zu Ende zu führen.

Einen ausgesprochen herzlichen Dank Josefine Geier und Matthias Reichelt für ihre aufmerksame Beratung, die äußerst gewissenhafte Korrektur und die zahlreichen Literaturtipps.

Auch meinen Erstlektorinnen und Ratgeberinnen, Colette Seehof-Pauze, Dany Toroyan und Katarina Kaouki gilt mein innigster Dank.

Großen Dank meiner Schwester Gundula und meinem Neffen Lucian für ihre bedeutende praktische Hilfe sowie meinem Freund Jean Eduard Colleter, der mich regelmäßig auf neue Veröffentlichungen zum Thema aufmerksam macht.

Ganz besonders danken möchte ich Prof. Erhard Roy Wiehn für die Aufnahme meines Buches in seine Edition Schoáh & Judaica sowie für seine so sorgfältige und wertvolle Hilfe bei der Herausgabe des Buches.

Ebenso meinen besten Dank Herrn Wolfgang Hartung-Gorre vom gleichnamigen Verlag in Konstanz.

VORWORT

Thessaloniki, den 6. Juni 2015

Nach langem Zögern habe ich mich entschlossen, dieses Buch gänzlich[6] *in deutscher Sprache neu zu schreiben. Es basiert auf Tagebuchaufzeichnungen, die seit 1998 und während zwei Deutschlandreisen in den Jahren 2000 und 2001, 22 Jahre nach meiner Ansiedlung in Frankreich, entstanden sind. An eine Publikation hatte ich damals nicht gedacht. Die erste Reise unternahm ich, um möglichst alle Orte aufzusuchen, in welchen ich gelebt habe. Die zweite, die ebenso wie die erste zwei Wochen dauerte, war ausschließlich dem Besuch einiger weniger der zigtausend*[7] *Tatorte des NS-Regimes gewidmet.*

Zwischen 2002 und 2007 habe ich meine Aufzeichnungen ins Reine geschrieben und ergänzt. Erst etwa 2008 kam mir der Gedanke, sie zu veröffentlichen. Anfang 2011 erschienen sie in Buchform zuerst in Frankreich und 3 Jahre später, grundlegend überarbeitet, in Griechenland.

Das hier vorliegende Buch in deutscher Sprache, wenn auch weiterhin auf meinen Tagebuchnotizen basierend, ist im Großen und Ganzen neu verfasst worden. Die im Laufe der Überarbeitungen hinzugefügten Ergänzungen sind durch Kursivschrift und mit Datum gekennzeichnet.

Jetzt, etwa 15 Jahre nach der ursprünglichen Niederschrift und einer gewissen "Befriedung", die sich sicherlich auch dank der Arbeit mit dem Thema eingestellt hat, kann ich manches Erstaunen und manchen Einwand einiger Leser besser verstehen. Des Öfteren hörte ich, dass man mir meinen geschilderten kindlichen Leidensweg keineswegs anmerke. Auch selbst falle ich immer wieder in die anerzogene Haltung, mein eigenes und wirkliches Erleben schönzureden oder als Einbildung abzutun. Es endlich ernst genommen zu haben und ihm die gebührende Aufmerksamkeit zu widmen, hat es mir erleichtert, auch die "sonnigen" Seiten meiner Kindheit erneut zu erkennen; Erfahrungen von Zuneigung und Zärtlichkeit, die mir trotz "allem" eine Lebensbejahung und Entfaltung ermöglichten. – Ich zweifele keineswegs an den Gefühlen und Liebesbezeugungen meiner Nächsten, aber wir wissen, wie sehr die Einschätzungen der Nahestehenden vom eigenen Erleben abweichen können.

Ich gehöre zu den unzähligen Fällen, die auch viele Nazitäter charakterisieren, wo ein äußerlich "so lieber Junge" oder "so ruhiger und friedlicher Mann" innere Wunden verbirgt, die ihn gegebenenfalls zu einem potenziellen

---

[6] Ursprünglich habe ich mein Tagebuch, je nach Eingebung, sowohl in Französisch als auch in Deutsch geschrieben. Für die erste Buchform habe ich die deutschen Passagen ins Französische übersetzt.

[7] Volker Steinhoff, 2001.

Gewalttäter oder Mitläufer werden lassen. – Wie viele spätere Opfer des Nazismus haben in den Anfängen des Regimes, Adolf Hitler als "undeutsch"[8] *empfunden. Wie viele waren sich sicher, dass in einem Land mit einer so hochentwickelten geistigen Kultur und vielen so "gut erzogenen Bürgern" eine nationalistische und rassistische Regierung nie wirklich Fuß fassen könne.*

Auf einen anderen Einwand, dieser Widerspruch sei nicht typisch deutsch, bin ich in den vorherigen Büchern nur wenig eingegangen. Natürlich ist er es nicht – Mireille Mathieu nannte einmal die Japaner "Deutsche in Gelb". Dieser Widerspruch ist aber in der deutschen Tradition sehr ausgeprägt und wurde, gemischt mit anderen "Schwächen", tatsächlich ausschlaggebend. Die geschichtlichen Ereignisse haben dies bewiesen.

Auch bin ich mir bewusst, wie einfach es ist, in rassistische Muster zu gleiten und z.B. anstelle des Juden, den Deutschen zu setzen.

Wenn ich vom "deutschen Wahn" spreche, gehe ich von den Krankheitszeichen aus, die während der "dunkelsten Zeit unserer Geschichte"[9] *zu Tage getreten sind. Auch wenn ich, wie allzu viele, lieber an eine "einfache Entgleisung" oder einen "Betriebsunfall" glauben würde (was mir nicht möglich ist), kann ich das Geschehene damit nicht abtun oder verkleinern. Außerdem sollten wir auch bei einem "einfachen Ausrutscher" versuchen seine Hintergründe zu kennen, um weiteren "Fehltritten" vorzubeugen.*

Wir werden wahrscheinlich nie dazu fähig sein, das wirkliche Ausmaß der von uns[10] *verursachten Katastrophe zu ermessen! Die Aufforderung hierzu, das Sich vergegenwärtigen des zugefügten menschlichen Leids zum einen und der Schuld zum anderen bringt uns an unsere Grenze des Ertragbaren und droht uns krank zu machen. Hier erfahren wir, wie entsetzlich "natürlich" und gefährlich "heilsam" das Verdrängen und das Vermeiden sein können. Aber, sobald wir diesem Leid und dieser Schuld einmal wirklich begegnet sind, können wir Entschuldigungen, Verharmlosungen oder gar "Beschönigungen" unter keinen Umständen mehr dulden.*

---

[8] Siehe u.a., Victor Klemperer, *Tagebücher 1933–1945.* (1995) oder Erika Kounio-Amariglio, *Damit es die ganze Welt erfährt* (2003).

[9] "Die Geschichte der Deutschen. Von den Germanen bis zur Wiedervereinigung", *STERN-EXTRA*, N 3/2010.

[10] Wenn ich hier "uns" schreibe, meine ich damit nicht die deutschen Nachkriegsgenerationen, sondern als Mitglied des, aus der Perspektive des Auslands so genannten "Tätervolkes". Der zweite Grund "uns" zu schreiben kommt daher, dass ich mich, wenn auch völlig unlogischerweise, für die deutschen Verbrechen mitschuldig fühle. Wie später weiter ausgeführt wird, ist diese "unlogische" Identifizierung psychoanalytisch aus meiner Mutterbeziehung zu erklären.

EINLEITUNG

Wie war das möglich?[11] Dieser Schlusspunkt der westlichen Kultur,[12] vom deutschen Volk gesetzt und in Deutschland verwirklicht, die Schoah.

Sind der Holocaust und alle anderen deutschen Verbrechen während der Nazizeit nicht eher ein Beweis als eine Frage?

Der Beweis, dass uns eine hochentwickelte "Zivilisation" vor dem Begehen unvorstellbarer Schandtaten nicht schützt. Der Beweis, dass, wie der französische Schriftsteller deutschen Ursprungs, Georg-Arthur Goldschmidt,[13] betont, das absolute Verbrechen im deutschen Sprachraum stattgefunden hat.

Der Beweis schließlich, dass die Menschen in diesem Sprachraum von einer, ihnen eigenen, seelischen "Anfälligkeit" bewohnt sein mussten und möglicherweise noch immer sind, die sie unter gewissen Umständen zu jenen *außer*ordentlichen Untaten fähig gemacht haben.

Das absolute Verbrechen[14] wurde in Deutschland und von Deutschen begangen. Ist somit Deutschland nicht zwangsläufig *der* Tatort schlechthin?

Trotz meiner französischen Nationalität und meiner nun fast 40 Jahre zurückliegenden Auswanderung fühle ich mich (wider Willen) immer noch als Deutscher. Und als Deutscher bin ich beschämt, entsetzt und habe zuweilen Schwierigkeiten, mich selbst zu ertragen. Trotz meines Sprunges in die Ferne werde ich meinen *Ur*sprung nicht los. Meine Muttersprache wird stets Deutsch bleiben.

Meine Absicht ist nicht in erster Linie, eine neue historische oder psychoanalytische Studie dieser zentralen Frage zu erarbeiten. Ich verweise diesbezüglich auf die in der Bibliographie (S. 163 ff.) zitierten Arbeiten und Analysen, denen ich mich oft sehr nahe fühle. Meine Absicht ist keine Absicht, sondern eine Einsicht, eine Sicht in mein Erleben und meine Geschichte.

Die Weise, in welcher diese Frage, "Wie war es möglich?" mein Leben bestimmt hat, war mir lange Zeit nicht bewusst. Erst nach der Lektüre von Chri-

---

[11] Eine kürzlich erschienene, umfassende Studie zu dieser Frage hat der amerikanische Historiker Dan McMillan vorgelegt: How Could This Happen. Explaining the Holocaust, Basic Books, 2014.

Eine tiefgründige und nachvollziehbare Darstellung und Erklärung des "deutschen Wesens" in Bezug zu dieser Frage gibt Norbert Elias, 1992.

[12] Unter anderen spricht Anne Liese Stern (2004) von einem "absoluten Schnitt in unserer Zeit" (S. 229) oder einem "Zivilisationsbruch" (S. 256).

[13] Georges-Arthur Goldschmidt, 1999.

[14] Siehe u.a. Yves Ternon, 2003. http://www.imprescriptible.fr/dossiers/ternon/perception-prevention [zuletzt: 15.02.2017]

stopher Brownings *Ordinary Men*,[15] ab etwa meinem 45. Lebensjahr, bedrängte sie mich so sehr, dass es mir seither zu einem Bedürfnis wurde, mich mit ihr dauerhaft auseinanderzusetzen. Obwohl ich durch meinen äußeren Abstand und meine Heirat in eine jüdische Familie bessere Bedingungen für diese Bewusstwerdung besaß, hat mein Nachdenken über uns Deutsche und unsere Fähigkeit, Unmenschen zu werden, beschämend spät angefangen. Bin ich eine Ausnahme?

Unsere Verbrechen, unseren germanischen Wahn und unsere Unmündigkeit, die dahinter stecken, anzuerkennen, ist ein erster Schritt. In einem zweiten Schritt überprüfe ich meine Familiengeschichte und versuche, meinem eigenen "deutschen Wahnsinn" und unserer gemeinsamen seelisch-geistigen Gebrechlichkeit auf die Spur zu kommen. Mein Wunsch ist es, dazu beizutragen, besonders die unbewussten Beweggründe unserer Verbrechen zu erhellen.

Die Opfer jenes hochmütigen, menschenverachtenden und mörderischen Deutschlands sind für immer zum Schweigen verurteilt. An wen werden sich deren Kinder, Kindeskinder und die Nahestehenden wenden können? Wie viele "Nicht-Deutsche", insbesondere die Nachkommen der Opfer fragen sich, wenn sie einer deutschen Person begegnen: "Was haben wohl ihre Angehörigen, Vater, Großvater oder andere Mitglieder ihrer Familie während der Nazizeit getan oder gedacht? Welche Positionen hatten sie inne, haben sie mitgemacht und wie kommen sie damit heute zurecht?" Oft empfinden diejenigen, die sich dies fragen, eine Scheu und halten sich zurück, um dem Gegenüber keine Unannehmlichkeiten zu bereiten. Und falls sie doch zu fragen wagen sollten, welche Deutsche geben hier gerne und offen Auskünfte? Ganz davon abgesehen, ob die Befragten die Wahrheit darüber, was in ihren Familien geschehen ist, überhaupt kennen. Da ich dieses Bedürfnis zu wissen sehr gut nachempfinden kann, möchte ich hier (auch ohne gefragt zu sein) so klar wie möglich antworten.

Das Mindeste, wozu wir bereit sein sollten, ist, sehr aufmerksam zuzuhören, was diejenigen zu sagen haben, denen auf Grund des deutschen Wahns die schrecklichsten Leiden widerfahren sind. Aber gibt es nicht viele unter uns, die noch immer nichts, oder nichts mehr davon wissen wollen?[16]

---

[15] Christopher Browning, 1992. Deutscher Titel: *Ganz normale Männer: Das Reservebataillon 101 und die Endlösung in Polen,* Rowohlt, 1999.

[16] Ein Berichterstatter des Fernsehsenders "Deutsche Welle" zitierte am 27. Januar 2015, anlässlich des 70. Jahrestages der Befreiung Auschwitz eine Umfrage nach welcher 65% der 14-18-jährigen Deutschen nicht wüssten, was das Wort "Auschwitz" bedeutet.

Auch ich bin ein Erzeugnis des "deutschen Wahnsinns". Auch in meinen Wurzeln sitzt er, selbst wenn er in meinem Leben und Handeln anscheinend bisher noch nicht in einer tragischen Form zum Ausbruch gekommen ist. Zusätzlich zu dem ererbten Kranksein bin ich auch noch persönlich krank geworden; an dem Deutschtum, das mir überliefert wurde, an seiner Blindheit über sich selbst, an der Falschheit und den lächerlichen (ein Kind aber sehr beeindruckenden) Posen[17] fast aller "Respektspersonen", denen ich in meinem Leben begegnet bin.

Ich kann meine deutsche Sprache kaum noch ertragen, und seit langem, nur mit Unbehagen hören oder sprechen. Diese Sprache des Befehlens, der unablässigen Bemerkungen und der Besserwisserei. Auch meine deutsche Stimme, die ewig ihren Ursprung verraten wird, kann ich nicht mehr hören. Mein deutscher Ton stört mich mehr, als es ein hässlicher Sprachfehler tun könnte.

Die, in unübertroffener Gründlichkeit, absolut "meisterhaft" verwirklichten schlimmsten Verbrechen der Menschheitsgeschichte sind in meiner Muttersprache angeordnet worden und haben sich aus der "Kultur" meiner Ursprünge entwickelt. Daran kann keine Erklärung und noch weniger keine Entschuldigung etwas ändern. Wir haben keine "Ausrede". – Wir sollten uns aus*sprechen*, können uns aber meistens nur aus*reden*. Wie könnte ich deshalb nicht mein Leben lang gequält sein und mich dauernd und eindringlich damit abgeben?

Immer mehr habe ich den Eindruck, nicht das, was wir sagen und bewusst wollen, bestimmt die Geschichte, sondern was wir unbewusst zutiefst wünschen. In diesem Sinne werden aus den geschichtlichen Fakten sichtbare Darstellungen dessen, was zuvor nur im Schatten lag. So erscheint mir auch die gesamte "Hitlerei" als ein Ausdruck oder ein Beweis der unbewussten Bedürfnisse und Ängste der großen Mehrheit unserer Sprachgemeinschaft.

Können wir wissen, wie viele derjenigen, die äußerlich nicht aktiv "dabei" waren, die Aktiven unbewusst damit beauftragt haben, verhinderte Abreaktionsbedürfnisse an ihrer statt zu befriedigen? Vielleicht haben die "Untätigen" weit mehr "getan" als nur das Zulassen oder das Dabeistehen?

Vielleicht wird die ausschlaggebende Bedeutung dieser unbewussten "Täterkategorie" sowie anderer "Mitläufer" oder "Passiven" für das Zustandekommen des "Undenkbaren" noch immer unterschätzt? Gehören nicht auch einige meiner Vorfahren zu dieser Kategorie? Jedenfalls sagt uns unsere deutsche

[17] Arno Gruen, 2002.

Sprache, dass die "*Nicht*-tat" zur Untat werden kann, zum Verbrechen, zur Schandtat.

Wenn sich alle "vernünftigen" Deutschen nach dem Krieg ihrer "Untaten" und dem endlosen Unheil, das sie bei ihren Mitmenschen verursacht haben, voll bewusst geworden wären, dann hätten sie sich schonungslos selbst das Leben nehmen müssen! Auch in meiner Familie hat das fast keiner getan.[18] Sie haben auch weiterhin vom Leid ihrer Opfer so wenig wie möglich hören wollen und nur über ihr eigenes Leid geklagt.[19]

Keine Krankheit ist heilbar, wenn sie nicht wahrgenommen wird und wenn ihre Gründe verschleiert bleiben. Das einzig Wirksame, um neuen Wahnsinnsausbrüchen vorzubeugen, ist zunächst die Kenntnis der schwachen und zerbrechlichen Stellen in unserem Aufbau und danach unsere Bereitschaft, sie nie aus dem Auge zu verlieren.

BEKANNTMACHUNG

Marseille, den 14. Oktober 1998

Wir, die aus einem Bedürfnis heraus gezeugt sind, welches mächtiger war als das Ethos unserer Erzeuger. Wir, die aus Verzweiflung Gezeugten, wir sind unter der Oberfläche zur Welt gebracht. Wir haben das Unmögliche, das Unlösbare zu erleben und zu bezeugen, das, was nicht da sein sollte, was besser täte, nicht da zu sein.

Ist nicht unser Dasein die Verkörperung des Schattens derer, die uns geschaffen haben, einer Wirklichkeit, die sie nicht mehr alleine tragen konnten?

Marseille, den 8. August 1999

Mir fällt gerade ein, was ich meinen Erziehern gerne gesagt hätte: "Zuerst habt Ihr mir alle Eure Überzeugungen in den Kopf gesetzt und Eure Ängste in mein Herz gepflanzt. Dann habt Ihr mir zu verstehen gegeben, dass alles, was auf meinem eigenen Mist gewachsen ist, Unsinn sei."

---

[18] Erst vor wenigen Jahren habe ich aus Familiendokumenten entnehmen können, dass ein entfernter Verwandter, ein Witwer, kurz vor dem Einmarsch der Russen zunächst seine beiden etwa 20-jährigen Töchter und anschließend sich selbst erschossen habe. Seine Beweggründe seien jedoch nicht die Scham über die deutschen Verbrechen gewesen sondern die Angst vor russischen Vergeltungsmaßnahmen.

[19] Siehe: Hannah Arendt, *Besuch in Deutschland 1950. Die Nachwirkungen des Naziregimes.* In: Zur Zeit. Politische Essays, dtv, München 1989. S. 43–70.

Marseille, den 5. Februar 2000

Ich bin aus Versehen geboren. Ich bin ein Irrtum und irre herum. Ich bin das Versehen und bin ein Versehrter, nicht nur ein Nachkriegsversehrter, sondern ein Seelenversehrter. Das tut mir Leid. Aus dem, was mir Leid tut, mir Leid schafft, ist meine Leidenschaft geworden.

Wenn zwei Versehrte sich finden, dann verbindet jeder mit seiner Wunde die Wunde des anderen. Das fühlt sich so heilsam an. Solange keiner sich rührt.

Marseille, den 4. März 2000

Laut der Bekenntnisse meiner Mutter hätte ich, ebenso wie sie, um ein Haar den Tod kennengelernt. Sie durch Verbluten nach meiner Geburt und ich durch einen Mord.

Aus Verzweiflung habe sie versucht, mir das Leben zu nehmen. Eine Generation später, als ich eines Tages das Schreien meiner Tochter und meine Ohnmacht nicht mehr ertragen konnte, war auch ich nicht weit davon entfernt, ihr dasselbe anzutun. – "Fertig werden damit! Endlich seine Ruhe haben!"

Natürlich erinnere ich mich nicht daran, als es mir beinahe selbst an den Kragen gegangen wäre. Aber ist die Wiederholung nicht ein Hinweis? – Das Weiterreichen geschieht ohne uns. Gleich meiner Mutter, bin auch ich glücklicherweise im letzten Moment "aufgewacht". Die Mordbegierde jedoch ist mir geblieben. Sie erwacht unvermittelt, sobald jemand meine Wunden berührt.

Marseille, den 15. April 2000

Von einem ungenauen Zeitpunkt an, als Heranwachsender, wurden für mich die Stimme und das Sprechen meiner Mutter so unerträglich, dass sich mir der Gedanke aufdrängte, diese Person zu beseitigen. Aber am Ende habe ich an Stelle meiner Mutter ihre Sprache umgebracht und im selben Zug meine eigene auch.

Dauernd befürchte ich, dass niemand weder glauben noch hören kann, was ich hier sage. – Wenn keiner da ist, der uns hört und uns glaubt, dann werden wir wahnsinnig. Was wahnsinnig macht, ist allein, sein einziger Zeuge zu sein.

Marseille, den 19. Juli 2000

Ich empfinde meine Lebensunsicherheit zugleich als ein Glück. Ich habe mein Leben immer über alles geliebt, gerade weil ich schon sehr früh erfahren musste, wie fraglich es ist. Alles, was sich meinen Sinnen anbot, habe ich mit Begeisterung aufgenommen und zu behalten versucht. Denn nichts war sicher.

– Was tun, wenn unser Mörder zugleich unser Retter ist? Da können wir uns nur auf uns selbst verlassen, obwohl wir kaum wissen, wer wir eigentlich sind.

Heute habe ich wieder das seltsame Empfinden, hier auf Erden schon im Jenseits zu sein. Wundersam ist das. Ich habe das Gefühl, nicht mehr zu sehen, sondern zu schauen. Als ob ich nur noch die Seelen all der Menschen anschaue, die um mich herum sind. Hinter ihren Augen, hinter ihren Blicken, jenseits der Gesichter. Für einen Augenblick. Mir ist, als träte ich aus der Zeit heraus, in eine *Un*-Zeit hinein. Als ob ich mich an der Verrückung erprobte. Einem *ent*-rückt-sein, das mich verzückt. Mir ist's, als ob ich unsichtbar geworden wäre und ganz allein … all ein …

Zuweilen finde ich es sehr anstrengend, da zu sein und da zu bleiben.

Mein innigster Wunsch wäre, meine Worte so "beugen" zu können, dass sie genau in die Richtung weisen, die ich "anzeigen" möchte. Doch, wem möchte ich etwas anzeigen? Sind sie nicht alle schon so weit weg? Die Abstände sind so groß geworden. Ich bin völlig außer Sicht geraten. Vielleicht sieht mich schon lange keiner mehr? Ich bin *ent*-setzt.

Je mehr ich das Verständnis meiner eigenen Geschichte und die des Deutschen, der ich bin, vertiefe, je klarer mir unsere deutsche Einfältigkeit (vor allem die meine) vor Augen steht, die Gefahr und die mögliche Grausamkeit unserer deutschen Ideale wie "Güte" und "Pflicht", um so mehr wird mir schwindlig, bis mir am Ende meine Denkfähigkeit völlig entweicht. Mitunter sehe ich das "Unmögliche" meines und unseres menschlichen Daseins so deutlich vor mir, dass mir plötzlich mein Denken erlischt und ich nichts mehr fassen kann. Als ob mir mein Leib diesen Einbruch von Geistes-Stille aufnötigte, um mein Leben zu retten. Ich wünschte mir einen Gnadenzustand, der mir mein Denken erhält.

Marseille, den 6. August 2000

Sicherlich, zu sehr von meinen Erwartungen bedrängt, hat sich gerade die Person von mir abgewandt, von der ich gehofft hatte, geliebt zu werden. Jetzt, wo ich abwesend bin, will sie mich wieder. Sie will mich abwesend.

Aber, wo bin ich eigentlich? Werde ich jemals irgendwo "da" sein? Bin ich das, was ich niemals werden kann, all das was mir fehlt?

BESUCH DER HEIMAT

ERSTER BESUCH – WOHNORTE

Tübingen, den 19. August 2000
und Marseille, den 15. Oktober 2002

Alles ist sauber hier. Die Straßen sind gereinigt, die Häuser frisch gestrichen, die Autos neu oder in Stand gesetzt, die Gärten sind gepflegt. Alle Abzäunungen sind deutlich. Alles ist begrenzt. Nichts steht über. Nichts ist überflüssig oder nicht an seinem Platz. Nichts stört. - Nichts darf stören.

Ich vernehme: "KEINE ANGST! WIR HABEN ALLES IM GRIFF. ALLES IST EINWANDFREI. NICHTS IST GESCHEHEN. WAS WOLLEN WIR MEHR!"

Diese gezwungen höfliche Welt, so zufriedenstellend und befriedigend sie auch an ihrer Oberfläche erscheinen mag, erzeugt in mir die Angst, die sie verdrängt. Ich spüre diese Angst als etwas Gigantisches; überall sickert sie durch. Unweigerlich denke ich an ein Kind, das aus "Dummheit" einen fürchterlichen Fehler begangen hat und nicht mehr ein und aus weiß; nicht weiß, wie es den Schaden beheben kann. Also wird alles aufgeräumt, übergründlich und einwandfrei.

Und ich? Wer bin ich? Wo stehe ich heute? Ich lebte hier. Ich bin hier groß geworden. Aber, ich habe immer schon von etwas anderem geträumt, einem anderen Ort. Einem Ort, wo es warm ist und hell. Ich wollte raus aus dem Dunkel. - Ich wollte zuerst *mich* aus der Angst herausholen und dann die Angst *aus mir.*

Kaum war ich in meiner alten Heimat angekommen, schlug mir alles Sichtbare unvermittelt ins Gesicht. Die Welt der Gegenstände, alles, worauf der Mensch Einfluss haben kann, sprach von einem Willen, einem zwanghaften Willen zur Macht über die Dinge. Ich sah überall das ungeschriebene Ausrufezeichen: Hier wird gemeistert! Hier leben die Meister der Meisterschaft!

Unmittelbar nach dem Erstaunen erschrak ich und spürte die maßlose Angst, die sich hinter dieser Meisterschaft verbirgt. Muss nicht diese Angst - wenn sie dem, der sie hat, nicht bewusst ist - alle seine Taten und Gesten bestimmen?

Auch die menschlichen Bewegungen sprachen, meinem Gefühl nach, von Meisterung oder Beherrschung. Man ist anständig und steht geduldig an. Und wenn einmal ein Einzelner sich abzeichnen möchte, dann klingt das meist falsch oder überheblich.

Baden-Baden, den 21. August 2000
(Autobahnraststätte)

Die deutschen Gesichter sind mir fremd geworden. Ernst sehen die meisten aus, und manche schauen "blöde" daher …

– Plötzlich ertappe ich mich: Bin ich nicht selbst der "Blöde"? Warum verfalle ich so schnell in diese, besonders in unserer Familie, alt eingeschliffene Gewohnheit, völlig unüberlegt zu urteilen und abfällige Bemerkungen zu machen? – Ich kann gut sehr lange von daheim weg sein, meine Wurzeln haben mich nicht losgelassen.

Stuttgart, den 22. August 2000
und Marseille, den 27. Oktober 2002

Manchmal habe ich das Gefühl, völlig verloren zu sein.

Äußerlich sieht man mir das nicht an. Deshalb zweifle ich oft und denke, ich rede mir diese Verlorenheit nur ein, um mich wichtig zu machen. Dennoch weiß ich genau, warum man mir das nicht ansieht. Es liegt daran, dass sich bei mir Verwundungen und Fürsorge die Waage halten und sich in meiner äußerlichen Erscheinung gegenseitig aufheben. In meinem Innern allerdings, leben Himmel und Hölle zusammen.

Ich habe Stuttgart besucht, um das "Heim für uneheliche Mütter" wiederzusehen, wo meine Mutter 1955 mit ihren neuen "unehelichen" Kindern, den Zwillingen, R. und W., wohnte. Die Fassade war unverändert, aber innen war alles anders: endlich überwiegen freundliche Farben und liebenswürdige Menschen; keine vergrämten hässlichen Klosterschwestern traf ich, sondern bildschöne, anmutige Kindergärtnerinnen und Psychologinnen …

Ich bin denselben Weg gegangen, wie im April 1955, bevor ich meine Mutter nach einer, für mich endlosen Trennung zum ersten Mal wieder sah. Meine Mutter weinte. Aber sie weinte nicht aus Freude, mich wieder zu sehen, sondern aus Gram, eines der beiden neuen Kinder, das Mädchen, aufgrund einer Lungenentzündung verloren zu haben. – Vor ein paar Tagen hat mein Halbbruder (der überlebt hat) eine Frage aufgeworfen, die ich mir nie zuvor gestellt hatte: Woher kam die Lungenentzündung? Wer hat, mitten im Winter, vielleicht das Fenster offen gelassen? Hatte unsere Mutter versucht, diesen beiden Wesen das Leben zu nehmen? Weil auch die beiden (wie ich) nicht zum guten Zeitpunkt zur Welt gekommen waren? Alles ist möglich …

Danach bin ich in den Westen der Stadt gegangen. Dort hat meine Mutter im Jahr 1960 einige glückliche Monate verlebt bevor ihr neuer Ehemann (welcher aber nicht der Vater der Zwillinge war) plötzlich verstarb. Sieben Jahre lang, glaube ich, blieb sie in seiner Wohnung. Auch meine Schwester wohnte eine

Zeitlang dort. Manchmal habe ich die beiden dort am Wochenende besucht. Meine Mutter, die gewöhnlich das Kochen hasste, machte uns dann köstliche Fleischklößchen, die wir auf dem Küchenbalkon in der Sonne aßen. Obwohl ich mich fast immer frohsinnig zeigte, drückte eine tiefe Traurigkeit fortwährend auf meine Kehle.

Würzburg, den 23. August 2000
und Marseille, den 2. November 2002

Was mache ich hier?

Ich möchte meine alten Zufluchtsorte wiedersehen.

Zuerst die Max-Heim-Straße auf der Sieboldshöhe. Jemand sagt mir, dass Frau Grün, meine damalige Vermieterin, in der Zwischenzeit verstorben ist.

Im Herbst 1967, nach einem Semester in Wien, habe ich mir Würzburg als Studienplatz ausgesucht. Diese Stadt lag etwa gleich weit entfernt von Tübingen, dem Wohnort meiner Großeltern und München, der Stadt meiner Liebe.

Ich bewohnte in einem bescheidenen Reihenhäuschen eine winzige Dachkammer. Das Fenster ging nach Süden und bot einen weiten Blick über das Maintal. Am liebsten saß ich auf dem Fensterbrett, schaute über den Horizont hinaus und träumte mich weit weg, ans Mittelmeer, in die Wärme und in ein neues Licht.

Rastlos war ich, aber den Mut, mein Leben umzustürzen, hatte ich noch nicht. Nürnberg war die nächste Station. Dort lebte ich zwei Jahre mit meinem querschnittsgelähmten Freund K. 1970 gelang es mir, ein Auslandsstipendium für Lyon zu bekommen. Davor habe ich als Alleinreisender mit meinem alten "Käfer" die Sowjetunion und den Nahen Osten besucht. Zwei Monate dauerte die Reise.

1971 war ich wieder in Würzburg, diesmal aber verheiratet. Wir wohnten zunächst in einem Künstlerdorf, wo U., meine Frau, als Schauspielerin arbeitete. 1975 zogen wir in die Stadt. Ich fing meine Facharztausbildung an und U. hatte auf Psychologie und Philosophie umgesattelt. Ab 1977 lebte ich allein in einem Gartenhaus, im Leutfresserweg. 1978, dank einer Reise nach Kreta, fasste ich den Entschluss, ans Mittelmeer zu ziehen, und 1981 ließ ich mich in Marseille als Psychiater nieder.

Natürlich habe ich auch meine Hütte im Leutfresserweg besucht. Welch trauriger Anblick: die Tür ist offen, die Holzverschalung verschwunden, die Fenster zerbrochen, die Tapeten fallen von der Decke und die Wände sind mit roten Tags besprüht. Der Obstgarten draußen ist verwildert. Nur die Sonne hat sich nicht verändert.

– All diese Wege, die ich in meinem Leben gegangen bin. Wohin geht es jetzt? Was wird aus mir, aus meiner Tochter? Für sie bin ich nicht solch ein Verlorener, sondern ihr Grund, ihr Fundament, die Hälfte ihres Fundaments. Das Wetter ist schön. Ich sitze auf der Terrasse einer Wirtschaft über der Stadt und warte mit Ungeduld auf mein Essen. Hungrig bin ich und müde. Wie von ferne höre ich das Murmeln des fränkischen Dialekts um mich herum. Das klingt vertraut, aber das Schwäbische war lieblicher.

Schon seit Jahren wollte ich diese früheren Wohnorte, die Orte meiner Vergangenheit, aufsuchen, aber irgendetwas hat mich davon abgehalten; vielleicht meine Angst vor der Vergänglichkeit ... ?

Plötzlich kommt mir ein ganz anderer Gedanke. Warum "frisst" der Mensch seine Kinder, wenn er "Hunger" hat?

– Weil die Tiere davonlaufen wenn sie in Gefahr sind, die Menschenkinder nicht.

Frankfurt, den 27. August 2000

Ich nehme wieder das Flugzeug. Ich "gehe" nach Haus.

– Mein Leben hat wirklich schlecht angefangen. Überall fehlte etwas. Ich musste erfinden. Meine Mutter hat mir das früh beigebracht. Wenn ich einen Baukasten oder ähnliches geschenkt bekam, nahm sie die Bauanleitung heraus und warf sie in den Ofen. Sie wollte, dass ich meine Baupläne selber erfinde. Also vertraute sie meiner Schöpferkraft. – Es lebe der Einfall! Nur das Unmögliche ist der Mühe wert.

Sie hatte ihrerseits vorher schon die Lebens-Anleitungen ihrer Eltern "verbrannt". Aber leider nur bezüglich ihres Liebeslebens. Was das Deutschtum und den Nationalismus anbelangt, blieb sie strikt im Gewohnten.

Marseille, den 5. September 2000

Je mehr die Dinge *wirklich* werden, umso unmöglicher wird es, sie zu sehen und sie zu halten. Aber wo andershin möchte ich mich bewegen als der Wirklichkeit entgegen? Mein Wunsch ist, mir immer weniger Geschichten zu erzählen, mir immer weniger etwas vorzumachen!

Zuallererst musste ich mir die Liebe meiner Mutter einreden.

Also habe ich mir eingebildet, eine paradiesische Kindheit gehabt zu haben, weil sie mir jeden Abend schöne Schlaflieder gesungen hatte. Danach, als sie verschwunden war, wollte ich glauben, dass mich alle Menschen, die mir auch nur einmal zulächeln, lieben. Und sobald ein Mädchen mich auch nur flüchtig berührte, war ich grenzenlos verliebt. Ich erträumte mir Liebesgeschichten, eine wunderbarer als die andere, in denen meine Geschichte nur mehr ein Teil der Geschichte der Anderen wurde. "Ich" löste mich in "uns" auf. – Nicht nur deshalb schreibe ich "Andere" groß. Schon als Schulkind konnte ich nicht begreifen, warum der Andere klein geschrieben werden soll, wo es sich doch um eine Person handelt.[20] Ist das ein Zeichen, dass im deutschen Unbewussten der Andere klein gehalten wird?

Marseille, den 8. September 2000

Die "Wohlgesinnten"[21] können keine Ahnung davon haben, was und wie wir, die Waisen, die "Unfälle", empfinden. Wir sind missraten, was auch immer auf uns zukommt. Wir können uns wenden und winden, es hilft nichts. Nichts wird gelingen. Noch nie war etwas gelungen. Wir sind das Misslingen und bleiben es. Und Eure liebenswürdigen Ermunterungen tun noch mehr weh als der Rest, weil sie beweisen, wie entfernt wir voneinander sind.

Mir fällt meine Mutter ein. Sie wollte nur hören und sehen, was "schön" ist und was "gut tut", das "Positive". "Böse" oder "schlechte" Dinge zu erwähnen, war noch schlimmer als das Schlechte und Böse selbst. Früh schon erschreckte mich ihr Schrecken vor allem "Schrecklichen". Jeder Ausdruck von Verzweiflung, Trostlosigkeit, Abscheu, Hass und Wut war untersagt. – Ein schönes Beispiel dafür, wie sich der Wille, das "Schöne" zu retten als Wunsch des Vernichtens (von persönlichen Empfindungen) entpuppt. Diese Art des zwanghaften Willens zur Weltverbesserung ist für mich eine der wesentlichen psychologischen Grundlagen des Nazismus. In ihm bestand die Weltanschauung meiner jungen Mutter.

Aber sie selbst war schön, bildschön. Und ich habe sie mehr als alles geliebt.

Marseille, den 12. September 2000

Unser Kind, das nicht unser ist, sondern von uns, das nicht uns gehört, sondern wir ihm, ist das größte Geheimnis, das größte Wunder auf der Welt. Niemals und von niemandem wurden wir so geliebt wie von ihm. Wie nahezu unmöglich ist es, dieser Liebe würdige Eltern zu sein und ihr gerecht zu werden? – Sie wenigstens erkennen …

Paris, den 10. Oktober 2000
und Marseille, den 3. November 2002

Mein Vortrag[22] hier in Paris über den "Manierismus als Ausdruck einer Behinderung der Gegenwart durch eine nicht vergangene Vergangenheit" lief

[20] Der Duden, 1991, Regel R 66.

[21] Der ausgewählte Begriff ist unabhängig von dem acht Jahre später auf Deutsch unter dem Titel "Die Wohlgesinnten" erschienenen Roman von Jonathan Littell (*Les Bienveillants*, Éditions Gallimard, 2006).

[22] Titus Milech, 2001.

besser als ich dachte. Wie groß ist immer noch mein Lampenfieber. Wie viele Wochen Arbeit mache ich mir, um 20 Minuten zu sprechen. Doch das Einzige, das ich wirklich für mich tun kann ist, zu sein, wer ich bin. Langsam und behindert. Das ist alles.

Eine andere Frage ist, wie und in welcher Sprache ich berichten kann, was mir aus eigener Erfahrung klar wurde. Ich habe in meinem Leben etwas entdeckt, was sowohl gewöhnlich als auch ungewöhnlich ist: Das Überleben eines Versuchs, mit mir ein Ende zu machen. Etwas zu beenden, was ausgesprochen stört. Ich bin ein lebendiger Zeuge dieses Versuchs, Verkörperung einer Wirklichkeit, die besser hätte im Schatten bleiben sollen. Deshalb vielleicht fühle ich mich als das Licht in meiner Familie? Ich muss erhellen, so gut ich kann. Beflügelt und begeistert vom "Drang des Auftauchens" muss ich aus dem Schatten unserer Geschichte treten, das Verschwiegene aus dem Dunkel holen und zur Sprache bringen.

Sind wir Menschen nicht Irrtum und Abschluss der Schöpfung zugleich? Irrtum, weil wir fähig sind, sie zu zerstören. Abschluss, weil wir ihr zum Bewusstsein verholfen haben.

Unbewusst waren wir aufgebürdeter Schmerz und Schrei, ohne uns. Bewusst sind wir erkannter Schmerz und Sprache, mit uns. Mir ist, als könne die ganze Schöpfung nur im Bewusstsein ihre Vollendung finden, oder anders gesagt, ihre Zeit. Ich sehe uns Menschen, unser Bewusstsein und unsere Sprache wie ein "zu Tage treten" aus der Nacht der Zeitlosigkeit. Warum soll oder kann ich mir nicht vorstellen, dass wir Menschen das sind, was die Schöpfung (be)-sagt oder ausmacht (darstellt und erlöscht)?

Was war der Sinn, dass ich am Leben blieb und einen Weg fand? Der Sinn des Lichts? Der Sinn, der eines Tages den Schmerz der Menschen an den Tag und zur Sprache bringt? Der Sinn des Sagens? Die Logik des Logos? Denn all unser Schmerz, der nicht mitgeteilt und angehört wird, dann, wenn er uns zustößt, kann nicht vergehen. Er häuft sich an in unseren Schatten und wird zu einer ständig wachsenden schweren schwarzen Masse. Und diese unsichtbare Masse bestimmt und steuert fortan unsere Entscheidungen, unsere Begegnungen und unsere "Zufälle". Wenn, eines Tages, wie im Himmel, die Größe dieser Masse seine kritische Grenze erreicht hat, zerplatzt sie und speit ihren Inhalt zügellos und unaufhaltsam in unsere Gegenwart.

Mir erscheinen alle unsere Unmäßigkeiten, unsere Kriege und Verbrechen als ein "Auftauchen" oder "ins Licht schießen" alter, uralter, verschwiegener Schmerzen. Wenn wir dies nicht erkennen, fürchte ich, dass das Nichtvergan-

gene, erschwert von neuem Leid, wieder in Tiefen versinkt, die wir nicht erreichen können.

Was ist Wiedergeburt? Wer – oder was wird wieder geboren? Nicht die Lebewesen, die Einzelmenschen werden wieder geboren, sondern deren Leid, dasjenige, das nie gesagt, nie gehört und nie geteilt wurde. Unsere "Ahnengebäude" neigen dazu sich zu erhalten, indem sie ihr verstecktes Leid auf den Empfindsamsten unter den Nachkommen abschieben. In ihm allein wird es wiedergeboren. So wird der Leid-Tragende zur Säule des Gebäudes.

Verkörpere nur ich das Unbewusste, den Schatten meiner Familie? Ich glaube, jeder von uns verkörpert in seinem Leben und Tun zumindest einen Teil davon. Aber warum versucht nicht jeder Licht zu machen in diesem Dunkel? Aus Angst vor dem Unerträglichen? Aus Angst, dass alles von uns zur Selbsterhaltung Aufgebaute plötzlich über uns zusammenbricht und uns zerquetscht? Oder weil niemand da ist, der uns aufmerksam anhört? Jemand, der selbst den Abgrund kennt und die Wüste durchquert hat, und daher unser Leid nicht fürchten und es nicht fliehen muss?

Ich hatte keinen rechten Platz in der äußeren Wirklichkeit meiner Familie, in ihrer bedrängten, von Sorgen überfüllten Gegenwart; also musste ich meinen Platz in ihrem Innern, in den Seelen suchen. Wie undurchsichtig und schmerzhaft sah es da aus. Aber da gehörte ich hin, da war ich zu Hause.

Kann einmal etwas Neues geschehen in unseren Familiengeschichten? Vielleicht, nachdem wir unsere Vergangenheit ans Licht gebracht und wir uns unsere verdrängten Leiden wieder angeeignet haben. Dann muss die Zukunft nicht mehr einzig und allein dazu dienen, ein Schauplatz für unsere unvergangene "Vergangenheit" zu sein.[23] *Dann kann Neues geschehen. – Das klingt sehr anziehend. Aber ist es einfach, mit Neuem umzugehen? Es ist uns ja unbekannt.*

Marseille, den 30. Oktober 2000

Es gibt in der deutschen Sprache ein spannendes Wort für Familienmitglieder oder Verwandte, die "Angehörigen", die, die sich "angehören". Weil sie sich gehorchen, oder weil sie sich Gehör schenken? Dann wären Verwandte diejenigen, denen man gehorcht oder die, die sich gegenseitig *an*-hören.

Erst nach etwa zwanzig Jahren Abstand von meiner Muttersprache habe ich angefangen, sie wirklich zu *hören*. Bis dahin habe ich mich ihrer bedient ohne zu erkennen, was ihre Worte im Grunde bedeuteten. Vielleicht müssen wir erst

---

[23] Siehe hierzu, u. a. Jürgen Müller-Hohagen, 2005.

im Besitz einer neuen Sprache sein, um unsere alte verstehen zu können? – Auch mir selbst bin ich erst richtig im Ausland begegnet.

An meine Muttersprache denkend, kommt mir das Jiddisch, das Judendeutsch in den Sinn und die etwa elf Millionen[24] Aschkenasim, die es sprachen und in ganz Europa, vor allem im Osten, verbreitet haben. In dieser Sprache hat sich vieles von dem alten Deutsch erhalten, das wir heute nicht mehr kennen. Georges-Arthur Goldschmidt[25] bezeichnet das Deutsche als eine "Grundsprache", aus welcher suchende Seelen ihre Worte schöpfen können. Deshalb hat vielleicht die verstreute Gemeinde der Hebräer diese Sprache adoptiert, als sie sich im 11. Jahrhundert im Rheintal ansiedelte.[26]

Aber was haben die Hitzköpfe des Deutschtums getan oder geschehen lassen? Sie haben ihre fühlenden Seelen verraten, sich an ein Geschwulst aus religiösem Wahn, kalter Macht und mörderischer Berechnung geklammert, und mit der Zerstörung der Juden ihre eigene Tradition zu Nichte gemacht.

Paris, den 28. November 2000

Es sind meistens nur einige wenige, die die Tränen aller anderen vergießen. Ihr ganzes Leben lang können sie nichts anderes tun. Dem sogenannten "Schizophrenen" geht es so. Er wird schnell angegriffen und bedrängt, weil er "ertraglos" erscheint. Wer weiß, wann sich Wirtschaftsberater melden werden mit gründlichen Berechnungen aller Ausgaben, die solche "Untätigen" der Gesellschaft verursachen. Vielleicht wird es dann nicht mehr lange dauern bis die "Gnadentod"-Befürworter wieder an die Macht gelassen werden.

Marseille, den 14. Dezember 2000

Sich dem Unmöglichen nähern. Das ist das einzige Ziel, das der Mühe wert ist, denn das Mögliche ist ja schon da. Nur das Unmögliche gibt uns etwas auf.[27]

---

[24] https://www.uni-trier.de/index.php?id=47261 [zuletzt: 15.02.2017]

[25] Georges-Arthur Goldschmidt, 1999.

[26] Miriam Weinstein, 2003.

[27] Vor Kurzem (2016) habe ich aus Dokumenten über den Nazismus (ich habe die Referenz vergessen) leider feststellen müssen, dass der Slogan "Das Unmögliche möglich machen" in der Nazipropaganda gerne benutzt wurde.

ZWEITER BESUCH – TATORTE

ERINNERUNGEN UND VORBEREITENDE GEDANKEN

Marseille, den 20. Dezember 2000
und den 6. November 2002

Mein Leben lang werde ich leiden müssen der "Dummheiten" oder der Beschränktheit meiner Vorfahren wegen? Leiden, leiden, dauernd leiden … ? Nie eine ruhige Stunde, nie eine kleine Pause; immer nur leiden, leiden im Denken- und Fühlen, was Unzählige haben erleiden müssen? Nur einen winzigen Bruchteil ihrer Leiden selber erleiden?

Was hat unser "schönes" und "stolzes" Deutschland getan?
– *Wie viel wollen wir Deutsche wirklich davon wissen?* Wir sagen: *"ICH WEIß ES, ES TUT MIR SCHRECKLICH LEID, ABER ICH KANN NICHTS DAFÜR. IM ÜBRIGEN REICHT ES JETZT, WIR HABEN LANGE GENUG DARÜBER GEREDET. WIR, DIE UNSCHULDIGEN JAHRGÄNGE, WIR HABEN DAS RECHT, IN RUHE ZU LEBEN." – Wer von uns ist ernsthaft gewillt, sich das Ausmaß der Leiden unserer Opfer wirklich zu vergegenwärtigen?*

Wie war das alles möglich? – Alles war möglich!

Diese Juden, diese "komischen Fremden", die das Salz in unsere fade germanische Suppe gebracht haben, die unseren Geist geöffnet und bereichert und unsere alte Sprache geehrt und verbreitet haben; diese "Fremden", unsere Würde und unser Stolz, wir haben Angst vor ihnen gehabt. Eine unglaubliche Angst, dieselbe Angst, die wir vor uns selber haben, von der wir natürlich nicht das Geringste wissen wollen.
Wenn wir von unserer Angst vor uns selber wüssten, dann würden wir dieselben Qualen erfahren, die wir unseren Opfern aufgezwungen haben. – Um unsere verkrampfte und verlogene "Selbstsicherheit" zu schützen, waren wir fähig, Millionen Unseresgleichen zu quälen und zu vernichten, nur weil sie in der schwächeren Position waren.

– Schau Dich an Du stolzes Volk, mit Deiner herrlichen Kultur! Wie jämmerlich Du aussiehst. Wie können wir nur eine Sekunde fröhlich sein als Deutsche? Wie können wir in diesem Land nur noch eine Minute länger leben, wenn wir unseren Wahnsinn erkannt haben? Wie können wir uns noch einen Tag länger dieser Sprache bedienen, die ihre Weisheit und Fülle im Blut ertränkt hat?

Um Millionen und Millionen so berechnend ausschließen, quälen und vernichten zu können, wie sehr muss man sich da selbst schon getötet haben? Wenn diejenigen, die mitgewirkt oder zugeschaut haben, sich voll bewusst geworden wären, wie mörderisch ihre Begeisterung, ihr Gehorsam und ihre Dummheit waren, was wäre ihnen anderes übrig geblieben, als sich das Leben zu nehmen? Hätten sich nicht nach dem 8. Mai 1945 etwa 80 % aller Deutschen das Leben nehmen müssen? Einige haben es getan, aber fast nie aus Reue, sondern weil sie ihren einzigen Halt verloren hatten; auch aus Angst vor Rache oder davor, sich verantworten zu müssen.[28] *Ansonsten haben die meisten schnell ihr eigenes, verhältnismäßig winziges Leid nach vorne gestellt, als ob es in der Welt nur dies alleine gebe. Man weinte nur um sich selbst. Keine Träne fiel für alle die, die sie vernichtet haben.*

All das ist mein Erbe. Was kann ich damit machen? Soll mir übel werden? Das ist es mir schon. Soll ich mich umbringen an Stelle derer, die es nicht taten? Ich habe oft daran gedacht, aber nie den Mut dazu gefunden. Soll ich zum Judentum übertreten? Das geht nicht auf Befehl und macht niemanden wieder lebendig. Das Einzige, das ich bis jetzt gefunden habe, ist, die Opfer zu hören und zu lesen, meine Kenntnis des Ausmaßes der deutschen Verbrechen ständig zu vertiefen und unsere deutsche Wahnkrankheit so weit wie möglich zu ergründen.

Mein "Selbstmord" ist unvollständig: Erstens kann ich nicht mehr auf meinen Wurzeln stehen. Sie geben mir keinen Halt mehr und machen mich unsicher. Zweitens fühle ich mich als Deutscher "verboten"; und drittens bin ich gelähmt an meiner Muttersprache. Ich bin unfähig, sie meinem Kind weiterzugeben. – Ob sich dies mit der Zeit mildern wird, weiß ich nicht. Eines weiß ich aber: Etwas in mir bleibt, das nie zur Ruhe kommen wird.

Jetzt ist alles zu spät. Unsere deutsche Dummheit hat gewonnen. Sie ist ans Licht gekommen. Endlich sehen wir klar, wohin uns diese "schöne" Mischung von kranker Strenge und blinder Träumerei gebracht hat. Wie viel Energie haben wir "rechtschaffenen" Deutschen aufgewandt, um alles Lebendige und Bewegte in uns zu unterdrücken, um uns vor uns selbst, unserer endlosen Traurigkeit und unserer Angst zu verstecken. Und in der Folge, wie viel Entschlossenheit haben wir an den Tag gelegt, um unsere "Fremden" auszurotten, weil sie die Gefahr verkörperten, unseren Selbstbetrug zu entschleiern.

---

[28] Siehe hierzu, u. a. Lee Miller, "1945. Die Toten im Leipziger Rathaus", *Café Deutschland*, 2012. http://bit.ly/1ITaQun [zuletzt: 15.02.2017], Christian Goeschel, *Selbstmord im Dritten Reich*, Suhrkamp, 2011 und Florian Huber, *Kind, versprich mir, dass du dich erschießt. Der Untergang der kleinen Leute 1945*, Berlin Verlag, 2015.

Die "Frömmsten" glaubten noch bis Ende April 1945 an das "Wunder" und die "Wende". Jedoch, was kam, war – "kein Wunder" – die Schande unseres Wahns.

Wir sind verloren, wir haben keinen Sinn mehr, weil wir seit langer Zeit unsere Sinne verloren haben. Und ich weine und weine, weine ohne Ende. Ich erlebe in mir nur eine vage Ahnung, einen winzigen Bruchteil des Schmerzes eines Einzigen der unzählbaren Opfer.

Wie viel Zeit meines Lebens werde ich benötigen, um von all dem sprechen zu können, was mich so zutiefst bewegt?

"DEUTSCHLAND MEINE SEELE!", hörte ich meine Nächsten sagen. Doch *meine* Seele ist krank. Es sind immer die Kinder, die alles ausbaden müssen. Immer die Kinder und die Kinder der Kinder.

Deutschland kommt mir vor wie ein einziger Tatort und ein riesengroßes Grab, mit einem hübschen Deckel drauf.

Marseille, den 10. März 2001

Ich habe noch immer das Gefühl, die Geschichte macht mich, nicht ich. Bin ich selbst so machtlos? Lange habe ich geglaubt, meine Auswanderung hierher sei der Beweis meiner Freiheit und der Triumph meiner Wünsche. Im Grunde aber war ich ein Irrender, von der Notwendigkeit getrieben, einen Schauplatz für meine ältesten Dramen zu finden. Mich stolz in neuen Gefilden wähnend, musste ich bestürzt entdecken, dass ich unausgesetzt in der uralten Vorwelt des verratenen und verlassenen Kindes hauste. Wie gut es tut, sich Geschichten zu erzählen, sich vorzumachen vorwärts gekommen zu sein; und wie schauerlich ist es zu entdecken, dass wir von unserem ersten "Tatort" (dort wo uns das erste große Leid geschehen ist) nie loskommen. Was könnte uns erlösen? Alle Art von Wahn oder Religion? Alles andere, nur nicht wir selbst?

Weit weg. Fliehen ...!

Bin ich nicht selbst, für mich, der unheimlichste Ort auf dieser Welt?

In der vergangenen Nacht träumte mir folgendes: Auf einer Reise kam ich zu Fuß in ein altes, ärmliches Viertel einer großen Stadt. Ich werde in ein kleines einstöckiges Haus eingeladen. Darin wohnt eine Familie in einem einzigen Raum. Alles ist fürchterlich schmutzig, verkommen und vernachlässigt. Im Hintergrund sind drei oder vier verdreckte, halbnackte Kinder an senkrechten Gitterstäben festgebunden. Sie sind stumm, sehen traurig und ergeben aus, haben ihre Köpfe gesenkt, die Augen geschlossen oder den Blick zu Boden gerichtet. Vorne links ist eine Frau, sicherlich die Mutter, am Herd beschäftigt.

Sie sieht geistig minderbemittelt, ungepflegt und abstoßend aus, zeigt sich aber eher vergnügt und aufgedreht. Mit unfertigen Sätzen erklärt sie mir, wie wichtig es sei, Kinder gut zu ernähren. Sie ist offensichtlich völlig daneben, scheint aber selbst gänzlich überzeugt, genau das Richtige zu tun. Ich halte angeekelt und sprachlos einen angemessenen Abstand. Dann schaue ich nach rechts und entdecke im Vordergrund einen Mann, der Vater ohne Zweifel. Er sieht äußerst besorgt aus, zugleich fassungslos und völlig ohnmächtig. Er versucht sich zu entkleiden. Zuerst seine Hose, braun-schwarz und steif vor altem Harn und Kot. Ich nähere mich und versuche ihm zu helfen. Ich tue es ganz natürlich, ohne Ekel, als wäre mir die ganze Angelegenheit bereits vertraut. Als sein Gesäß halb entblößt war, stelle ich fest, dass die alten Exkremente so fest mit der Haut verklebt sind, dass sie abreißen würde, wenn wir mit dem Entkleiden fortfahren. Ich gebe auf, ziehe meine Hose und mein Hemd aus, beide frisch gewaschen und nach Seife duftend und bekleide ihn damit. Er bedankt sich und ich verlasse den Ort.

– Sieht so mein Unterbewusstsein Eltern und Geschwister? Ist das die eigentliche Wirklichkeit meiner "gemeinen" deutschen Familie, ordentlich, gebildet und pflichtbewusst?[29] Warum brauchte ich fünfzig Jahre, um mir diese innere Erfahrung klar vor Augen halten zu können? – Die Kinder der Szene erinnern mich übrigens sehr an die sogenannten "Muselmänner"[30] der Konzentrationslager.

Was kann geschehen, wenn wir solche Erfahrungen mit uns herumtragen ohne etwas davon zu wissen? Wie hoch ist dann die Gefahr, sie auf andere zu übertragen?

Marseille, den 4. April 2001

Wenn die Beziehung zwischen uns und unseren Eltern im Großen und Ganzen gut war und uns eines Tages jemand unsere Eltern wegnimmt, empfinden wir ein unsägliches Entsetzen, eine Wut und eine Traurigkeit, die uns wohl nie völlig verlassen werden. Und wenn es unsere Eltern selbst sind, die sich uns wegnehmen, dann sind wir mit einem bleibenden Makel und einer tiefen Schwermut belastet, die nicht nur gefährlich, sondern mörderisch werden können.

Wenn jemand uns unsere Eltern wegnimmt, dann ändert sich etwas für immer. Aber unser Band zu ihnen bleibt bestehen und wird oft noch stärker.

---

[29] "Pflichtbewusst" lässt sich im Französischen nicht in einem Wort sagen. Es muss umschrieben werden mit *"conscient de son devoir"*. *"Consciencieux"* (gewissenhaft) allein, beinhaltet nicht den Begriff der Pflicht.

[30] So wurden die Häftlinge genannt, die sich aufgegeben hatten, denen jeder Überlebenstrieb verloren gegangen war (vgl. Primo Levi, 1990).

Wenn es unsere Eltern selbst sind, die sich uns wegnehmen, dann ändert sich nichts. Es wird nur sichtbar, was schon immer so war: Jemand, der sich selbst uns wegnehmen kann, war auch zuvor nie wirklich bei uns.

Ich war fast erleichtert, als meine Mutter wegging. Denn nun war endlich meine Wirklichkeit des Verlassenen und des tapferen Helden unverkennbar deutlich geworden. – Ich erinnere mich noch sehr gut an den warmen Sommertag, den 1. August 1954, einige Wochen vor meinem siebten Geburtstag, als ich den Nachbarn über uns erklärte, dass nun meine Mutter weg sei, und ich nicht wisse, ob sie je wiederkommen würde. Ich war beinahe stolz auf mich. Wenn ich sie auch einige Monate später regelmäßig an den Wochenenden wiedersah, war sie für mich dennoch für immer verschwunden, denn ich hatte sie nicht wiedererkannt, sie nicht als meine Mutter wiedererkannt. Ich konnte sie auch nicht mehr "Mutter" nennen. Sie war eine andere, eine junge Frau, die, wie durch ein Wunder, Zwillinge bekommen hatte, von denen eines gerade erst gestorben war. Sie sah verloren aus und tat mir fürchterlich leid. Ich wollte sie mit allen Mitteln trösten. Für mich brauchte ich sie nicht mehr. Ich war sowieso ein Held.

Wenn es unsere eigene Mutter ist, die daran denkt, uns umzubringen, ist es der Beweis dafür, wie unglücklich und alleine sie ist. Wenn sie hilfesuchend jemandem von ihren "bösen Gedanken" und ihrem Verlangen etwas mitgeteilt hätte, wäre sie verurteilt und beschimpft worden. Ich, ihr Kind, ihr mögliches Opfer wäre dann der Einzige gewesen, der sie verteidigt hätte. – Ist das traurig? Ist es verrückt? Oder stimmt es hinten und vorne nicht in unserem menschlichen Dasein?

Müssen wir deshalb auf uns aufpassen und uns vor uns hüten? Vielleicht sind wir eine Gefahr, nicht nur für den Frieden auf Erden und die Erhaltung der Natur, sondern auch für uns selbst und alle, die uns nahe stehen, insbesondere unsere eigenen Kinder?

Marseille, den 31. Mai 2001

Warum hänge ich so sehr an meinem Leben? Und warum durchfährt mich plötzlich der Drang, es von der Höhe einer Klippe ins Meer zu werfen?

Als ich ein Kind war, stellte ich mir wiederholt vor, was wäre, wenn ich mich aus dem Wäschekammerfenster stürzte und mich meine Großeltern, zwei Stockwerke tiefer, auf dem steinernen Güllegrubendeckel leblos liegen sähen? Ich dachte mir aus, sie würden endlich erkennen, dass es mit meinem Leid weit schlimmer bestellt ist, als sie es glaubten. Aber bald wurde mir das Unmögliche klar. Sie würden einen weiteren Grund haben, meine Mutter zu beschimpfen und über ihr eigenes Unheil zu klagen. Ich erhielt auch viel Zärtlichkeit von ihnen, und ihr Leid hätte mir noch mehr Leid angetan als das meine.

Heute denke ich, dass ich da bleiben musste, um ihr Leben dort fortzuführen, wo sie selbst nicht weiter konnten. Ein Kind, das es sich zur Lebensaufgabe macht, "das Werk" seiner Eltern oder Großeltern zu entfalten und zur Vollendung zu bringen, war für mich übrigens lange ein sehr anziehendes Vorbild. Jetzt erschreckt mich dieser Gedanke. Ich sehe nur noch, wie das Kind sein eigenes Leben verliert.

Betrachte ich mein Leben näher, so sehe ich, dass ich schon immer genau das tue. Ich sehe auch, dass ich mich in dieser Aufgabe gar nicht aufgebe, sondern in ihr aufgehe. In meinem Fall ist dieses "Werk" hauptsächlich ungeschrieben und ungesagt, ein "Geisterwerk" oder etwas Ungewöhnliches, etwas Unerhörtes. Und dieses Unerhörte bin ich. Ich möchte es mit mir ans Licht und zu Gehör bringen.

Das ist mein Leben. Mein Leben erscheint mir wie ein Drehbuch. Es erweckt mir den Gedanken des "Es steht geschrieben". Es steht geschrieben, dass ich es schreiben werde.

Marseille, den 28. Juli 2001

Es gibt ein Land, wo Gegenstände nicht misshandelt werden. In diesem Land weiß man aber nicht, dass man auf die eine oder andere Weise Kinder misshandelt.[31] In diesem Land gilt die Regel, wenn man mit den Gegenständen gut umgeht und überall einwandfreie Ordnung hält, ist man ein guter und rechtschaffener Mensch: "DER TADELLOSE ZUSTAND UNSERER GEGENSTÄNDE, IHR UNBESCHÄDIGTSEIN, IST DER BEWEIS UNSERER GEISTIGEN UND SEELISCHEN TADELLOSIGKEIT!" Einen Gegenstand zu beschädigen oder zu beschmutzen gehört in diesem Land zu den schlimmsten Dingen, die ein Kind tun kann: "SOLCHE RÜPEL MÜSSEN ANSTÄNDIG BESTRAFT WERDEN!" – Allerdings weiß man in diesem Land nicht, dass das Kind den Gegenständen genau das widerfahren lässt, was ihm täglich widerfährt.

In diesem Land weiß man woher das Elend der Welt kommt: "DAS ELEND DER WELT SIND ALLE DIESE UNGEZOGENEN FRÜCHTCHEN MIT IHRER ZERSTÖRUNGSWUT. BEKOMMEN WIR DIE ERST EINMAL IN DEN GRIFF, DANN WIRD DIE ZUKUNFT WIEDER BESSER!" Das ist eine seiner tief verwurzelten Auffassungen, wichtiger Bestandteil des Landes einzigartiger "Kultur". Und dank dieser "Kultur" hat sich dieses Land der "Dichter und Denker" in etwas noch Schlimmeres verwandelt als zu jener Vorzeit, in der es von "wilden Horden" bevöl-

---

[31] Zu diesem Thema, siehe u.a., Michael Tsokos und Saskia Guddat, *Deutschland misshandelt seine Kinder*, Droemer Verlag, 2014.

kert wurde. Aus der Überzeugung, für das Beste zu streiten, hat es bei seinen vermeintlichen "inneren Feinden" und seinen "unfügsamen" Nachbarn kurzerhand alles kurz und klein geschlagen und hat sich als Land der "Richter und Henker"[32] entpuppt.

Selbstlosigkeit, Gehorsamkeit, Selbstlüge, Beschränktheit, Hochmut und Wahn, das ist seine mörderische Alchimie. Dank dieser "Werte" hat man in diesem Land seit vielen Generationen die Lebendigkeit, die Seele und den Geist der Kinder beschädigt. Einmal erwachsen und die Wunden verdrängt, werden diese Kinder dasselbe an ihren Kindern tun.

Wie ist der Name dieser "Kultur", die auch mich geprägt hat und deren Siegel auch mir in den Leib gebrannt ist? Die Markierung bleibt, trotz Flucht und Entfernung. Es genügt, z. B., dass meine Tochter dabei ist, etwas Unordnung zu machen – und sei es nur in meinen Liebeserwartungen ihr gegenüber – da erwacht im Nu der "Kinder-Zerstörer" in mir. Ich muss dann riesige Kräfte aufbringen, um lieber Gegenstände kaputt zu schlagen als mein einziges Kind.

Wenn ich jetzt, weit weg von der Heimat, darüber nachdenke, wie ich sie erlebt habe und was sie in mir hinterlassen hat, erscheint sie mir wie das "Imperium" der gnadenlosen Besserwisser,[33] Rechthaber, Umstandskrämer, Schulmeister, Pauker, Pedanten, Haarspalter, Zuchtmeister, Wortklauber, Prinzipienreiter, Kümmelspalter, Dickköpfe, Großköpfe, Großmäuler, Großtuer, Aufschneider, Angeber und Prahler. – Die französische Sprache scheint mir nicht so gut bestückt zu sein mit solchen Vokabeln, die verschiedene Arten von "Stellungskämpfern" beschreiben. Wer etwas besser weiß, hat die Macht, ist oben auf. Jeder will besser sein als der Andere. Jeder schießt auf den Anderen, bis die Munition aus ist. Der Andere als eigenständige Person, interessiert nicht. – Existiert sie überhaupt?

Das *ausschlag*-gebende Element der deutschen "Kultur" ist nach meiner Erfahrung dieser zwanghafte Kult der Belehrung. Tatsächlich hat er mir die Anlage zu Allergien und mitunter wirkliche Hautausschläge verursacht. Und so wie ich das alles sage, bin auch ich nicht dabei, mich ganz oben, weit über die anderen zu stellen und bin insgeheim stolz, besser zu sein? So verrate ich meine Herkunft und werde selbst zum Beweis unserer kranken Kultur. Ich kann nicht entkommen. Ich komme nicht los. Die deutsche Frage ist unlösbar. – Und was wäre die "Endlösung" der deutschen Frage?

---

[32] Karl Kraus, 2014.

[33] Die skandinavischen Sprachen haben "Besserwisser" als Lehnwort in ihren Sprachschatz übernommen. https://de.wikipedia.org/wiki/Besserwisser [zuletzt: 15.02.2017]

Warum nicht einfach, ein für alle Mal, Deutschland fallen lassen, vergessen und meiner Wege gehen? Aber dann wäre es auch überflüssig, dieses unselige Tagebuch zu schreiben.

Marseille, den 29. Juli 2001
und Thessaloniki, den 10. Februar 2015

Einer der Meisterworte in diesem Land ist "folgen". Was nicht nur *"hinterhergehen"* sondern auch "gehorchen" heißt. Von "folgen" kommt *"folgsam*-sein". Als Nachkommen folgen wir unseren Vorfahren. Räumlich versetzt uns das nach hinten. Auch zeitlich sind wir zwar nach unseren Eltern auf die Welt gekommen, was aber die Zukunft anbelangt, bewegen wir uns vor ihnen. Als Kinder sind wir die Zukunft. Wenn wir also nur brav den Alten folgen, ihnen hinterher trotten, wo bleibt dann unsere Zukunft. Kann dann etwas Neues entstehen?

Welche Freude, mich einer neuen Sprache bedienen zu können. Einiges habe ich hierfür erduldet. Um sich wirklich eine andere Sprache anzueignen, genügt es nicht, sie zu lernen. Sie muss für uns lebensnotwendig sein. Die Sprache, die mir das Leben gerettet hat, ist das Französische. Warum zog mich diese Sprache seit meiner Kindheit so sehr an? Vielleicht, weil in unserem Haus, ein Stockwerk tiefer eine französische Offiziersfamilie einquartiert war? Diese Franzosen mit ihrer Sprache waren für mich ein Beweis, dass es eine andere Welt gibt. Sie hatten auch eine Hündin, "Blanca", ein stattlicher deutscher Schäferhund, ungefähr genau so groß wie ich. Sobald wir uns trafen, blieb sie an meiner Seite. Sie tröstete mich, wenn ich traurig war oder mich verlassen fühlte.

Diese Franzosen mochten uns, meine Schwester und mich; und weil wir sie viel Französisch sprechen hörten, spielten wir oft unter uns "parler français". Meine *naturalisation française* (die französische Einbürgerung) habe ich nicht beantragt, um unbedingt dieser Nation anzugehören, sondern weil ich die Anerkennung einer Tatsache suchte, die für mich schon längst *natürlich* war. Nicht allein mein *Über*leben sondern auch mein *Auf*leben verdanke ich dieser Sprache, in meinen Ohren und meinem Herz selbstverständlich die schönste auf Erden.

Ich muss gestehen, seit kurzer Zeit freue ich mich ebenfalls daran, den verschütteten Wortschatz meiner alten Muttersprache auszugraben und längst vergessene Redewendungen wiederzufinden.

Marseille, den 31. Juli 2001

Davon schrieb ich schon: Meine Mutter wollte mir das Leben nehmen. Aber sie bedauerte sofort ihre Absicht, und schloss mich in ihre Arme. Als ob sie endlich ihre Seele wiedergefunden hätte, beglückt und beruhigt, mit sich erneut eins zu sein. Doch überfiel sie plötzlich eine Angst: "Was nützt mir meine Seele, meine Mutter weiß nichts damit anzufangen?" Also hat sie mich (die Verkörperung ihrer Seele) ihrer Mutter überlassen. Die einzige Lösung für sie. Und für mich? Trennung, Furcht, Trauer und Schmerz. Aber auch ein neuer Platz in meinem Leben, eine Lebensaufgabe: Die Mutter meiner Mutter lieben, und ihr zeigen, wie sehr sie von ihrer Tochter geliebt wird. Meiner anderen "Mutter", meiner Großmutter, zeigen, wie sehr sie von der, die sie für den Teufel hält, geliebt wird. Ich wurde zur Tochter meiner Großmutter. Ich wurde meine Mutter.

Gelegentlich, als meine beiden Mütter dabei waren, sich fast zu Tode zu zanken, nahm ich von jeder eine Hand, fiel auf die Knie zu ihren Füßen und flehte sie an aufzuhören. Ich hätte mich vor ihren Augen umbringen können, um ihnen zu zeigen, wie sehr mich ihr Streit tötet. Ich wusste es und sagte ihnen, dass sie sich im Grunde beide schrecklich lieben. Aber sie haben nichts verstanden und mich für verrückt erklärt.

Wenn ich mich recht erinnere, sagte einmal mein Analytiker zu mir, ich sei Zeugnis und Anhaltspunkt. Zeugnis der menschlichen Tragödie und Anhaltspunkt, weil ich versuche, grundlegende Dinge verständlich zu machen. Ich selber könnte sagen, ich bin der Wunsch des Verständnisses, der Wunsch des Tröstens und des Sich-Vertragens und der Versöhnung. Mein Leben, mein Wähnen ist das.

Ich bin nicht mehr beschämt, ebenso "verrückt" zu sein wie die "Verrückten", die zu mir in die Therapie kommen. Genug mit der Scham vor dem, was wahr ist: Unsere Unsicherheit, unsere Angst, unsere Verlorenheit, unsere Ohnmacht, unsere Verzweiflung, unser Überdruss, alles, was zu viel für uns ist. – Sitzen wir nicht alle im selben Boot? Warum uns nicht eingestehen, dass wir unfertige, misslungene, hinkende und zerbrechliche Wesen sind. Alle, in der einen oder anderen Weise, mehr oder weniger.

Auf Französisch heißt "*un*fertig", *non-fini* oder *in-fini* und *infini*, "unendlich". Wir sind nicht zu-Ende gemacht. Das macht uns aus.

Marseille, den 2. August 2001
und Thessaloniki, den 11. Mai 2003 u. 11. Februar 2017

Ein anderes deutsches Meisterwort ist "gehorchen".

"Ich höre und gehorche", sagt der Schüler zu seinem Meister in den Märchen von *Tausend Nächten und einer Nacht.*[34]

"Höre und gehorche", das war das erste, was man zu Hause und in der Schule von Kindern und Schülern erwartete. Das Erste Gebot. Der Ungehorsam war ein wahres Vergehen. Der einzige Weg, den ich fand, um nicht mehr gehorchen zu müssen, war, nicht mehr recht hören zu können, vor allem auf meinem rechten Ohr, wahrscheinlich, weil man "recht" gehorchen muss. Zeitweise wurde ich einseitig mehr oder weniger taub. Das linke Ohr, das "sinistere", das traurige Ohr, hatte ich mir bewahrt, was mir erlaubte, all das zu hören, was nicht "recht" war.

Solange ich die fremden Sprachen mit dem rechten Ohr, in Pflicht und Ordnung, lernen musste, ging das nicht. Ich hatte die schlechtesten Schulnoten. Meine zweite Sprache, das Französisch, habe ich gänzlich mit dem linken Ohr gelernt, wie ein Kind, aus Not und auch aus Lust am Hören der Musik, die in dieser Sprache lebt.

Jetzt, seitdem ich noch einmal ausgewandert bin, zieht mich die Melodie einer wirklich fremden Sprache an. Kein Wort ist mir vertraut, und meine Ohnmacht ist ohnegleichen. Ich leide unter der Machtlosigkeit des Fremden, der nichts verstehen und nichts sagen kann, der nicht "mitreden" kann. Obwohl vertraut, meine Hilflosigkeit bedrückt mich, als hätte ich einen dicken Stein verschluckt. Ich bin allein mit ihr und fühle mich weit weg von all denen um mich, die so natürlich ihre Sprache sprechen. Ab und zu ermüdet mich meine Neigung sehr, der Fremde zu sein und zu bleiben. Warum habe ich das Gefühl, noch nie wirklich einer Gruppe angehört zu haben? Immer und überall fühlte und fühle ich mich als Gast. Vielleicht erklärt sich das aus meinem Bedürfnis, angenommen zu werden? Wer weiß, ob ich nicht selbst alles daran setze, ein Fremder zu bleiben, um mir das Recht auf Adoption zu sichern?

Warum Griechenland und das Griechische jetzt? Dieses "magische Land", die "Wiege unserer Zivilisation", war für mich Unbekanntes, aber dieses Unbekannte kam in Gestalt einer Griechin auf mich zu. Diese Griechin hat mich, sie und ihr Land so sehr lieben lassen, dass ich mich entschloss, nach meiner Pensionierung dorthin zu ziehen. – Vielleicht kehre ich nach so mancher Irrfahrt zurück an die Quelle?[35]

---

[34] Die Trennung einer Nacht von den Tausend vorhergehenden weist, so sagt Marc Alain Ouaknin (1994), auf die therapeutische Wirkung hin, die die Erzählungen Shahrâzâds bei dem König Shâhryâr erzielen.

[35] Dieser Text ist aus einem gemeinsam geschriebenen Artikel übernommen: Margarita Lazarou et Titus Milech, «La contradiction au cœur du peuple grec», *Approches. Revue trimestrielle. Littérature et sciences humaines,* n 163, septembre 2015, Dacres éditions, 33, rue Galilée, 75116 Paris.

Auch viele andere Deutsche sind von fremden Sprachen angezogen und sind in andere Länder eingewandert. Aber wissen die Meisten warum? Möglicherweise können auch sie, ohne es zu ahnen, die Sprache ihrer Mütter nicht mehr ertragen?

Das Griechisch lerne ich nun auch ausschließlich mit meinem linken Ohr. Ich muss der Begabung meines Körpers vertrauen,[36] *denn jedwedem Unterricht bin ich mittlerweile sehr schmerzempfindlich.*

Marseille, den 3. August 2001

Mir ausdenken, was mir undenkbar erscheint. Erkennen, dass, was ich bezüglich anderer erfassen kann, auch für mich gültig ist. Zum Beispiel das unvorstellbare Ausmaß und die beispiellose Stärke unserer kindlichen Gefühle den Eltern gegenüber. Es wird mir klar, wie sehr ich bisher dazu neigte, meine Empfindungen für meinen Vater zu unterschätzen. Jetzt erinnere ich mich wieder, wie glühend ich mich nach ihm gesehnt habe. – Um seine Abwesenheit besser ertragen zu können, redete ich mir ein, Väter seien entweder überflüssig oder nähmen nur eine untergeordnete Rolle ein. Ich war sogar geneigt, diese Täuschung in eine wissenschaftliche Theorie umzuformen.

Marseille, den 4. August 2001
und Thessaloniki, den 25. Mai 2003

Was ist der Inbegriff der Psychoanalyse? Für mich ist sie, ähnlich wie die Verrücktheit, nicht eine Sache von guten Annahmen, von Wortklugheit oder weisen Abhandlungen, sondern eine Frage von Leben und Tod. Für mich geht es darum, Gehör zu finden, für *all* mein Erleben, auch – und gerade – für das "Unerhörteste", das Schlimmste, das was beschämt, was bestürzt und Angst macht. Ein Analyst ist für mich ein Mitmensch, der wirklich anwesend ist in einem angemessenen Rahmen, ganz nahe und zugleich im richtigen Abstand, der mir zuhört ohne zu zweifeln und ohne zu urteilen. Er muss fähig sein, Wahrheiten zu hören, Wirklichkeiten wahrzunehmen, die selbst dem, der sie erlebt hat, undenkbar erscheinen. Betroffen zu sein aber nicht erschlagen, gestört sein vielleicht, aber nicht verstört, darin besteht für mich die Kunst eines Analysten.

Wie bereits oben berichtet, habe ich dieses Land der Lehrer, der Erzieher und der "Erziehungsberechtigten" verlassen, bin zu unserem "Erzfeind" gerannt und habe um Asyl gebeten. Ich fand einen schönen Zufluchtsort, *habe aber auch ihn wieder verlassen …*

---

[36] Marion Richez, 2017.

Als ich feststellen musste, dass die Leiden meiner Kindheit jedes Mal mit mir ausreisen und auch in "der Ferne" bei mir bleiben, habe ich einen Menschen gesucht, der mich anhören könnte. Ich habe ihn schließlich gefunden, allerdings fühlte ich mitunter seine Furcht und seine Abwehr. Dann verschwieg ich das Schlimmste, um ihn zu schonen.

Ein Psychoanalyst mag wohl sehr viel Wissen haben und sehr klug reden können, wenn er aber nicht selbst ähnliches erlebt hat wie sein Klient, kann es schwierig für ihn werden. Meiner hat mir fast immer aufmerksam zugehört, hat mich reden lassen, mir das Gefühl vermittelt, meinen Berichten zu glauben und mir nie zu spüren gegeben, dass er es besser weiß.

Solange wir nicht alle Tränen unserer Kindheit geweint haben, solange wir das verletzte, eingeschüchterte, traurige und versteckte Kind mit all seinem Leid in uns nicht voll adoptiert haben, bleibt unsere Zukunft verbaut. Nichts Neues wird geschehen. Alles Leid wird wiedergeboren, weitergegeben, auf andere übertragen, und es entstehen wieder und wieder Irrtum, Unrecht, Unglück und Verbrechen.

Der Beruf des Psychoanalytikers ist gefährlich.

Das Schlimmste nicht hören zu wollen oder mit schlauen Kniffen sich dem Berührt-sein zu entziehen, kann bei dem Patienten einen so mächtigen Ärger und Hass hervorrufen, dass er seinen Therapeuten erwürgen möchte; im Sinne: "WENN DU NICHT HÖREN KANNST, WAS ICH EMPFINDE, MUSS ICH ES DIR ZU FÜHLEN GEBEN!" Diese Mordimpulse habe ich selbst einmal verspürt. – Hat mich nur meine "gute" preußische Erziehung von der Tat abgehalten?

Heute weiß ich: Diese Erziehung ist nicht zu loben, weil sie mich vielleicht von einer Untat bewahrt hat, sie ist ganz im Gegenteil anzuklagen als die Ursache meiner verborgenen Gewalttätigkeit.

Mordgelüste fühle ich nicht nur dann, wenn jemand meinem eigenen Erleben keinen Glauben schenken will und über mich urteilt, um sich zu schützen, sondern vor allem wenn ich von jemandem etwas erbitte (in Ämtern z.B.) und dieser sich an meiner Lage des Schwächeren aufbaut oder gar ergötzt.

Marseille, den 5. August 2001

Also habe ich mich entschieden, auch dieses Jahr eine Reise in die alte Heimat zu machen. Seltsam, der Gedanke, zum ersten Mal ohne Angst und Behinderung die DDR besuchen zu können. Sie war für mich aus der BRD bis vor kurzem der "entfernteste", der "unerreichbarste" Ort in der Welt. Und an diesem Ort sprach und spricht man meine Muttersprache.

Marseille, den 6. August 2001
und Thessaloniki, den 8. Juni 2003

Meine Mutter, die mich schlägt.

Ihr Gesicht ist erstarrt von Hass und Wut. Hass und Wut gegen all das, was ihr einmal angetan worden war. Davon weiß sie aber nichts in solchen Momenten. Will sie nichts wissen. Hass und Wut gelten mir, nur mir. Mir, der ihr nicht gehorcht, der die Zeit vergisst, der die Mutter vergisst, der auf sich warten lässt und sie "auf die Palme bringt".

Jetzt geht die Runde los: "DU SOLLST ENDLICH EINMAL SEHEN, WAS DEM GESCHIEHT, DER NICHT GEHORCHT! WER NICHT HÖREN WILL MUSS FÜHLEN!" Es beginnt. Mit ihrer linken Hand ergreift sie mein linkes Handgelenk und hält es wie eine Zange fest im Griff. Sie zerrt mich zum Besenschrank, nimmt mit ihrer Rechten den Teppichklopfer heraus und los geht's. (Die ersten Male benützte meine Mutter noch den alten, etwas "sanfteren" Klopfer aus Flechtrohr. Später hatten wir einen aus hartem, giftgrünem Plastik. Den fürchtete ich mehr.) Sie schlägt zu. In einem hohen Bogen holt sie schwunghaft aus, von oben nach unten, von rechts nach links. Und drauf! Auf den Hintern, auf die Schenkel, auf die Lenden. Mit aller Kraft. Und, sie hatte Kräfte, besonders wenn sie außer sich war. Immer wieder, weit ausgeholt und mit voller Wucht. Drauf! Immer feste drauf![37]

Was tun? Nichts! Durchhalten bis zum Ende. Obwohl ich es jedes Mal kaum glauben konnte, wusste ich aus Erfahrung, dass Strafe und Qual irgendwann ein Ende haben werden. Eines konnte ich tun, die Hüfte nach vorne schieben und Rennen, aber nur im Kreis. Da war kein Entrinnen. Rennen, aber kein Entrinnen. Ich war einem Menschen ausgeliefert, der mir fremd geworden war, und einer Wut, die aus einer anderen Welt kam. Aus dem Himmel, aus der Hölle? Was tun? Nach dem ersten Schlag versuchte ich, mit meiner freien rechten Hand meinen Hintern zu schützen. Das nützte nichts, denn auf der Hand, sei es innen oder außen, tat es noch mehr weh. Ansonsten kann ich mich nicht an meine Schmerzen erinnern. Ich ließ es geschehen. Ich wusste, dass Schreien oder jeder Versuch mich zu wehren, alles nur verschlimmert hätte. Ich glaube, ich habe mich einfach ausgeschaltet. Ich rannte und rannte im Kreis herum, wie ein Automat, und meine Mutter drehte sich um ihre eigene Achse.

Wie und wann nahm diese "Runde" ihr Ende? Genau weiß ich es nicht mehr. – Bei der gewöhnlichen "Tracht Prügel", die ich häufiger bezog, musste

---

[37] *Immer feste druff* ist der Titel eines der Bilder Blalla W. Hallmanns, siehe Matthias Reichelt, 2007 (S. 157).

ich mehrere Male einen Satz der Reue wiederholen und geloben: "Ich will nicht mehr dies oder jenes tun!" oder "Ich will von nun an immer brav und artig sein!" Wenn ich genau das sagte, was meine Mutter hören wollte und den Satz oft genug wiederholt hatte, hielt sie inne und ging weg. Die "Runde" aber war etwas Besonderes, eine "höhere" Strafe für außergewöhnliches Vergehen. Da sagte meine Mutter nichts, verlangte kein Abbitten, keine Reue, keine Versprechen. Sie hätte übrigens in ihrer Aufruhr gar nicht sprechen können, denn sie war außer Atem.

Was der Qual ein Ende machte? Ich glaube es war die Erschöpfung. Wenn meine Mutter von dem vielen Zerren, Schlagen und Drehen völlig erschöpft war, hörte sie auf und verschwand.

Was tat ich? Ich weiß nicht mehr genau. Ich glaube, ich suchte schnell irgendwo ein Schlupfloch, ein Versteck, wo mich niemand finden würde, zum Beispiel im Kleiderschrank, unter meinem Bett oder draußen in der Nachbarschaft in einem verwilderten Garten. Ich hätte mich am liebsten vergraben. Verschwinden wollte ich, für immer. Alleine sein wollte ich, mit mir und meinem Leben: "DIESE WELT, DIESE FAMILIE, DAS IST ALLES NICHTS MEHR WERT. WEG VON HIER. AUF UND DAVON ..." – Wo waren übrigens die anderen? Niemand war gekommen. Niemand hat meine Mutter beruhigt. Niemand hat die Folter angehalten. Aber jedes Mal fand ich meinen Zufluchtsort. Dort atmete ich auf und begann Pläne zu schmieden. Ich sah mich ein Floß bauen, das Allerwichtigste mitnehmen und mich den Fluss hinunter treiben lassen bis ans Meer. Und dann weitersehen. Oder übersetzen auf einen anderen Kontinent ...

Wann und wie ich mein Versteck verließ und wieder nach Hause ging, wann und wie ich meiner Mutter wieder in die Augen schaute, weiß ich nicht mehr. Vielleicht hat mich irgendwann meine Großmutter getröstet? Sie war meistens sowieso auf meine Mutter nicht gut zu sprechen. Sicher war, dass ich fort wollte, und mich meine Pläne sehr oft von "vernünftigeren Dingen" wie z.B. Schulaufgaben ablenkten.

Nachträglich fällt mir etwas Interessantes ein: Genau an der Stelle, an der mich meine Mutter mit aller Kraft festhielt, habe ich mir einige Zeit später Elle und Speiche gebrochen. Die Ärzte wunderten sich damals, warum meine Knochen einem ganz banalen Sturz beim Fußballspielen nicht standgehalten haben. Jetzt denke ich an das "Körpergedächtnis" und an ein Tier, das sich den in einer Falle eingeklemmten Lauf abbeißt, um freizukommen.

Marseille, den 7. August 2001
und Thessaloniki, den 12. Februar 2015

Der Geschlagene, derjenige, der die Hiebe erhielt, haut ab, wenn er es noch kann und die Kraft dazu hat ... Wenn er sie nicht hat, kann er sich Folgendes sagen: "DAS IST DOCH GAR NICHT SCHLIMM; ICH WAR EIN BÖSES KIND UND HAB ALL DAS VERDIENT." Neben meiner Enttäuschung und meinem Wunsch, von zu Hause abzuhauen, habe ich auch mich selbst beschuldigt. Die wohlwollenden Mahnungen meiner Mutter und meiner "Erzieher" haben sich mir eingeprägt: "DU HAST KEIN RECHT DICH ZU BEKLAGEN! ALLES IST JA NUR DEINE SCHULD. DU WEIẞT GENAU, WENN DU ARTIG BIST, SIND WIR ALLE GANZ LIEB ZU DIR. WARUM ZWINGST DU MICH, DICH ZU BESTRAFEN? DU KÖNNTEST UNS DAS ALLES ERSPAREN, DU BRAUCHST NUR ZU GEHORCHEN UND TUN, WAS MAN DIR SAGT!"

Seit einiger Zeit schon wache ich jede Nacht gegen vier Uhr auf. Angst und ungute Gefühle halten mich wach. Heute, im Morgengrauen, kam mir plötzlich ein längst vergessenes Ereignis erneut in den Sinn.

Eine Sommernacht. Ich war etwa drei oder vier Jahre alt und wog nicht schwer. Meine Mutter war wieder einmal außer sich und hatte ihre Geduld verloren. Irgendetwas Übles muss ich getan haben, aber ich weiß nicht mehr was. Vermutlich habe ich geweint und meine Mutter aufgeweckt. Es war ihr nicht gelungen, mich zu beruhigen und meinem "Geheule" (so wurde unser Weinen meist benannt) ein Ende zu machen. In ihrer Verzweiflung nahm mich meine Mutter aus dem Bett und trug mich hinaus vor die Haustür. Wir waren beide nur mit unseren Nachthemden bekleidet. Die Nacht war schwarz, aber mild und lau, der Leib meiner Mutter wohlig warm und ein zarter Wind berührte meine Haut. Ich wusste nicht, was mir geschah. Sicherlich war ich plötzlich still.

Ein paar Schritte nach rechts vor dem Haus überbrückte der Bürgersteig den ungefähr vier Meter darunter liegenden Garten. Der Gehweg war in seiner Mitte eingebrochen, ein Baustellenzaun mit Petroleumlampen an jeder Ecke warnte die Fußgänger vor dem gefährlichen Durchbruch. Meine Mutter ging an den Rand des Lochs und hielt mich mit ausgestreckten Armen über den Abgrund. Soweit ich mich erinnern kann sagte sie: "Wenn Du mir nicht ein für alle Male gehorchen willst, dann lass ich Dich los, dann lass ich Dich fallen!" – Heißt das, "das nächste Mal bist du tot"?

Warum wundere ich mich, dass ich so häufig mitten in der Nacht wach liege? Was habe ich in jener Nacht empfunden? Ganz genau kann ich es nicht sagen. *– Heute denke ich, ich musste mich gefragt haben: "Welchen schlimmen Fehler* *hast du getan, um deine Mutter so aus dem Häuschen zu bringen? (Im wahrsten Sinn des Wortes.) Dein ganzes Leben ist nichts wert, wenn deine Mutter so böse auf dich ist!" Wenn ich heutzutage früh am Morgen aufwache, habe ich das ängstliche Gefühl, irgendetwas versäumt oder falsch gemacht zu haben. Mein Schlaf ist hin, bis ich mich durch gutes Zureden überzeugt habe, dass der Großteil dieser jetzigen Angst nur eine Erinnerung ist.*

Damals, scheint mir, war meine Seele still, als hätte ich nicht wirklich Angst gehabt. – Vielleicht glaubte ich nicht daran, dass mich meine Mutter in das Loch fallen lassen würde. Mein Körper aber, je mehr wir uns dem Bauzaun näherten, versteifte sich wie ein Brett. Dachte er, sich in einen harten Gegenstand zu verwandeln, um den Aufschlag überleben zu können? – Ein Albtraum, der mich während meiner Kindheit regelmäßig heimsuchte, fällt mir ein: Ich stürze in die Tiefe, falle und falle ... Meine Angst wird unerträglich ... Im Moment des Aufpralls schrecke ich aus dem Schlaf, oft mit einem Schrei. Und ich spüre meinen Körper hart wie einen Stein.

Wovon spricht dieses Ereignis jener Nacht? War es meine Mutter, die so verzweifelt war, dass sie daran dachte, sich selbst in ein tiefes Loch zu werfen? Hat sie mich auch ihre Verzweiflung fühlen lassen, nicht nur ihren Hass und ihre Wut? Das alles steckt noch heute in meinem Körper.

– Wie können wir wissen, was in solchen Momenten wirklich geschehen ist, und was in uns als Kind geschah? Was bleibt davon und in welcher Form? Und können andere eine Vorstellung davon bekommen, wie es in mir aussieht? Dies frage ich mich jedes Mal, wenn ich erklären will, was ich in dem einfachen Rahmen meiner "traumhaften" Kindheit erlebt habe. (Der eingebaute Verbesserer meines französischen Rechners hat soeben das deutsche Wort "traumhaft" mit dem französischen *traumatique* übersetzt.) Mein intimes Erleben konnte ich niemandem anvertrauen, man hätte mir nicht geglaubt.

Meiner Erinnerung nach, als Kind und Jugendlicher, bestand unter den "Erwachsenen" um mich herum diese Art der "Ungläubigkeit" auch dem Holocaust gegenüber: "DAS GIBT ES DOCH GAR NICHT. DAS IST ALLES ERLOGEN ODER WEIT ÜBERTRIEBEN. SELBST WENN ETWAS DARAN WAHR SEIN SOLLTE, DANN HATTE EINZIG UND ALLEIN EINE KLEINE GRUPPE VON FANATIKERN DIE SCHULD. AUßERDEM WUSSTEN WIR OHNEHIN VON NICHTS, UND ANDERE VÖLKER HABEN NOCH VIEL SCHLIMMERES GETAN!"

Wie weitermachen nach solchen Erfahrungen? – Besser beschuldigen wir uns selbst. Wir müssen uns ja mit allen Mitteln unsere, schon recht wackelige Welt erhalten. Wir dürfen auf keinen Fall an ihren Grundfesten zweifeln. Denn ein "Weltuntergang" wäre noch weit schlimmer als unsere "lächerlichen Leiden".

Zuerst überzeugen uns die Respektspersonen, dass unsere Klagen und unser Geheule "lächerlich" und grundlos sind. Dann, wenn wir es wagen, "Außenstehenden" etwas von unserem Erleben mitzuteilen, beschimpfen sie uns als Lügner oder Übertreiber, die sich nur interessant machen wollen. Und am Ende misstrauen wir uns selbst, und glauben, alles erfunden zu haben. Wir verneinen unsere eigentliche, innerste Wirklichkeit und sprengen damit das Fundament unseres Selbst in die Luft. – Bis an den heutigen Tag kommen mir noch Zweifel. Zeitweise drängt sich mir der Gedanke auf, wie unerhört es ist, wegen ganz banaler Bestrafungen Schauermärchen zu verbreiten. Warum verunglimpfe ich meine Eltern und Großeltern? Um anzugeben, um "jemand" zu sein? – Wie "halten" wir und worauf "stehen" wir, wenn wir aus solchen Zweifeln "hergestellt" sind? Wie können wir auf solchem "Untergrund" wachsen, mündig und "selbst-ständig" werden? Wie wird eine Gesellschaft aussehen und sich verhalten, die größtenteils aus solchen "gut erzogenen" unselbstständigen Bürgern aufgebaut ist?

Was, wenn die Verbrechen der Nazizeit eine auf die "Weltbühne" gebrachte Aufführung der tragischen inneren Wirklichkeit der Mehrzahl aller Deutschen darstellen? Ist es nicht denkbar, dass ähnliche Verbrechen geschehen können, solange wir nicht, jeder, unseren eigenen verdrängten oder geheim gehaltenen "Holocaust" ausfindig gemacht haben?

In meinem Innersten, ich spreche für mich, war ich zuerst der "Jude", weil der brave Zögling, einmal ungehorsam, zu einem Fremden wurde, der nicht dazu gehören kann. Und danach in meinem entsetzlichen Ärger und Hass, in meinen Racheplänen war ich der Henker, der SS-Mann, der Führer, der an Stelle von Vater und Mutter die ganze Welt ausradieren will.

Als Kind fühlte ich, dass die Menschen um mich herum nicht wirklich im gegenwärtigen Leben lebten. Es war mir, als kämpften sie gegen "böse Geister" aus einer fernen Zeit. Das Ungute, die Gefahr sah jeder immer in den anderen. Kaum sagte einer etwas, war schon ein anderer aufgebracht und wusste es besser. Neue Behauptungen wurden aufgestellt wie Geschütze. Jeder fühlte sich bedroht. Hauptsache war, sich zu behaupten. Uns Kindern wurde nicht ein Austausch von Meinungen vorgeführt, sondern von Feuersalven und Kampfhandlungen. In gewisser Weise schienen mir alle krank. Was tun, um nicht angesteckt zu werden? – Warum nicht besser dem "Verein" kündigen, den Platz räumen, sich in Luft auflösen und verdampfen?

Aus dem "Verein" bin ich zwar ausgetreten, aber seine "Regeln" wirken in mir weiter und vergiften meine Gegenwart. Worauf beruhten die Familienstrei-

tereien und die Rechthaberei? Jedes "Vereinsmitglied" war ein verletztes Kind, das von seinen alten Wunden nichts wissen wollte (oder konnte). Die geringste Missbilligung des einen am andern berührte sie und erweckte böse Schmerzen. Sobald es schmerzte, fühlte sich der "Betroffene" "beleidigt", "verletzt" oder "verwundet". – Warum war jede Verständigung unmöglich? Zum einen wird immer der Andere als alleiniger Verursacher des Schmerzes angesehen und zu "dem Bösen" gemacht. Zum anderen beherrscht das eigene schmerzliche Erleben gänzlich das Bewusstsein des "Verletzten". Er fühlt sich völlig zu Unrecht "misshandelt" und seine Gedanken drehen sich um Rache oder Flucht. Das eigene Erleben ist so übermächtig, weil es aus alten verdrängten Zeiten stammt. Es hält den Leidenden so sehr in sich selbst gefangen, dass es ihm unmöglich ist, sich in die Lage des anderen zu versetzen. Wenn wir uns aber nicht vorstellen können, was der Andere erlebt, ist Verständigung unmöglich. Wir verharren in dem Wahn, dass er "der Böse" ist, aber wir kennen ihn gar nicht.

Während meiner Melancholie 1976, kurz vor meinem 30. Lebensjahr, erlebte ich zum ersten Mal bewusst die Folgen meiner frühen Erfahrungen. Ich fühlte mich am Ende meiner Kräfte. Die einfachsten Aufgaben verwandelten sich in ein Gebirge von Schwierigkeiten. "Wie machen es die Anderen, so sorglos dahin zu leben?" fragte ich mich dauernd. Jede Zukunft schien mir unerreichbar. Mein Glaube an mich und meine Fähigkeiten waren verschwunden. Ich sah schwarz. Alles erdrückte mich. "Schluss machen!", dachte ich. Einen abgelegenen Ort am Mainufer finden und mich ins Wasser fallen lassen. Und besser noch kurz vorher einen schnellen Stich gezielt ins Herz ...

Ich habe es nicht getan. Anstelle mir oder vielleicht einem Anderen das Leben zu nehmen, suchte ich das Weite.

Was mir damals das Leben rettete war zum einen meine Fähigkeit zu reden und zum anderen der Mensch, mit dem ich zusammenlebte und der mir mit endloser Geduld zuhörte. Ich sprach wochenlang tagein, tagaus. Immer dasselbe, nur von Ängsten und Zweifeln. Als nach etwa neun Monaten der Albtraum zu Ende war, hat mir derselbe Mensch geholfen, ein neues Leben zu beginnen und mich von ihm zu trennen.

Was mich heute rettet, ist das Schreiben. Ich bin krank zur Zeit, aber ich will mich nicht "krank schreiben" lassen. Ich will mich "gesund schreiben". Alles aufschreiben: Die ganze leidige Geschichte eines gequälten Kindes.

Nun sehe ich auch endlich in meinen "Krankheiten" all das, was ich bisher nur vermutete. Mein Asthma, meine Atemnot spricht vom Luftanhalten und vom Ersticken. – Sich bloß nicht Luft machen, bloß kein Geschrei! In meiner Vorstellung ist die schlimmste Todesart das Ersticken.

Mein "Nasenlaufen" sind sicher die Tränen, die ich nicht zeigen möchte. Sie suchen einen Ausweg.

Meine Zähne faulen ständig vor sich hin, weil beißen nicht erlaubt ist, nur das Zähne-zusammenbeißen. Wer nicht beißen darf, muss sich das Leben versüßen. Aber Leckereien fressen das Gebiss. Dann wird gebohrt oder ausgerissen, freilich ohne Betäubung, denn: "DER JUNGE MUSS DOCH ABGEHÄRTET WERDEN."

Mein rechtes Ohr verstopft sich, weil es nichts mehr hören will. Es verschließt sich dem Gehorchen.

Mein Gesäß und mein Kreuz erhielten die Prügel. Heute brennt die Haut an den Prügelstellen. Dieser wütende Schmerz strahlt aus und wird unerträglich. Um den Schmerz abzuschwächen, renne ich im Kreis herum wie ein Rasender, wie damals bei der "Runde", als mich Mama mit Hilfe des Teppichklopfers zur Vernunft bringen wollte. Am Ende nehme ich doch Schmerztabletten, warte ab, denke an die unzähligen Anderen, noch weit mehr Gequälten, und fühle so etwas wie ein Zusammengehörigkeitsgefühl.

Marseille, den 8. August 2001

Ich erinnere mich an manches frühe Selbstgespräch: "WENN DAS ALLES RAUS KOMMT, WAS ICH GESEHEN, GEHÖRT UND ERFAHREN HABE, NA DANN, DANN WIRD'S WAS GEBEN! IHR WERDET SEHEN. DAS WIRD EINE SCHÖNE BESCHERUNG SEIN. WAS HABE ICH BLOß DER WELT GETAN, DASS ICH SO VIEL ERDULDEN MUSS? WARUM HABE ICH SCHON WIEDER ETWAS FALSCH GEMACHT? – ALLES MACHE ICH FALSCH. WENN ICH BIN, WIE ICH BIN, WERDE ICH GESCHLAGEN. WENN ICH NICHT BIN, WIE ICH BIN, MICH VERSTELLE, DANN BIN ICH EIN ÜBLER MENSCH, DER MIT LIST UND TÜCKE BERECHNET, WIE ER DIE ANDEREN HINTERGEHEN KANN."

Diese Sätze habe ich nie laut ausgesprochen und ich bin mir meiner Worte auch nicht ganz sicher, aber von dem, was ich zu hören bekam, steckt mir noch einiges in den Knochen. Vieles fällt mir ohne Schwierigkeiten wieder ein. Wie z.B.:

"DUMMER ESEL!
WAS STEHST DU HIER WIEDER SO BLÖD HERUM!
WAS WILLST DU DENN SCHON WIEDER?
HAST DU IMMER NOCH NICHT GENUG?
WAS BIST DU MIR AUCH IMMER IM WEGE?
SIEHST DU NICHT, DASS DU STÖRST!

MACH, DASS DU LAND GEWINNST!
GEH, GLOTZ NICHT SO BLÖD!
WO HAST DU DICH SCHON WIEDER HERUMGEDRÜCKT?
WAS SOLL DAS? DU BIST JA GANZ VERDRECKT!
KANNST DU NICHT AUFPASSEN, DU TROTTEL!
MACH DIE AUGEN AUF!
NIMM DOCH ENDLICH EINMAL RÜCKSICHT!
DU SIEHST DOCH, DASS DAS SO NICHT GEHT!
DU HÖRST JA AUCH NIE HIN!
HAB ICH DIR DAS NICHT SCHON TAUSENDMAL GESAGT?
WILLST DU ENDLICH GEHORCHEN!
WENN DU NICHT SPUREN WILLST, DANN WIRST DU SEHEN!
WER NICHT HÖREN WILL, MUSS FÜHLEN!
DAS IST JA NICHT MENSCHENMÖGLICH!
DAS IST JA EINE FRECHHEIT!
DAS IST JA WIEDER UNERHÖRT!
WAS ERLAUBST DU DIR DENN!
DAS IST DER GIPFEL DER UNVERSCHÄMTHEIT!
BIST DU DENN VON ALLEN GUTEN GEISTERN VERLASSEN?
WO HAST DU BLOß DEINEN KOPF?
DU HAST WOHL NICHT MEHR ALLE TASSEN IM SCHRANK!
BEI DIR IST WOHL EINE SCHRAUBE LOCKER!
DU HAST WIRKLICH EINEN DACHSCHADEN!
KANNST DU NICHT ENDLICH MAL VERNÜNFTIG SEIN?
WAS BILDEST DU DIR EIGENTLICH EIN!
WAS REDEST DU DA SCHON WIEDER FÜR EINEN UNSINN?
WO HAST DU DENN DAS WIEDER HER?
DAS IST DOCH ALLES QUATSCH WAS DA DU SAGST!
DU KANNST SOWIESO NUR IMMER BLÖDSINN ERZÄHLEN!
HAST DU WIEDER ZU VIEL SCHLABBERWASSER GETRUNKEN!
KANNST DU NIE DEINEN MUND HALTEN?
SEI STILL!
HÖR AUF DAMIT!
JETZT REICHT ES MIR ABER!
DU BIST UNERTRÄGLICH!
KOMM SOFORT HER UND HOL DIR DEINE TRACHT PRÜGEL!
JE LÄNGER DU WARTEST, UMSO SCHLIMMER WIRD'S!
HAB' DICH NICHT SO!
DAS HAST DU NICHT ANDERS VERDIENT!

DA BRAUCHST DU GAR NICHT ZU HEULEN!
JETZT BIST DU VÖLLIG VERRÜCKT GEWORDEN!
LASS DIESE BLÖDEN GRIMASSEN!
NIMM DIE FINGER WEG!
RÜHR DAS BLOß NICHT AN!
WIRF DAS WEG, DAS IST SCHMUTZIG!
PFUI TEUFEL!
DU BIST EIN RICHTIGES SCHWEIN!
DU BIST ABSCHEULICH!
DU MACHST ABER AUCH ALLES KAPUTT!
DIR KANN MAN JA WIRKLICH NICHTS ANVERTRAUEN!
DEINETWEGEN HABE ICH WIEDER DOPPELT SO VIEL ARBEIT!
DU WILLST MICH WOHL AUF DIE PALME BRINGEN!
SCHLUSS DAMIT!
MECKERE NICHT IMMER!
DU MACHST MIR DAS LEBEN ZUR HÖLLE!
DU MACHST MICH NOCH GANZ VERRÜCKT!
WAS IST DENN DAS FÜR EINE ART UND WEISE!
DAS IST DOCH UNÄSTHETISCH!
DAS TUT MAN NICHT!
NIMM DIE FINGER AUS DER NASE!
SITZ GERADE!
LEG DIE HÄNDE AUF DEN TISCH.
SITZ STILL!
NIMM DICH ZUSAMMEN!
BENIMM DICH ENDLICH MAL!
MIT VOLLEM MUND HAST DU SCHON MAL VIEL BESSER GESPROCHEN!
ELENDER FAULENZER!
DUMMER ANGEBER!
AUS DIR WIRD NIE WAS!
SO KOMMST DU NIE AUF EINEN GRÜNEN ZWEIG!"

Solche Wortgewitter prasselten täglich auf uns nieder.

Was man mit einer Sprache nicht alles machen kann! Peitschen, hämmern und Kinder "zerkleinern" ...

Was tun? – Ohren zu und so schnell wie möglich weg! Zu den Antipoden.

Und in dieser Schmettersprache sollte ich zu meiner Tochter sprechen, damit sie zweisprachig aufwächst? Kein Wunder, dass sie sich, beim ersten deutschen Laut, der aus meinem Mund kam, sofort die Ohren zugehalten hat. Ich verstand sie und gab auf. Aber traurig ist es schon, dass sich mein Kind vor der Sprache meiner Mutter ekelt.

Marseille, den 8. August 2001

Thessaloniki, den 6. Juni 2003 und den 13. Juni 2015

"Großvater hat eine Gürtelrose" hieß es. – Ein so schöner Name für eine so hässliche Krankheit. "Das tut entsetzlich weh, man kann gar nichts dagegen tun und muss abwarten, bis es vorbei geht", erklärte man mir. Diese Krankheit erzeugt einseitig in der Gürtelgegend rote juckende Hautbläschen und fast unerträgliche Schmerzen. Mein Großvater tat mir fürchterlich leid. Ich fragte mich, wie ein Mensch solche Schmerzen aushalten kann, ohne zu weinen; und bewunderte ihn. Das war ein Mann.

Der Gürtel ist der Riemen. "Sich am Riemen reißen" heißt sich beherrschen, sich zusammennehmen. Die Gürtelrose bewirkt reißende Schmerzen und mein Opa war ein Mensch, der sich sein Leben lang zusammenriss. Ich spürte, dass er von seltsamen Zwängen und unerfüllten Wünschen bedrängt war. Er platzte fast nie; er schnappte ein, zog sich zurück und schmollte. – Ich schrieb soeben: "Mein Großvater tat mir leid." Er hat mir aber nie wirklich ein Leid angetan. Häufig kam er mir unglücklich und alleine vor. Doch war es schwierig, mit ihm in Berührung zu kommen. Ich fürchtete ihn, aber mein Mitleid war größer.

Wie gesagt, habe ich dieser Tage dieselbe Krankheit, nur der Sitz ist anders. Die brennenden roten Bläschen befinden sich etwas rechts oberhalb des Steißbeins. Genau da, wo Mutters Zuchtgerät am häufigsten einschlug. Diese Variante des Herpes Zoster nennt man auf Französisch den *zona sacré*, die "heilige Gürtelrose". – Ein noch schönerer Name für eine genauso hässliche Krankheit. Die Schmerzen, so scheint mir, entsprechen genau denen, die ich damals nicht zu spüren glaubte. – Und warum "spricht" mein Körper erst fünfzig Jahre später? – Weil jetzt die Tat verjährt ist? Weil der Täter verstorben ist? – Warum hat ihn das Opfer solange geschützt?

Mir war bange vor einer zweiten Psychoanalyse. Konnte ich sicher sein, einen Menschen zu finden, der meinen Aussagen Glauben schenkt und keine Zweifel äußert, wenn ich von der Brutalität meiner Mutter spreche; der nicht erschrickt vor meinem Hass gegen sie und meinen Mordgelüsten? Einen Mann wollte ich, der mir ein Gefühl der Übereinstimmung zeigen würde. Auch hatte ich Angst, mir selbst zu begegnen, dem Geschädigten, dem Geschändeten. Der Gedanke, meine Nächsten bloßzustellen und ihnen den Status von Peinigern aufzubürden, störte mich. – Kann ich jetzt endlich über ihre Vergehen aussagen? Vergehen, die mich bis heute unfähig machen, mit einem Anderen zu leben, ohne mich in eine Beute zu verwandeln.

Gestern (5. Juni 2003) hatte ich einen Albtraum: Regen, Sturm und Gewitter ziehen über meine Stadt. Die Straßen verwandeln sich in Sturzbäche, die alles auf ihrem Wege mit sich reißen und verschlingen. Die Sturmflut ist so mächtig, dass sie alle Fußgänger, die sich nicht irgendwo anklammern, davon trägt. Vor meinen Augen wird eine Frau mitsamt dem Mäuerchen, an dem sie sich festhält weggeschwemmt. Die Frau ähnelt meiner Mutter. Sie wird von den Strömungen herumgewirbelt und stößt sich überall heftig an. Sie ist dem Unwetter völlig ausgeliefert und hat nicht die geringste Chance, lebendig davon zu kommen. Ab und zu wirft sie mir einen flehenden Blick zu, als erwartete sie von mir, gerettet zu werden. Ich versuche, mich ihr zu nähern, aber die Gefahr ist zu groß. Ich würde ohne Zweifel mit ihr ertrinken. Machtlos muss ich zuzusehen, wie ein Mensch in schrecklichen Qualen vor meinen Augen stirbt. Mein Entsetzen ist unbeschreiblich. – Jetzt, im Moment des Niederschreibens überschwemmt mich ein schreckliches Schaudern und das Gefühl, an der Grenze des Ertragbaren zu sein. Meine Gedanken stocken …

Die Versuchung ist groß, mir zu sagen: "Das ist alles Einbildung. Mit Deinem Leben hat das sicher nichts zu tun. Vielleicht hast Du diese Szene im Kino gesehen?" – Aber warum erinnere ich mich gerade an diesen "Film"? Im Übrigen weiß ich sehr wohl, dass ich meine Träume mache. Was sie mir zeigen, gehört mir und ich will es sehen. Wenn ich das nicht tue, komme ich nie zu mir selbst.

Zeigt dieser Traum mein intimes Bild vom Leben meiner Mutter und unserer Beziehung, oder erzählt er die Entwicklung des Bildes, das ich mir von ihr machte? Meine Meinung über sie ist in der Tat ganz schön "den Bach runter gegangen". Heute sehe ich ihr Leben wieder anders, mit viel Abstand und mit einem ähnlichen Verständnis, das ich einer fremden Person oder einem Klienten entgegenbringe. Jedenfalls war sie in ihrem Leben wirklich sehr vielen "Unwettern" ausgesetzt …

Bin ich das einzige deutsche Nachkriegskind, das solche Albträume hat?

Wenn ich heute an die Deutschen denke, die vor 50 Jahren um mich lebten, lässt mich der Eindruck nicht los, dass sehr viele von ihnen gequälte und zerbrochene Wesen waren. Falsch und gezwungen kamen mir manche schon damals vor, ansonsten ahnte ich nicht, was sich hinter so manchem angepassten Äußeren verbergen konnte. Ein Beispiel ist der Vater eines Freundes aus der Nachbarschaft, ein Apotheker, den ich bewunderte, weil er anstelle des üblichen Schneemanns eine Frau mit Kind modelliert hatte und in einem Schre-

bergarten Heilkräuter pflanzte. Auch Ute, die Kleinste der vier Kinder, erstaunte mich mächtig, als sie mir, knapp 4 Jahre alt, philosophische Fragen stellte. Sie hat über ihren Vater geschrieben, der sich 1969 öffentlich mit selbsterzeugtem Zyankali das Leben genommen hatte. Sie gab ihrem 2006 erschienenen Buch den treffenden Titel Das falsche Leben. Eine Vatersuche.[38] *Es hat mich erschüttert. Welche Last ...*

Meine neue Psychoanalyse mit einem älteren Mann hat mir die bisher nahezu verschlossene Tür zum Thema "Vater" geöffnet. Ich fand Eingang zu einer anderen Welt mit anderen Schrecken. Eine ganz bestimmte Szene kommt mir in Erinnerung. Mein Vater wohnte noch bei uns. Er war damals gänzlich in die Vorbereitung seines medizinischen Staatsexamens vertieft. Ich war gerade zwei Jahre alt und sprach noch nicht. Um in unserer recht belebten Wohnung einigermaßen ruhig studieren zu können, hatte er sich in der Küchenveranda ein Arbeitszimmer eingerichtet. Eines Tages muss ich es gewagt haben, ihn dort zu "besuchen", obwohl es mir sicherlich verboten gewesen war. Ich glaube, er war so sehr in seinem Lernen vertieft, dass er mich zunächst nicht wahrgenommen hatte. In dem Gedanken, ihm zu helfen, wollte ich einen Stapel von Büchern oder Zetteln "zurechtrücken". Leider fielen diese jedoch mit einigem Lärm zu Boden. – Und auf einmal war der Teufel los. Mein Vater sprang auf. Ein brüllender Riese, rot vor Zorn. Gott und Satan zugleich. Die Erde zitterte. Er schimpfte wütend und endlos mit mir. Sicherlich versetzte er mir auch die "verdiente" Tracht Prügel. Ich war vor Schrecken erstarrt, und fühlte mich vernichtet. Was war geschehen? Für mich, eine echte Katastrophe, ein menschliches Erdbeben, ein erschreckendes Naturereignis.

Viele Jahre später hatte ich die Gelegenheit die Rollen zu wechseln. Die wichtige Person war endlich ich. Den Platz des Störenfrieds gab ich meinem kleinen Bruder. Ich hatte, wie mein Vater, sehr ernsthafte Dinge zu tun, z. B. meine elektrische Eisenbahnanlage aufzubauen. Das verlangte meine volle Aufmerksamkeit. Der kleine Bruder, der mich bewunderte, wollte sich natürlich nützlich machen ... Aber allein seine Gegenwart machte mich schon nervös. Wenn er es wagte, irgendetwas auch nur zaghaft zu berühren, fuhr ich aus der Haut, schrie ihn an und beschuldigte ihn, mein Leben zur Hölle zu machen.

Noch eine andere Sache bringe ich mit der Geschichte des wütenden Vaters in Verbindung. Schon bevor ich zur Schule ging, wollte ich mir das Gefühl geben, wie die "Großen" ein denkender und wichtiger Mensch zu sein. Ich bat

[38] Ute Scheub, 2006.

meinen Großvater um seinen Papierkorb, leerte diesen im Kinderzimmer aus und ordnete die Papiere und Briefumschläge nach Art und Größe auf meinem Schreibpult und war glücklich. – Vielleicht wollte ich mit diesem Ritual noch etwas anderes: Meinen Fehler beheben und die alte Ordnung wiederherstellen, die ich auf dem Arbeitstisch und im Leben meines Vaters "zerstört" hatte. Damals muss ich davon überzeugt gewesen sein, er habe uns meinetwegen verlassen. Kurze Zeit nach dem Vorfall trennten sich meine Eltern tatsächlich, er zog aus und sie ließen sich scheiden.

Vermutlich habe ich mich auch für das Fortgehen meiner Mutter verantwortlich gefühlt. Der persönliche Abschied von meinem Vater, falls es so etwas überhaupt gegeben hat, ist für mich im Dunkel geblieben. Der von meiner Mutter auch. Aber ich erinnere mich noch genau an die Minuten und Stunden nach ihrer Abreise.[39] – Wie schwierig es auch heute noch ist, mir meine damaligen Gefühle zu vergegenwärtigen. Ich erinnere mich aber deutlich an meine Abwehr und meine Gefasstheit. Das Entsetzen und die Angst verlassen zu werden, kamen später und überwältigten mich jedes Mal, wenn ich jemanden liebte. Die Verbindung zur "Urszene" konnte ich sehr lange Zeit nicht herstellen. Ich glaubte es sei Leidenschaft. – Weil uns die Natur daran hindert, sofort an unseren Wunden zu sterben oder irre zu werden, bleiben wir lebenslänglich ein "Pflegefall". – "Sie wird nie mehr wiederkommen!" Dieses Gefühl, oder diese Erkenntnis war für mich damals das Schlimmste auf Erden! Aber ich sprach davon, als sei es etwas Nebensächliches. Wenigstens hatte mich meine Mutter seit langem darauf vorbereitet mit Hilfe eines Schlaflieds, das sie mir regelmäßig sang. Ich konnte nie recht verstehen, warum diese seltsam traurige Geschichte zu ihrem Vorrat an Liedern gehörte.

ABER HEIDSCHI BUMBEIDSCHI, SCHLAF LANGE,
ES IS JA DEIN MUATTER FORTGANGA;
SIE IS JA FORTGANGA UND KIMMT NEAMER HOAM
UND LÄSST DAS KLOAN BIABELE ALLEINE DAHEIM!
ABER HEIDSCHI BUMBEIDSCHI BUM BUM,
ABER HEIDSCHI BUMBEIDSCHI BUM BUM.[40]

[39] Siehe oben, S. 28.

[40] So habe ich die Worte in Erinnerung. Zum genauen Text und den weiteren Strophen, siehe: https://de.wikipedia.org/wiki/Heidschi_Bumbeidschi [zuletzt: 15.02.2017]

Noch heute bekomme ich eine Gänsehaut, wenn ich an dieses Lied denke. Als ich es einmal meiner Tochter vorsang, hat sie mir sofort erklärt, es nie wieder hören zu wollen, obwohl sie den Text nicht verstehen konnte.

Ein alter entsetzlicher Traum kommt mir in Erinnerung. Er stammt aus der Zeit meiner ersten Psychoanalyse zwischen 1971 und 1978.

Alles ist dunkel, nur ein Gitterkäfig ist zu sehen. Er misst etwa drei mal drei Meter. In dem Käfig ist ein Mann meines Alters eingesperrt. Trotz seiner kräftigen Erscheinung sieht er schwach und völlig niedergeschlagen aus. Wir stehen uns gegenüber, ich außen, er innen. Er schaut mir in die Augen. Ich schaue ihm in die Augen und sehe in ihnen ein inständiges Flehen, befreit zu werden. Die schwere Tür zwischen uns ist mit einem massiven Riegel verschlossen, der nur von außen bewegt werden kann. Seine Hände halten erwartungsvoll die Eisenstäbe der Tür. Ich schiebe den Riegel auf, um den traurigen Gefangenen zu erlösen. Kaum ist die Tür um einen Spalt geöffnet, "erwacht" schlagartig der junge Mann. Ganz plötzlich ist er von einem übermächtigen Lebenswillen und einer blinden Wildheit angetrieben. Eine panische Angst überfällt mich. Ich weiß, dass dieser Mensch, einmal befreit, mich umbringt und nach mir alle, die ihm im Wege stehen. Wenn ich ihn nicht sofort aufhalte, ist alles zu spät. Es beginnt ein Kampf um Leben und Tod. Er drückt die Tür nach außen. Ich halte stand. Nach langem Ringen und einer letzten Anstrengung gelingt es mir, die Türe wieder zu schließen. Besiegt bricht "die Bestie" in sich zusammen und ihr Käfig verschwindet im Dunkel. Ich bin total erschöpft und unsagbar erleichtert.

Kaum habe ich diesen Traum zu Ende geschrieben, ist mir klar: Das war ein Ringen zwischen meiner Lebensgier und meiner Angst, von ihr überrannt zu werden. Wie geht der Kampf aus? Ich verdränge meine Lebendigkeit, um überleben zu können. – Sich töten müssen, um "leben" zu können! Das ist das traurige Ergebnis unserer Erziehung zum "artig" sein und der tiefe Grund unserer Schwermut. Was lernten wir als "Gutenachtgebet"?

"LIEBER GOTT, MACH MICH FROMM / DASS ICH IN DEN HIMMEL KOMM / WERDE GERN SO GUT UND REIN / WIE DIE LIEBEN ENGELEIN! / AMEN!"

Hört sich das nicht lieblich an? Im Geist dieser hypnotischen Formel wurden wir Kinder von einer Generation zur anderen zu leblosen Engeln gemacht. Und am Ende wurden wir zu den potenziellen "Engelmachern" all derer die wir nicht ertragen konnten. – Wo fängt das Morden an?

Mein "Gefängnistraum" hat mir aber auch etwas anderes offenbart. Sobald wir einer inneren Schwierigkeit klar in die Augen sehen können, sei es auch "nur" in einem Traum, haben wir die Möglichkeit, sie zu überwinden. Dies erhielt ich am Ende meiner ersten Analyse bestätigt. Ich entdeckte mein "Selbstbestimmungsrecht", die zentrale Voraussetzung für meine langsame "Befreiung". Ein erster Schritt war, meinen Doktorvater enttäuschen zu können. Ich war ein fleißiger Teilnehmer seiner Seminare. Anscheinend ziemlich von mir angetan, hätte er mich gerne als Assistent in seinem Institut für Psychotherapie und medizinische Psychologie aufgenommen. Ich war zwar anfangs sehr geschmeichelt, musste aber mit den Jahren die Gefahr erkennen, die eine Bindung an ihn mit sich gebracht hätte. Ich erinnere mich sehr gut meines Hochgefühls, nachdem ich es gewagt hatte ihm abzusagen. Ich fühlte mich neu erwacht, stark, lebendig und entschlossen, den Gang meines Lebens in die Hand zu nehmen. Kurze Zeit vorher, im Oktober 1977 während eines Urlaubs auf Kreta, war mir plötzlich das Licht aufgegangen, dass ich "berechtigt" bin, selbst und allein über mein Leben zu entscheiden. – Warum war diese "Selbstverständlichkeit" für mich bisher nicht denkbar gewesen?

Von da ab sollte mir niemand mehr den Weg verstellen und mir Zweifel einreden. Ich wollte meinen Wünschen folgen, fort von der Kälte und der Enge meiner Heimat, zu einer warmen Welt mit offenem Horizont.

Meine Krankheit ist die Gehorsamkeit.

Verliebt sein war für mich lebensgefährlich. Rasch ließ ich mich zur Beute machen. Aber auch meine "Liebesangebote" konnten für die "geliebte" Person zu einer Lebensbedrohung werden. Ich beteuerte zu lieben, brauchte aber das Leben des Anderen, denn ich hatte kein eigenes. Ich trachtete nach dem Leben des Anderen.

Ich muss selbst mein eigenes Leben finden und leben. Kein Anderer kann das an meiner Stelle tun. Kein Paar wird geheilt, wenn jeder dem Anderen das Leben nimmt und jeder es sich nehmen lässt. – Wo fängt das Morden an?

Worin besteht das Heilen und Gesunden? – Sich selbst sein Leben aneignen? Es Stück für Stück aufbauen aus dem, was wir erlebt haben, so traurig und widerlich es auch gewesen sein mag, was uns widerfahren ist? Seine eigene Zeit finden? Aus der Zeit desjenigen treten, dem wir die volle Verfügungsgewalt über uns gegeben haben? Zeit *nehmen*? Sich Zeit nehmen? – Nein, sich Zeit *geben*![41] Zeit, um sich in dem eigenen Drunter und Drüber zurechtzufinden? Zeit, sich umzusehen?

---

[41] "Sich Zeit nehmen" kann auch im Sinne von "sich Zeit *weg*nehmen" verstanden werden. Oder nehmen wir uns Zeit weg, um sie einem Anderen zu geben?

Das Leben ist "unmöglich". Gegen jede Vernunft verbreitet es sich. Es zwingt uns fortwährend unlösbare Fragen auf, nötigt uns zu Tricks und Lügen, aber nur es kann uns retten. Es quält uns und hält uns über Wasser. Es macht uns krank und heilt uns. Es weckt uns auf und schläfert uns ein. Auch wenn es uns eines Tages endgültig verlässt, treibt es sich weiter überall schamlos herum und ersetzt uns im Nu.

Meine Mutter liebte das Leben. Sie hat es kommen lassen und ihm Platz gemacht, ohne Rücksicht auf Verluste. Ihrer Lebenskraft verdanke ich meine Todesangst und meinen Triumph des davon gekommen zu seins. Vom Leben ihr aufgedrängt, war ich für sie zunächst ein unnützes Unglück, bis sie herausfand, mich als ihr "Notizbuch" benutzen zu können. War ihr dies je bewusst? Auf alle Fälle eignete ich mich dazu sehr. Sie schrieb zwar in mir das Meiste "ins Unreine", dennoch war ich stolz, die Urfassung ihres geheimen Tagebuchs zu sein. So hat mir meine Mutter ihre Geschichte in die Seele erzählt (und ihren Schmerz in den Körper geklopft). Ich fühlte mich geehrt, weil sie mich in einer Nähe hielt, an die kein anderer heranzukommen schien. Natürlich konnte das alles nur gutgehen, solange ich aufnahm ohne zu mucken. Wer weiß, ob sie ihren "Blättern und Skizzen" nicht fliehen musste, bevor ich das "Alter der Vernunft" erreicht hatte? Jedenfalls hat sich unsere einzigartige Vertrautheit nach ihrem Fortgehen nie wieder eingestellt. Sie verließ mich und ihren gesamten Werkstoff. Nach fast fünfzig Jahren Verschluss öffne ich jetzt unser Archiv.

Marseille, den 12. August 2002
und Thessaloniki, den 21. September 2003

Mein letzter Traum: Ich bin verloren in einer unbekannten großen Stadt, einer Mischung aus den Städten, in denen ich einmal gelebt habe. Ich glaube einen Treffpunkt am Bahnhof zu haben, weiß aber nicht, wie ich ihn finden soll. Ich war mit dem Auto unterwegs, habe jedoch vergessen, wo ich es geparkt hatte. Und wo ist mein Gepäck? Hatte ich welches? Ich habe einen dringenden Wunsch. Welchen? Einen sehr alten, aus meiner Kindheit anscheinend. Auf einmal bin ich im Auto mit meinem Töchterchen auf dem Rücksitz. Sie gibt sich alle Mühe mir zu helfen, meinen Weg zu finden. Wir sind beide verloren. Wir haben keine Karte. Alle Schilder zeigen Richtungen an, die uns nichts bedeuten. Hinweise gibt es überall, aber unser Ziel ist nirgends angegeben. Schließlich lassen wir das Auto stehen und gehen zu Fuß. Wir marschierten lange durch die weitläufige Stadt.

Plötzlich begreife ich, dass ich gerade Deutschland verlassen habe und mein neues Heim suche. Ich erinnere mich, ein Haus in Frankreich zu haben, kann aber den Weg dorthin nicht finden und zweifle plötzlich an seiner Wirklichkeit. Ich fragte mich schließlich, ob es überhaupt auf der ganzen Welt ein Zuhause für mich geben kann.

Am Ende des ganzen Gewirrs und des Herumirrens liege ich auf der Couch bei meinem Analytiker. Es ist die erste Sitzung nach den großen Ferien. Sofort schlägt er mir eine zweite vor. Genau darum wollte ich ihn bitten. Ich war glücklich und sage es ihm. Er sagt mir: "Zwischen den zwei Stunden gehe ich kurz auf ein Fest." – "Was für ein Fest", frage ich ihn. – "Was ist für Sie ein Fest?" fragt er mich.

– "Einen Platz für mich finden inmitten von Freunden, wo ich so sein kann, wie ich wirklich bin", war meine Antwort.

Der Traum klärt für mich die Frage, wo sich meine Heimat befindet. Sie ist nicht an einen "Ort" gebunden, sondern an Menschen. Ein Fest ist für mich, mit Menschen zusammen zu sein, ohne mich "verstellen" zu müssen.

Seit meiner Geburt machte ich regelmäßig die Erfahrung, nicht nur missverstanden, sondern auch noch dafür bestraft zu werden. Meistens beschuldigte ich mich selbst. Wenn ich "lieb und artig" war, dann war "alles in Ordnung", dann wurden mir auch liebevolle Gesten zuteil, besonders von Seiten meiner Oma. Ihre Aufmerksamkeiten, z. B. das "süße Stückchen" am Nachmittag, heilten meine Wunden. Ich vergaß oft meine Enttäuschungen und fand es unberechtigt, mich über irgendetwas zu beklagen. Ich glaubte, mein Ärger sei eine Unart, die ich mir abgewöhnen müsste. Bis ich eines Tages dem lebensdurstigen jungen Burschen in mir den Tod ankündete.

Damals war ich überzeugt, den einzig richtigen Weg einzuschlagen. – "Ein-Schlagen" ist ein komisches Wort für "abbiegen" oder einen Weg auswählen. Es stammt wohl aus der Zeit, in der wir noch im Urwald lebten. Ich verknüpfe damit nicht nur eine Entscheidung, die in meinem Leben wie eine Bombe *ein*schlägt, sondern auch, dass ich wohl ständig auf mich einschlagen werde müssen, um nicht von diesem Weg abzugleiten.

Der protestantische Konfirmations*unter*richt, dem ich mich entschlossen eingegliedert hatte, festigte diese selbsttötende "Einkehr". Sich nicht *auf*richten, nicht *auf*stehen, sondern sich nach *unten* richten, sich klein machen, sich niederdrücken war der wirkliche Sinn der Konfirmation. Sie war das Gegenteil einer *confirmation*, einer Bestätigung meines Selbst-Seins und meiner eigenen Art, mein Leben zu führen. ("Eigenarten haben" ist übrigens ein Vorwurf, fast ein Schimpfwort.)

Auch mit dem "Protestantischen" hatte die Konfirmation nichts mehr zu tun. Heißt nicht das Wort "Protest" "Widerspruch erheben"?

Nein, diese "Einsegnung" war eine Beweihräucherung der althergebrachten deutschen Werte des Gehorsams, der Ordnung und der Sauberkeit, natürlich mit "christlichem" Vorzeichen. Und darauf habe ich damals wissentlich Schwur geleistet! Ich wollte ein "guter Mensch" sein und zerbrach mir deshalb ständig den Kopf, wie ich jedermann erfreuen könnte? Ich habe keine Pubertätskrise gemacht, sondern mich, ganz im alten Gepräge, selbst weiter erzogen. Ich wollte auf keinen Fall zu einem "Halbstarken" werden. Ich wollte selbstlos und vorbildlich sein. Ein voller Erfolg. Ich wollte die ewigen Beschimpfungen und Bedrohungen nicht mehr verdienen.

Noch heute dröhnen sie mir im Ohr: "WEHE, WENN DU NICHT GEHORSAM BIST, DANN IST DER TEUFEL LOS UND MAN WIRD DIR, DEM EIGENSINNIGEN, DEM AUFMÜPFIGEN, DEM STÖRRISCHEN, DEM WIDERBORSTIGEN, DEM UNARTIGEN, DEM UNGEHORSAMEN, DEM WIDERSPENSTIGEN, DEM FRECHEN, DEM UNGEZOGENEN, DEM UNFOLGSAMEN, DEM FLEGELHAFTEN, DEM UNVERNÜNFTIGEN, DEM AUFSTÄNDISCHEN, DEM STARRKÖPFIGEN, DEM DICKKÖPFIGEN, DEM HALSSTARRIGEN, DEM TROTZIGEN, DEM UNWIRSCHEN, DEM UNÄSTHETISCHEN, DEM UNANSTÄNDIGEN, DEM EKELIGEN, DEM UNACHTSAMEN, DEM UNVORSICHTIGEN, DEM DUSSELIGEN, DEM LEICHTSINNIGEN, DEM VERSCHLAFENEN, DEM ACHTLOSEN, DEM SCHLAMPER, DEM FAULENZER, DEM LANGSAMEN, DEM STUREN, DEM ZERSTREUTEN, DEM TROTTLIGEN, DEM TÖRICHTEN, DEM VERTRÄUMTEN, DEM LÄSTIGEN, DEM UNGESCHICKTEN, DEM MISSRATENEN, DEM FEHLERHAFTEN, DEM NACHLÄSSIGEN, DEM UNERTRÄGLICHEN, DEM DUMMKOPF, DEM TUNICHTGUT, DEM RECHTHABERISCHEN, DEM ANGEBER, DEM ÜBERTREIBER, DEM LÜGNER, DEM RÜCKSICHTSLOSEN, DEM HINTERLISTIGEN, DEM QUENGLER, DEM SCHWINDLER, DEM NÖRGLER, DEM HEUCHLER, DEM STÖRENFRIED, DEM NIEDERTRÄCHTIGEN, DEM UNDANKBAREN, DEM ROHEN, DEM TIERQUÄLER, DEM GEHÄSSIGEN, DEM ÜBLEN, DEM TEUFEL, DEM SCHURKEN, DEM GRAUSAMEN ... BEIBRINGEN, WAS GUT UND RICHTIG IST, WAS SICH GEHÖRT UND WAS SICH NICHT GEHÖRT!"

Zur Zeit meiner "Einsegnung" habe ich, wie gesagt, die erste bewusste Wende in meinem Leben verwirklicht. Ich erinnere mich noch sehr gut an den Moment meiner Entscheidung. Über dem kleinen Waschbecken in unserer Toilette hing ein Spiegel. In ihm sah ich mich mit sehr ernster Miene an und sagte zu mir: "Wie der Onkel will ich werden, vernünftig und besonnen, ein richtiger Mann!" Ich schaute meinen kräftigen Körper an und sagte mir: "Meine Stärke soll dazu dienen, anderen nützlich zu sein!"

Das Klosett war übrigens der einzige sichere Ort im Haus. Es war meine Zufluchtsstätte. Hier konnte ich mich einschließen. Niemand störte mich hier.

Jedoch war die Ruhezeit zuweilen begrenzt durch das dringende Bedürfnis eines der übrigen Familienmitglieder. Unser Abort, die häusliche Bedürfnisanstalt, war für mich ein Andachtsort. Sein Fenster öffnete sich in die kleine Wäschekammer, die ihrerseits ein kleines Fenster nach außen hatte, in einem Winkel zwischen der Westseite des Hauses und der Südseite der Küchenveranda, wo die Regenrinne hinunterging, zwei Stockwerke tief, etwa sieben Meter.

Runterspringen war unmöglich, aber hinunterklettern, das war denkbar. Unten befanden sich die Güllegrube mit ihrem dicken Deckel aus Zement und der Garten. Den Abstellraum, der gleich daneben unter den Vorbauten lag, nannten wir das "Güllehäuschen".

Wenn ich "nicht mehr konnte", wenn das Familienleben mir zu viel geworden war, wenn mich die Sehnsucht nach etwas anderem plagte, nach einem Ausweg, wenn ich so enttäuscht war, dass ich mich am liebsten weggeworfen hätte, dann stieg ich mit den Knien aufs Klofensterbrett und streckte meinen Kopf nach links aus dem kleinen Wäschekammerfenster hinaus. Manchmal heiße Tränen weinend, manchmal voller Wut. Und manchmal sah ich nach unten in kühler Überlegung. "So und so machst du es; das musst du schon schaffen", sagte ich mir. Am Regenrohr kletterst du hinunter und vorsichtig verlässt du dieses Haus und alles was dazugehört. Du wirst heil unten ankommen und dann haust du ab. Weg von hier, weit weg. Seit etwa meinem sechsten Lebensjahr war das mein geheimer Plan. Wie schon erwähnt, wollte ich mir ein Floß bauen, um mich bis ins Meer treiben zu lassen. – Tatsächlich hatte ich auch einmal eines gebaut. Nur war es viel zu klein. Sobald ich es betrat, versank es.

Ich wollte nach Afrika. Afrika war für mich der Kontinent, der lacht, das Land in dem alle, Menschen und Tiere, leben dürfen wie sie sind, ohne dass sie sich anfechten, aneinander herumnörgeln oder sich anschreien. Afrika war für mich das Land des Lebens. Da konnten alle nackt herumlaufen und keiner schien sich zu schämen oder dem anderen etwas wegnehmen zu wollen. Da wollte ich hin. Außerdem gab es dort Erdnüsse, und die mochte ich sehr. Sobald ich aber daran dachte, wie alles im Einzelnen in die Tat umzusetzen sei, sah ich meine Hilflosigkeit, was mich sehr traurig stimmte.

An anderen Tagen wäre ich am liebsten gestorben. Da dachte ich, aus dem Fensterchen der Wäschekammer zu springen und fragte mich, ob ich wohl gleich sterben würde, oder mein Leben lang ein Krüppel bliebe; und was die Oma, die Mutti und die anderen dann denken und empfinden würden? Immer fand ich irgendwie meine Ruhe wieder, ging zurück in mein Zimmer und träumte andere Träume.

Marseille, den 12. August 2001
und Thessaloniki, den 18. Februar 2015

"DEN DEUTSCHEN GEHT'S WIRTSCHAFTLICH GUT, WEIL SIE NIE WAS FALSCH MACHEN, WEIL SIE SICH NICHT IN DUMMHEITEN, UND EIGENSINNIGEN KINDEREIEN VERLIEREN *(WIE DIE GRIECHEN Z.B.)*. DIE DEUTSCHEN GEHEN STRIKT AUF DAS WESENTLICHE ZU: BEHERRSCHUNG, VERNUNFT, GUTER WILLE UND GUTES GEWISSEN, DAMIT KOMMT MAN AUF EINEN GRÜNEN ZWEIG. ZUERST ARBEIT, LEISTUNG UND TAT; GEWINN UND ERFOLG KOMMEN DANN VON SELBST. WER ES WIE DIE DEUTSCHEN MACHT, DER KOMMT ZU ETWAS, WIRD REICH UND KANN SICH EIN FERIENHAUS AUF IBIZA LEISTEN. FREILICH MUSS MAN SEINE EMPFINDLICHKEITEN BESIEGEN UND DEM GRÜBELN ÜBER DIE VERGANGENHEIT EIN ENDE MACHEN." (Ballade des guten Deutschen, Autor fiktiv)

War es nicht so? Ist es nicht so? Mustergültig und traurig? Einwand-frei, fehler-frei, anarchisten-frei, juden-frei ... ?

Deutschland, mein trauriges Land, das nicht trauern kann,[42] in dem das Trauern und die Traurigkeit verboten bleiben?

Deutschland, was machst du mit deinem traurigen Kind, das auf dem Fenstersims sitzt und hinunterschaut, auf die Güllegrube und sich sagt: "Wie werde ich ausschauen, wenn ich mit gebrochenen Knochen und gebrochenem Herzen auf dem Steinboden liege, falls der Deckel nicht zerbrochen ist und ich nicht in der Gülle verschwunden bin?" Vielleicht wirst du dich fragen was dein Kind wohl erlebt und gefühlt haben muss? Vielleicht fragst du dich, was das Leben des Kindes so schrecklich erschwert hat? – Deine Blindheit, deine Grundsätze, deine Gewissheit, deine traurige Seele! Warum hast du nichts gesehen? Warum suchst du dein Unheil dort, wo es nicht ist? Du beklagst dich, deinen schönen Osten verloren zu haben, dass dir aber schon seit geraumer Zeit der Zugang zu deiner verstörten Seele abhanden gekommen ist, darüber kannst du nicht weinen. Ebenso wenig wie über die Millionen von "Minderwertigen", "Unerwünschten" und "Feinden", die du gefoltert und ermordet hast. Davon weißt du ja nichts mehr, weil du davon nichts wissen willst. – Aber dein Kind, das weint ... Denn diese Millionen, die du weder beschützt noch gerettet hast, sind das nicht all jene Seiten deiner Seele, die du nicht sehen willst? Dein Schatten. Dein Kind hat ihn sich aufgeladen. Er ist so schwer, dass er es um ein Haar in den Abgrund gezogen hätte. Dein Kind ist traurig, weil es fühlt, wie gekränkt und grausam du bist. Zum Glück gibt es hin und wieder Lichtblicke, aber sie halten nicht an. Nie wird es richtig hell in deinen

[42] Siehe auch, Margarete und Alexander Mitscherlich, 1968.

Landen ... Dein Kind sagt sich weiter: "Ich werde ein friedliches Gesicht haben. Nur ein bisschen Blut wird zu sehen sein, das langsam aus der Nase und den Ohren rinnt. Der herbeigerufene Arzt wird trösten. Er wird erklären, dass es Krankheiten gebe, die uns schon in jüngstem Alter heimsuchen können; die Melancholie und der Autismus, beides Folgen eines gestörten Stoffwechsels im Gehirn. Dann wird er sagen, dass dieser schwächliche Junge ein Unglück war, aber die Mutter noch jung ist und andere, gesündere Kinder zur Welt bringen wird ... Was ich jedoch in mir trug, kannte keiner. Es wäre mit mir verschwunden."

Dein Kind hat sich nicht aus dem Fenster fallen lassen. Es wollte weder sich, noch deinen Schatten töten. Es wollte ihn mit sich tragen, ihn austragen, bis es ihn zur Welt bringen kann, an die Öffentlichkeit ... Ich entbinde von ihm jetzt, nach 50 Jahren Schwangerschaft – "Gefangenschaft" hätte ich beinahe gesagt.

"Das merk' ich mir", sagten wir dem Anderen, wenn er uns weh tat, wir es ihm aber nicht sofort heimzahlen konnten. Seine "böse Tat" kam auf ein Schuldenkonto. Und eines Tages, wenn wir einmal "ganz oben" sein werden, dann wird der Schuldige alles bezahlen – mit Zins und Zinseszins!

Als ich klein und wehrlos war, habe ich das oft gedacht und mir geschworen Rache zu nehmen. Heute, mehr als 60 Jahre später, fühle ich mich zwar kräftiger, aber die Rachegelüste sind mir offenbar vergangen. – Vielleicht übe ich Rache, während ich schreibe, was ich schreibe? Ich weiß nicht. Ich versuche meine Schäden zu beheben, indem ich mir Gehör verschaffe. Ich möchte weder verschönern noch verschonen, nur eines nehme ich mir heraus: den "Anderen" schreibe ich groß[43] *und pfeife darauf, nicht "recht" zu schreiben.*

Ansonsten erscheinen mir latente Rachegelüste gekränkter und ohnmächtiger Kinder einer der Gründe nicht nur für die deutschen Naziverbrechen sondern für alle Grausamkeiten aller Fanatiker zu sein. Das Kind, das Jahre lang "für blöd verkauft", beleidigt, heruntergemacht wurde, wird zu einem höchst gefährlichen Sprengstoff, der nur auf den Funken wartet, um endlich "explodieren" zu können. Dasselbe, in schwächerer Machart, geschieht, wenn "die Großen" etwas zu viel an den Fähigkeiten "des Kleinen" gezweifelt haben. Sobald seine Zeit gekommen ist, wird der "Kleine" endlich einmal allen zeigen, "wozu er fähig ist".

Ich denke viel über unsere "Deutsche Krankheit"[44] *nach und frage mich, ob ihre Realität nicht noch immer unterschätzt wird? Es geht nicht darum, uns*

[43] Siehe oben, S. 20.

[44] Siehe auch, Johannes Willms, 2005 und Sabine Bode, 2008.

und unser "Wesen" zu verteufeln. Wichtig scheint mir, sich selbst auszuhorchen, welche Gefahr in uns schlummert, unter gewissen Umständen dieselben oder ähnliche Dinge zu tun oder geschehen zu lassen, wie unsere Vorfahren während der Nazizeit.

Wollen wir ergründen, welche Gefahr in uns schläft kommen wir nicht umhin, uns zu fragen wer oder was für uns die größte Gefahr in unserem Leben war (und vielleicht noch ist). Soweit ich bei mir selbst und meinen Analysanden dieser Frage nachgehen konnte, habe ich eine etwas unerwartete und äußerst unangenehme Entdeckung gemacht: Die erste und größte potenzielle Gefahr für uns Menschen befindet sich nicht dort, wo wir sie vermuten. Sie kommt nicht von außen, von den "Bösen", den "Verbrechern", den "Terroristen" und ähnlichen "Bedrohungen". Sie kommt von innen. Sie liegt dort, wo wir sie am wenigsten erwarten. Sie ist da, wo sie eigentlich nie sein dürfte. Sie besteht in dem Menschen, von dem wir schon vor unserer Geburt absolut abhängen, dem wir vertrauen, an den wir am meisten gebunden sind, den wir in den Himmel heben und der den stärksten Einfluss auf uns hat … Ob wir wollen oder nicht, die größte potenzielle Gefahr für uns Menschen ist unsere eigene Mutter. Diese Gegebenheit mindert nicht die grundlegende Bedeutung unserer Mutter, sie bestätigt sie. Mutter- und Elternsein ist nicht nur das "Natürlichste" auf der Welt, sondern zugleich das Heikelste. Das scheinbar Einfachste ist in Wirklichkeit das Schwierigste. Das sozusagen "Banalste" in unserem Leben lädt uns die folgenschwersten Verantwortungen auf. – Inzwischen ist das eine Binsenwahrheit.

Die zweite Gefahr, die logische Folge der ersten, sind wir selbst. Sie schlummert in dem gekränkten und gedemütigten Kind. Was macht solch ein Kind mit dem Gewaltpotenzial, das ihm innewohnt, mit den gigantischen schwarzen Wolken, die auf das Gewitter warten? Die deutsche Erziehungstradition hat hier als Antwort und Mittel einiges auf Lager: Das Kind muss sich zusammennehmen, sich beherrschen, sich zwingen, sich benehmen, sich am Riemen reißen, Haltung bewahren, sich kontrollieren und sich nützlich machen. Aber diese Arznei scheint seine Nebenwirkungen zu haben: Den Drang, den Zwang und den Wahn, in allen Farben und überall. Wie ein Heuschreckenschwarm klammern sich diese Biester an alles, was sie erreichen können, besonders gerne auf fremdem Gelände. Sie müssen reinreden, in die Hand nehmen, in den Griff bekommen, Ordnung schaffen, ordnen, einordnen, zuordnen, abzählen, nachzählen, prüfen, nachprüfen, wiederholen, begutachten, urteilen, säubern, bessermachen … Diese Plage, mag sie in gewissen Grenzen vielleicht ihr Gutes haben, scheint auch heute noch in unserem Lande und wo man unsere Sprache spricht[45] *weit verbreitet zu sein. Die Namen der Plage habe ich schon genannt: Kontrollzwang, Kleinlichkeit, Umstandskrämerei, Sauberkeitswahn, Putzfimmel, Pedanterie, Ordnungswahn, Besserwisserei, Rechthaberei, Bestrafungstendenz und vieles andere mehr. Gegen diese Übel ist kein Kraut gewachsen. Sie widerstehen der Heilkunde, weil sie notwendige Übel sind. Sie sind Schutz und Wall für den, der sie hat. Würde der Betroffene diese "Lebenshilfen" verlieren, stände er nackt und hilflos da, wie einst als krankes Kind.*

Bei einer zunehmenden Wassermenge entsteht ein wachsender Druck auf den Staudamm. Was wird, wenn wir nur Zurückhaltung gelernt haben und es nicht erlaubt ist, regelmäßig die Wanne zu öffnen? – Viele betrinken sich, um endlich mal "die Sau rauslassen" zu können. Und was wird, wenn Andere unter uns stehen und wir "das Recht" haben, über sie zu verfügen? Was wird, wenn unser Staat gewisse Andere als zweitrangig abstempelt und wir das glauben, um uns "erstrangig" zu fühlen? Was wird, wenn dieser Staat einen Krieg anzettelt und das Morden verlangt und ehrt?

– Wir haben es gesehen. Als Deutsche waren wir auch im Verbrechen vorbildlich und einzigartig ...

Und heute? Sind wir wirklich geheilt? Wie steht es mit unserer Besserwisserei? Wie steht es mit unserem "Führerprinzip", mit unseren Führungsansprüchen? Wie steht es mit unserer Bestrafungstendenz? (Wir können es jetzt "in aller Ruhe" beobachten, seitdem sich unser sparsamer Staat wieder die Macht über Europa angeeignet hat.)

Was ist aus unserer Reinlichkeitsmanie geworden? Welches neue "gute" Ziel hat sie gefunden? Ist nicht die Sauberkeit der Umwelt immer noch eines unserer teuersten Gebote? Wie sehr erschrecken wir auch heute vor Flecken! "Die müssen weg!" Denn ein Fleck könnte Verdacht erwecken, Hinweis sein für eine Ungereimtheit, einen Fehler oder etwas Mangelhaftes. – Werden Straßen, Häuser, Gärten, Autos, Wände und Tapeten usw. bei uns nicht ständig gereinigt oder erneuert? Muss nicht alles um uns herum einwandfrei sein, damit wir zeigen können, wie ordentlich unser Geist und unsere Seele sind. – Aber was wissen heute diese Seele und dieser Geist über sich? Sind sie sich nicht fremd? Sind sie dem Tadellosen, der sie trägt, wirklich eigen? Müssen wir Deutschen, weil wir uns nicht selbst gehören, uns unsere Umgebung aneignen, in dem wir sie ständig sauber halten? Weil wir keinen Angriff zu uns selbst haben, greifen wir alles um uns an, säubern es und bringen es auf Spur. Säubern ist ein Machtmittel. – Haben wir es im Übrigen mit dem "Saubermachen" nicht sei-

[45] Ich denke an Österreich und die deutsche Schweiz.

nerzeit sehr weit gebracht? Erst wurde unter dem Beifall der "Volksgemeinschaft" alles, was uns fremd war und uns Angst machte, von "Gelehrten" als "unsauber", "schmutzig", "vergiftend" oder "zersetzend" erklärt. Dann ging es an die Arbeit und fast jeder hat an seiner bescheidenen Stelle sein Bestes getan, damit die große Säuberung des "Volkskörpers" rasch und erfolgreich vonstatten ging. Daheim aufzuräumen genügt dem Beflissenen nicht. "ALLES DRUM HERUM KOMMT AUCH DRAN UND MUSS GENAUSO SAUBER SEIN. DENN WER DIE SCHMUTZIGEN UND FAULEN NACHBARN WALTEN LÄSST, DARF SICH NICHT WUNDERN, WENN SIE IHREN DRECK ZU UNS HEREIN TRAGEN!" Hinterher, nachdem der Wind gedreht hatte, fühlten sich alle diese dienstfertigen Gehilfen natürlich völlig unbefleckt, denn sie "taten ja nur ihre Pflicht" oder sie "wussten von nichts".

Wie können wir zu uns kommen? Wie können sich Millionen Selbstlose zu selbstständigen und selbstdenkenden Menschen verwandeln? Was sehr vielen im Handumdrehen gelang, war das "Weste wechseln". Und, ist es getan mit einem raschen Schuldbekenntnis und einer angeblichen "Kursänderung"? Müssen wir nicht erst einmal richtig "aus dem Häuschen kommen" und uns von Außen betrachten, um uns ändern zu können? Danach heißt es, die Unheimlichkeit seines Heims und seiner Heimat ertragen und nicht mehr "aus und ein können". Einen Wandel ohne langes Zweifeln, gibt es das?

Marseille, den 15. August 2001

In zwei Stunden fliege ich ab. In die Heimat?

Was bedeutet für mich diese Reise? Dort wieder hineinschauen, wo ich herkomme? Die Erde meiner Kindheit betreten? Wo die Freuden meinen Kummer nicht wirklich aufwiegen konnten? Wie lange habe ich mir einreden müssen sie sei eine wunderbare Zeit gewesen? Im Sinne des weisen Spruchs, dem Leitmotiv meiner Großmutter: "MACH ES WIE DIE SONNENUHR, ZÄHL DIE HEITREN STUNDEN NUR!" (Diesen Satz schrieb ich in alle Poesie-Alben, nicht weil ich seinen tiefen Sinn verstanden hätte, sondern weil er kurz war und das Risiko geringer, einen Schreibfehler zu machen.)

Genauso habe ich mich später davon überzeugen wollen, meine Ausreise nach Frankreich sei einzig und allein meiner wiedergewonnenen Lebenskraft und meiner Willensfreiheit zu verdanken. Ich glaubte an die Macht meiner Sehnsucht nach Wärme und Licht. Wie weit war ich davon entfernt, die unbewussten Triebe zu erahnen, die mich dorthin bewegten. – Wie riesig und unüberbrückbar kann die Kluft sein, zwischen dem, was wir glauben möchten und dem was ist, was wirklich geschieht!

Die Erwartung der Reise macht mir Angst. Angst, noch einschneidender als im letzten Jahr feststellen zu müssen, wie verloren und alleine ich mich in meiner "alten Heimat" fühle. Diese Heimat, die sich immer als so gut und rechtschaffen ausgab. Irgendetwas ist abgeschnitten. – Nein, ich bin abgehackt, wie ein Ast von seinem Stamm. Nein, ich habe mich selbst abgesägt. – Oder habe ich von Anfang an nie dazu gehört? Und das merke ich jetzt erst richtig? Der Gedanke ist mir unheimlich, weil er treffend ist.

Was mich auch beängstigt, ist die vorherrschende Stimmung in Deutschland, die mir in Erinnerung geblieben ist. Das Sprechen und das Verhalten dort hatten für mich das Gepräge des "falschen Selbst". Das Gefühl des Gewollten, Falschen, Gefälschten, Angespannten und Gezwungenen ließ mich fast nie los. Kaum einer schien wirklich er selbst zu sein, in sich zu ruhen. Wenn ich heute an die dreißig Jahre zurückdenke, die ich naiv und verträumt in meiner Heimat verbracht habe, wundere ich mich, wie blind ich war. Mir fiel das deutsche "Verrücktsein" nicht auf. – Kein Wunder, ich war ja mitten drin. Ich fühlte mich unwohl, ängstlich und scheu, aber ich wusste kaum warum. Der Gedanke, dass wir Deutschen verrückt sind, drängt sich besonders auf, wenn ich unser herkömmliches "Selbstbild" betrachte. Im Vordergrund sehe ich die Überbewertung alles "Deutschen", die unvermeidlich alles andere als "minderwertig" einstuft. Der Wahn der Vorbildlichkeit scheint mir die "politisch korrekte" Fortsetzung zu sein, das Deutschtum als den allgemeingültigen Maßstab für den gesamten Globus anzusehen. – "AM DEUTSCHEN WESEN SOLL DIE WELT GENESEN" hallt es noch von fern und nah ... Dann kommen die Maßlosigkeit, der Stolz, der Hochmut und die Überheblichkeit. Für mich ist die "Kultur" des Deutschtums eindeutig krankhaft. – Und wenn ich das Wort "Deutschtum" höre oder lese, denke ich automatisch an "deutsch-dumm". Noch eine Angst habe ich: Bewohnt mich nicht selbst diese Krankheit? Welche Falle kann sich mir auch heute noch auftun? Mit der Selbstdiagnose bin ich aber noch nicht geheilt.

Warum erinnere ich mich plötzlich an die deutsche Kinder- und Jugendpsychiatrie? – Während meiner Semesterferien im April 1969 arbeitete ich als "Pfleger-Helfer" im "Bau 21" (der neuro-psychiatrischen Abteilung) des Städtischen Krankenhauses in Nürnberg.

Einem etwa acht Jahre alten Mädchen ging es nicht gut. Sie brachte keinen Ton mehr heraus, sie war verstummt. Etwas musste ihr die Sprache verschlagen haben. Sie war mucks-mäuschen-still und sagte kein einziges Wort. Was fiel den hilflos gewordenen, allwissenden Ärzten ein, um dieses Kind zur Sprache zu bringen, um sie wieder zu Wort kommen zu lassen? Ich musste sie zum Facharzt für Hals-Nasen-Ohren Krankheiten begleiten. Dieser hatte den Auftrag, ihre eingeschüchterten Stimmbänder mit spitzen Instrumenten so zu reizen, dass sie gezwungen waren, einen "Ton herauszubringen". Der sich sichtlich siegreich und zufrieden fühlende Kollege fand in etwa folgende Worte für seine verängstigte Patientin: "Na, siehst du endlich, dass du sprechen kannst, wenn du nur willst. Deine Stimmbänder sind in Ordnung. Du bist gar nicht krank. Du willst nicht, das ist alles. Du stellst dich nur an. Entweder hörst du mit deinem Gehabe auf, störrische Göre, oder wir werden wirklich böse!"

Mir blieb die Sprache weg ...

Soweit ich mich erinnern kann, wurde seinerzeit von niemandem das Thema der deutschen Medizin während der Nazizeit angesprochen. Es war generell verbreitet, dass die "Medizin ohne Menschlichkeit" seit den Nürnberger Ärzteprozessen[46] der Vergangenheit angehöre und Deutschland von seinen "wenigen schlimmen" Ärzten ein für alle Mal befreit sei ... Was hat sich aber wirklich getan? Die unmenschliche Medizin scheint solide Wurzeln zu haben. Sie basiert auf einer althergekommenen herrischen Haltung, die an die "schwarze Pädagogik"[47] erinnert. Selbst Erwachsene werden sehr schnell als unwissende und unmündige Kinder angesehen, sobald ihnen ihr Leid eine ärztliche Behandlung aufnötigt. – Wieder einmal verrät uns unsere Sprache: Die deutsche Medizin "behandelt". Das deutsche Unbewusste betrachtet die "ärztliche Kunst" also nicht als einen Dienst am Kranken (Therapie), sondern als etwas "Handgreifliches". Denn "*be*handeln" bedeutet so viel wie "zurecht hantieren" (vornehmlich im Sinne der gültigen Norm). Auch die ärztlichen "Rat*schläge*" sprechen von dieser Handgreiflichkeit. Laufen solche Heilverfahren nicht Gefahr, kränkend zu sein? Kränkungen aber, wie das Wort sagt, machen krank. Erzeugt somit unsere Medizin nicht genau das, was sie zu bekämpfen vorgibt?

Fast überraschend wirkt in diesem Zusammenhang die Benennung des Raums, in dem der Arzt empfängt. Das deutsche Unbewusste scheint den Grundsatz der Psychoanalyse verstanden zu haben, weil es von "Sprechzimmer" redet. In der Tat sind die Äußerungen unserer Patienten die wichtigste Quelle des ärztlichen Wissens. Erfahrungsgemäß ist es jedoch meistens nur der Arzt, der spricht.

---

[46] Alexander Mitscherlich, Fred Mielke waren als Vertreter der deutschen Ärzteschaft bei den Nürnberger Ärzteprozessen (1946/47) anwesend und haben ihren Beobachtungen unter dem Titel *Wissenschaft ohne Menschlichkeit* bereits 1949 veröffentlicht. Der Bericht kam aber praktisch nicht an die Öffentlichkeit. Erst 29 Jahre später erschien er unter dem Titel, *Medizin ohne Menschlichkeit. Dokumente des Nürnberger Ärzteprozesses* (Fischer, Frankfurt am Main 1978) in einer nennenswerten Auflage. Siehe auch: Jürgen Peter, 1994.

[47] Alice Miller, 1983.

Das Reisetagebuch

Tübingen, den 16. August 2001

Heute Abend bin ich in meiner Heimatstadt angekommen. Grüß dich Tübingen. Unmöglich, sofort zu schreiben. Die Familie zuerst. Ich muss warten, bis ich wieder alleine in meinem Hotelzimmer bin.

Zurück im Hotelzimmer. Schwester, Bruder und ihre Kinder wiederzusehen, hat mir das Herz erwärmt. Warum ist es so schwierig mir das einzugestehen? Die "offenen Arme", die mich nicht in Bedrängnis bringen, sind der Duft der Linden, des Holunders, und der Platanen, die alt vertraute Einsamkeit auf meinen Spazierwegen, früh am Morgen, wo alles noch feucht und unberührt ist. Nicht in diesem Land, sondern in dieser Landschaft finde ich mich. Hinter ihren Hügeln erträumte ich mir meinen Süden und mein Meer. Ich erinnere mich an meinen "Panoramaweg", meine Lieblingsbank und den wundervollen 18. März 1963, an dem ich ausgestreckt auf verdorrtem Gras unter der ersten Sonne lag. Ich erinnere mich aber auch, hin und wieder davon geträumt zu haben, eine richtige Familie vorzufinden, wenn ich vor dem Frühstück oder nach dem Abendessen zu Hause ankam. Einen Vater und eine Mutter, die mich offenherzig erwarten.

Tübingen, den 17. August 2001

Die Menschen hier erscheinen mir höflich, gut erzogen und zuvorkommend. Aber wer und was hat ein jeder getan oder seine Vorfahren während dieser Zeit, als Deutschland sich seines Wahnsinns nicht mehr schämte?

Osthofen, den 18. August 2001
und Thessaloniki, den 25. Februar 2015

Gestern habe ich meinen alten Jugendfreund Emil besucht. Er war sichtlich erfreut, blieb aber wie immer recht zurückhaltend. Ich ebenso. Unter vielem anderen erzählte ich ihm, dass ich in Worms die Synagoge besucht habe. "Warum?", fragte er mich. Ich antwortete etwas verlegen: "Weißt Du, nach 23 Jahren Abstand habe ich einen anderen Blick auf Deutschland. Ich sehe es von außen ..." – "Was willst Du damit sagen? Warum interessierst Du Dich auf einmal für die Juden in Deutschland?" Ich fühlte mich verunsichert und wagte nicht, von meiner eigentlichen Absicht zu sprechen. So schob ich meine Familiensituation in den Vordergrund: "Weißt Du, meine Frau und meine Tochter sind Juden, deshalb interessiere ich mich für die jüdische Geschichte und für das, was den Juden in Deutschland und in Europa widerfahren ist." – Im Übrigen ist das gar nicht so falsch. Vielleicht wäre ich ohne die Nähe zur Familie meiner Frau in der üblichen Unkenntnis verblieben?

Wie viele deutsche Familien waren wirklich mit jüdischen Familien eng befreundet?

War die Erziehung in den jüdischen Familien weniger preußisch-militärisch als in den christlichen? – Bei uns Christen kam mir manchmal sogar die Freundlichkeit und die "Liebe" streng vor, als wäre sie gemacht (unter An*streng*ung), technisch einwandfrei, aber kalt.

Spät am Abend sprach Emils Freundin Anna von ihrer Familie. Ihre Urgroßeltern waren Missionare in Ghana. Ihre Großmutter wurde dort geboren. Als Kind habe sie eine seltsame Krankheit bekommen, die sie taub und stumm lies. Auf Grund dieser Behinderung wurde deren Tochter (Annas Mutter) von den Großeltern erzogen. – Ich denke erneut an das Drama, wo die "Mörder" das Kind der "Ermordeten" retten. Ich denke auch daran, dass ein "guter" Missionar den "zu Missionierenden" gegenüber taub sein muss. Was jene denken oder sagen hat keine Bedeutung. Der Missionar weiß, was gut für sie ist. Annas ehemaliger Mann hätte sie geschlagen und mit den Füssen getreten. Ihr 13-jähriger Sohn sei zuckerkrank. "Der ist so ein süßer Junge. Er nimmt seine Krankheit gelassen und vernünftig hin", sagt sie. – Ich frage mich, ob er nicht die seit Generationen fehlende *douceur* (Zärtlichkeit und Süßigkeit) verkörpert?

Die Wirklichkeit der Mängel, der Behinderungen und der Beschränkungen ist für alle so "unfassbar", dass sie nur in dem "neutralen" Gebiet der Krankheit zu Tage treten kann. Wenn sich das versteckte gemeinsame Leid in einem Glied der Familie niederschlägt und es krank macht, kann der Rest überleben, weil ja dann offensichtlich alles Unglück allein vom "kranken Kind" kommt.

Heute Vormittag war ich in Sandhofen, ein Ort nördlich von Mannheim, um die dortige KZ-Gedenkstätte zu besuchen. Ich habe keinerlei Hinweisschild gefunden, musste also fragen. – Seit meiner Kindheit bin recht scheu und versuche generell, Fragen und Bitten zu vermeiden. Jetzt, wo es darum ging, nach einem Schandflecken der Stadt zu fragen, war meine Befangenheit wirklich schwer zu überwinden. Drei Personen, mittleren Alters, konnten mir nicht weiterhelfen. Sie schienen ebenfalls verlegen. Am Ende entschloss ich mich, in ein Postamt zu gehen. Die Dame am Schalter bat mich um Geduld; sie musste selbst um Rat fragen. Sie ging in ein geschlossenes Büro hinter den Schaltern (das ihres Vorgesetzten wahrscheinlich) und kam mit einem Zettel zurück. Darauf stand "Kriegerstr. 28". – Inwieweit ist es möglich, aus dieser Erfahrung Schlüsse über die Mehrzahl der Bevölkerung zu ziehen? Schwer zu sagen.

Der Ort, eine Schule, war geschlossen. Ein kleines Schild (auf dem ein christliches Kreuz abgebildet ist, das sich langsam in ein Hakenkreuz verwandelt) zeigt an, dass sich die Gedenkstätte im Inneren der Schule befindet. Wegen der Schulferien ist jedoch alles geschlossen.

Wie ich heute entdecke, sind mir während meiner ersten Niederschrift zwei Irrtümer unterlaufen. Der Erste, ich hielt Sonthofen für Sandhofen. Warum? Beide Ortschaften hatten Konzentrationslager. Mir schien, es sei hier ein Schreibfehler unterlaufen und es handele sich um dasselbe KZ. Warum dachte ich an einen Schreibfehler? Weil ich nicht glauben konnte (oder wollte), dass es so viele Konzentrationslager in Deutschland gegeben hat. In der Zwischenzeit habe ich erfahren müssen, dass es auf dem Boden des damaligen deutschen Reiches insgesamt etwa 24 000 Lager und Gefängnisse gab (Gefangenen- und Arbeitslager eingeschlossen[48]).

Mein zweiter Fehler betrifft das besagte Schild. Ich habe die Grafik darauf in der Form beschrieben, die mir Recht wäre. Wenn ich mir vorstelle, dass das christliche Kreuz sich in ein Hakenkreuz verwandelt, imaginiere ich eine Selbstkritik der christlichen Kirchen. Zum einen scheint mir, haben die Nazis viele Strukturelemente des Christentums übernommen, ganz voran das Führerprinzip und die Erlöseridee; und zum anderen klage ich die christlichen Kirchen im damaligen Deutschland an, nicht schon vor 1933 genügend gegen den Antisemitismus protestiert zu haben. (Ganz zu schweigen davon, was die Kirchen nachher alles versäumt haben.) In Wirklichkeit symbolisiert diese Grafik eher das Gegenteil einer Selbstkritik. Sie veranschaulicht, wie die Kirche es vollbracht hat, das Hakenkreuz oder die Nazis in ein christliches Kreuz oder zu Christen umzuformen. Am Ende dieser "Verwandlung" sieht man dicke rote Ausrufezeichen. Wohl zur Mahnung, nie wieder den falschen Weg zu wählen? Ich werde den Eindruck nicht los, dass hier so getan wird, als ob die Vergangenheit bewältigt wäre. – Was mich über mich selbst stutzig macht, ist, wie leichtfertig ich mit meinen Beobachtungen sein kann, wie sehr meine Sicht von meinen Ansichten beeinflusst ist.

Hier in Osthofen war alles einfacher. Ich fragte einen Passanten, ob er sich hier auskenne. "Nicht so recht", war die Antwort. Als ich jedoch nach der Gedenkstätte der Naziopfer fragte, beschrieb er mir prompt den Weg.

Das Lager war eines der ersten des "neuen Deutschlands". Ab dem 1. Mai 1933 konnte jedermann über dem Eingang in Großbuchstaben lesen: *KONZENTRATIONSLAGER OSTHOFEN.*

---

[48] Volker Steinhoff, 2001.

Das Gebäude war zuvor eine ansehnliche Papierfabrik gewesen. Der jüdische Besitzer wurde vom Staat enteignet unter dem Vorwand, er habe Steuern hinterzogen.

In dieser "Erziehungs- und Besserungsanstalt" oder "Umerziehungsanstalt für verwilderte Marxisten"[49] wurden "staatsgefährdende" Personen in "Schutzhaft" genommen. Sie hatte auch den Zweck der politischen Werbung. Einmal: "VOLKSGENOSSEN, KEINE ANGST, ANARCHISTEN UND TERRORISTEN HABEN WIR IM GRIFF!" Zum andern: "WEHE DEN STAATSFEINDEN, DENEN WERDEN WIR'S ZEIGEN ...!" Die Gefangenen, besonders Juden, wurden täglich misshandelt und gefoltert. Das Museum der Gedenkstätte gibt anhand zahlreicher Dokumente einen gewissen Einblick in die Naziverbrechen. Ich habe folgendes notiert:

– Bezüglich der Vernichtung der Sinti und Roma, die sich schon vor sechs Jahrhunderten in der Gegend angesiedelt hatten, ein Satz aus dem "Deutschen Ärzteblatt", Jahrgang 1939: "WIR SIND FÜR DIE RÜCKSICHTSLOSE AUSMERZUNG DIESER CHARAKTERLICH DEFEKTEN BEVÖLKERUNGSELEMENTE ...!"

– Eine Rechenaufgabe aus einem Handbuch für Volkschullehrer: "DER BAU EINER ANSTALT FÜR GEISTESKRANKE KOSTET 6 MILLIONEN REICHSMARK. WIE VIELE SIEDLUNGSHÄUSER FÜR ARBEITER, ZU EINEM STÜCKPREIS VON JE 15 TAUSEND REICHS-MARK KÖNNTEN AN SEINER STELLE GEBAUT WERDEN?"

– Jean Daligault, Priester und Künstler, 1899 in Caen geboren, und 1945 in Dachau "verstorben", hat zwischen 1934 und 1937 mehrere lange Reisen durch Deutschland gemacht. Er hatte mit großem Schrecken feststellen müssen, wie sehr die deutsche Bevölkerung den Nationalismus befürwortet hat.

– Auf einer Landkarte sind die Konzentrationslager in dem von Deutschland besetzten Europa mit roten Punkten, wie Blutflecken, eingetragen. Viele Namen waren mir bisher unbekannt. Jedem Hauptlager waren oft weit über 100 Außen- und Arbeitslager zugeordnet. Fast jede Fabrik hatte ihr eigenes KZ, wo sich die Gefangenen als Sklaven nicht selten zu Tode schinden mussten. Ganz Deutschland ist mit diesen Blutflecken übersät.

Eisenach, den 18. August 2001

und Thessaloniki, den 25. Februar 2015

Nochmal zurück zu meinem Besuch bei Emil. Am nächsten Morgen kam Anna wieder. Emil erklärte ihr: "Die Mutter von Titus' Tochter ist Jüdin, deshalb ist er auf der Suche nach Spuren der jüdischen Vergangenheit in Deutschland." –

[49] http://www.rhein-neckar-industriekultur.de/objekte/papier-und-möbelfabrik-heute-gedenkstätte-kz-osthofen [zuletzt: 15.02.2017]

"Du machst also eine Art Studienreise?", fragte sie mich und schlug vor, einen Spaziergang zu machen. Etwa hundert Meter oberhalb Emils Haus befindet sich eine 1991 erschaffene Gedenkstätte für die ehemaligen jüdischen Bewohner aus Alsbach und Hähnlein. Sie verweist auf die Geschichte der Alsbacher Juden, enthält eine Namenstafel und eine weitere Tafel mit dem Text:

"TU DEINEN MUND AUF FÜR DIE STUMMEN UND FÜR DIE SACHE ALLER, DIE VERLASSEN SIND. (SPR. 31, V. 8)

DEM ANGEDENKEN DER JÜDISCHEN NACHBARN, DIE DURCH DEN NATIONALSOZIALISMUS 1933–1945 IN ALSBACH UND HÄHNLEIN GELEBT UND GELITTEN HABEN."[50]

Wenn ich mich richtig erinnere, hatte mir Emil erklärt, an dieser Stelle habe die Synagoge der Ortschaft gestanden. Sie sei in der Reichspogromnacht zerstört und ihre Reste nach dem Krieg beseitigt worden, da kein Jude zurückgekommen sei. Heute lese ich: "Während des Novemberpogroms verwüsteten SA-Angehörige aus Starkenburg die beiden noch von Juden bewohnten Häuser und die Inneneinrichtung des Alsbacher Gebetshauses. Nach 1938 kaufte ein Nachbar das Synagogen- und Schulgebäude und nutzte es bis in die 1960er Jahre als Lagerraum".[51] "Danach kam es in den Besitz der örtlichen Sparkasse, die den Gebäudekomplex völlig (zur Unkenntlichkeit) umbaute und bis heute als Wohn- und Geschäftshaus verwendet."[52] Wusste Emil nicht, dass die Sparkasse in der Hauptstraße die umgebaute Synagoge war? Warum wird das verschwiegen? Warum befinden sich die Gedächtnistafeln nicht dort, sondern einige Häusernummern weiter und etwas abgelegen an der Seitenwand des Bürgerhauses "Zur Sonne"?

Ich frage mich, ob die Mehrzahl der Bürger wirklich solche Gedenkstätten wünschenswert findet? Sie billigen sie aus "Bürger-Pflicht", aber hätten sie es nicht lieber, von all dem nichts mehr zu hören und zu sehen? – Hierzu ein selbst erlebtes Beispiel: Weihnachten 1993 sah ich zum letzten Mal meine Mutter und ihren Mann. Und zum ersten Mal in ihrem Leben hatte sie ihre drei Kinder und die sechs, damals schon geborenen Enkel um sich. An einem Abend sprachen wir von den deutschen Verbrechen während der Nazizeit. Wir gaben unserem Bedauern Ausdruck, dass die Generation unserer Eltern keine oder nicht genügend Beschämung gezeigt hätte. Beide, meine Mutter und ihr Mann waren aufgebracht und antworteten sehr verärgert: "Der Krieg ist seit

---

[50] http://www.arbeitskreis-zwingenberger-synagoge.de/gedenkstaetten/alsbach-bis-lorsch/index.html (S. 2) [zuletzt: 15.02.2017]

[51] Klaus-Dieter Alicke, 2008.

[52] http://www.alemannia-judaica.de/alsbach_synagoge.htm [zuletzt: 15.02.2017]

fast 50 Jahren vorbei! Das reicht jetzt! Davon wurde genug geredet! Was wisst ihr schon. Ihr habt damals nicht gelebt und vergesst immer, dass Hitler sehr viel Gutes für das deutsche Volk getan hat!"

Damit war jedem weiteren Gespräch ein Ende gemacht. Wir waren erschüttert, schwiegen und sahen einander ratlos an. – Mir wird noch heute übel, wenn ich an die Sturheit meiner Mutter denke. Mir bleibt der Atem weg.

Von Osthofen bin ich nach Wiesbaden gefahren, um die Gedenkstätte "Unter den Eichen" zu besuchen. Wieder einmal fand ich niemanden, der mir Auskunft geben konnte. Ich war nahe daran aufzugeben, da kam mir der Gedanke, am Bahnhof einen Stadtplan zu kaufen. Die Verkäuferin kannte den Ort und den Weg dorthin. Ich kam auch an die genannte Adresse, fand aber nichts. Kein Schild. 20 Meter von der gesuchten Stelle entfernt fragte ich ein älteres Ehepaar. Sehr höflich erklärten sie mir, ihnen wäre diese Stätte nicht bekannt, obwohl sie hier ganz in der Nähe wohnen würden. Ich ging noch einmal von einem Haus zum anderen, bis mir ein ganz verwilderter Garten auffiel, in dem sich zwischen Bäumen und Sträuchern ein alter Betonbunker verbarg. Ich ging durch den Garten zum Bunkereingang. Die Treppe, die zur Tür hinunterführte, war kaum beleuchtet. Ich kam mir wie ein unbefugter Eindringling vor. Im Innern stieß ich auf eine Gruppe von fünf Personen, die einer Führung folgte. (Im Memorial Osthofen sah ich außer mir nur drei weitere Besucher während meiner zweistündigen Visite.) Der Fremdenführer, ein vom Kulturamt Wiesbaden angestellter Historiker, erklärte uns, wie wenig die staatliche Verwaltung seine Arbeit und die seiner Kollegen unterstützt. Es bestünde eine deutliche Politik der Vermeidung, die Wirklichkeit der Nazivergangenheit zu bearbeiten und an die Öffentlichkeit zu bringen. "Unter den Eichen" war der Name eines Sport-, Parade- und Turnierplatzes, auf welchem im Frühjahr 1944 ein Außenlager (des SS-Sonderlagers Hinzert) für "politische Gefangene" aus Luxemburg eingerichtet worden war. Der Bunker diente der SS-Mannschaft als Schutzraum.[53]

Unter den Besuchern bahnte sich ein Gespräch an. Ein Ehepaar aus Hamburg drückte seinen Ärger über die mangelnde Beschilderung (auch anderer Tatorte der Nazizeit) aus. Sie bestätigten das allgemeine Gefühl über das vermeidende Verhalten des Großteils der Bevölkerung, wenn von den deutschen Verbrechen die Rede ist. Ich berichtete aus meiner Erfahrung als Psychiater in Frankreich. Wie ich mit Scham feststellen musste, dass nahezu alle meiner Patienten, direkt oder indirekt, unter den Deutschen gelitten hatten.

---

[53] http://www.gedenkstaetten-uebersicht.de/europa/cl/deutschland/inst/gedenkstaette-unter-den-eiche/ [zuletzt: 15.02.2017]

Am Abend überschritt ich die früher als "eiserner Vorhang" bekannte Grenze. Nichts erinnert mehr an diesen Abgrund zwischen Deutschen und Deutschen. Nur zwei nah beieinander und sich gegenüber gelegene Raststätten. Jeder Staat hatte am Ende seiner Republik einen letzten Ort zur Einkehr und zum Auftanken eingerichtet.

Wie sehr waren wir auf jeder Seite durch die Propaganda des jeweiligen Machtblocks beeinflusst. Auf jeder Seite wurde generell der "andere Deutsche" als unfrei, seinem politischen System verfallen, furchterregend und mitunter widerlich geschildert. In der Tat wurde er für uns zum "unheimlichen Fremden" schlechthin. – Wie lässt sich dies erklären? Nur durch die Propaganda? – Ist eine solche Beeinflussbarkeit nicht Ausdruck einer elementaren Selbstschwäche oder gar Selbst-losigkeit, die außerdem allgemein ignoriert wird? Michel Terestschenko[54] *spricht von* absence à soi, *einem Sich-selbst-abwesendsein. Konnte der äußere Abgrund zwischen uns nicht nur deshalb sichtbar werden, weil er schon zuvor in uns bestand? Handelt es sich nicht um den Abgrund zwischen dem Bild, das wir uns von uns selbst machen und unserer Wirklichkeit, die wir nicht sehen wollen oder können? Der Abgrund zwischen Bewusstsein und Unbewusstem. Wie viele haben sich als "tadellos" oder "anständig" empfunden und ausgegeben, trugen aber in sich unheilbare, verdrängte Wunden, die sie auf ihre Opfer übertragen und ihnen zugefügt haben?*

Ich erinnere mich noch gut an meine fast panikartige Angst jedes Mal beim Überqueren der "innerdeutschen" Grenze. Es war für mich die unheimlichste aller mir bekannten Grenzen. Bei meinen vielen "Grenzübergängen" anlässlich meiner langen Reise durch alle anderen "Ostblockstaaten", einschließlich der Sowjetunion und einiger Nahost-Staaten, war mir nie so mulmig wie an den verschanzten Pforten der DDR. Jetzt, mit Ausnahme des manchmal weniger gepflegten Asphalts, sehe ich keinen wesentlichen Unterschied zwischen West und Ost. Einige Häuser sind noch nicht so frisch gestrichen wie im Westen, aber fast jeder besitzt bereits einen "ordentlichen" Wagen. (Ich habe bisher in der Ex-DDR weniger Autos der Marke "Wartburg" oder "Trabant" gesehen als die letzten Jahre an der Côte d'Azur.) Im Übrigen scheint mir die etwas scheue und steife Art der Belegschaft, z.B. in Gaststätten und Hotels, auf jeder Seite völlig dieselbe.

Eisenach, den 19. August 2001, am Morgen

Ich sitze im Frühstücksraum in meinem Hotel. Und höre um mich herum meine Muttersprache. Wenn andere sie sprechen, geht es gerade noch, aber wenn

[54] Michel Terestschenko, 2005.

ich mich selber deutsch reden höre, fühle ich mich sofort unwohl und empfinde mich als abstoßend. Vielleicht erinnert mich mein Tonfall an den meiner Mutter? Habe ich deshalb Deutschland den Rücken gekehrt? Weil meine Muttersprache zumeist wie Hiebe auf mich einschlug? Ich empfand sie wie eine "Prügel-Sprache" aus Belehrungen, Befehlen, Tadeln, Vorwürfen, Drohungen, Ermahnungen, und Rügen; obendrein noch gepfeffert mit Unzufriedenheit, Ungehaltensein, Ärger und Wut.

Es gab zu Hause aber auch andere Momente. Beim Einbruch der Nacht z. B., wenn mich meine Mutter zu Bett gebracht hatte, und ich brav, gewaschen und gekämmt auf meinem Rosshaarkissen und unter dem Federbett lag, da verwandelte sich ihre Stimme. Sie wurde sanft. Ich hörte ihr zu, und sie erzählte aus ihrem Leben, las mir Märchen vor oder sang Schlaflieder. Die Welt war mit einem Mal wunderbar. Ich bat die Zeit stehen zu bleiben und versuchte meine Mutter solange wie möglich zurückzuhalten. Wenn ich nicht einschlafen wollte, erfand sie die Geschichte von dem tapferen Jungen, der den ganzen Tag durch Wiesen und Wälder gewandert war und sich todmüde nur noch danach sehnte, sich in einen weichen Heuhaufen fallen lassen zu können. Hypnotisiert spürte ich das liebliche Gewicht des Schlafs und ließ ihn gewähren. Nachdem meine Mutter abgereist war, übernahm meine Oma diesen Brauch. Sie konnte nicht singen, las mir aber immer etwas vor. Danach ging sie nebenan ins Wohnzimmer und übte am Klavier. So trugen mich Chopins Walzer und Impromptus hinüber in das Reich der Träume. – Wie anders konnte die Welt dann aussehen, wenn in der beginnenden Nacht die Enge der Vernunft und der Stachel der Pflicht ihre Vormacht verloren hatten und keinen mehr quälten.

Eisenach, den 19. August 2001, am Abend
und Thessaloniki, den 4. März 2015

Mit unseren Großeltern reisten wir, um die *Sehens*würdigkeiten unserer "heiligen Heimat" zu bewundern: Kirchen, Burgen, Schlösser, Museen und Zoologische Gärten. Ich reise der *Denk*würdigkeiten wegen. – Dieses Wort erinnert mich natürlich an das Buch des wahnkranken Gerichtspräsidenten Daniel Paul Schreber, *Denkwürdigkeiten eines Geisteskranken*,[55] dessen Vater, der Orthopä-de Dr. med. Moritz Schreber, einer der Hauptvertreter der "Schwarzen Pädagogik"[56] war.

[55] Daniel Paul Schreber, 1903.

[56] Alice Miller, 1983.

Was der in seinem Geiste und bis in seinen letzten Nerv erkrankte oder gekränkte Mensch empfindet und denkt, das interessiert mich, das ist für mich das Denkwürdigste an uns.

Um Deutschland "von innen", um das umgestülpte, das umgekrempelte Deutschland kennenzulernen, sehe ich mir seine Tatorte und deren Gedächtnisstätten an. "Gedächtnisstätte" ist ein neues Wort. Weder in meinem Duden von 1948, noch in dem von 1991 konnte ich es finden. Früher gab es nur "Denkmäler" (ein: "*denk'*-mal") für Helden, Herrscher und die Großen der Nation, für alle beachtenswerten Menschen, die sich verdient gemacht haben für ein Deutschland, wie es sein sollte. Denkmäler, um einen jeden in treuem Gehorsam, mit Volk und Vaterland auf ewig zu verbinden. Auch heute noch sind die Denkmäler bei weitem sichtbarer angezeigt und ausgezeichnet als die Denkstätten.

Ich denke plötzlich an die Tagebücher meines Großvaters, in denen er Ostern 1938 anlässlich einer Autoreise von Königsberg nach Nürnberg und München stolz von den neuen "hehren Bauten der Bewegung" schreibt. – Leider sind unsere Nazidenkmäler nicht von uns selbst, als Folge einer wirklichen Reue und Trauerarbeit abgeschraubt worden, sondern entweder aus Angst vor den Siegern und von den Siegern selbst. Auf die alten Sockel kamen dann im Osten Lenin und im Westen Mickey Mouse.

Wir hätten uns nach dem "Untergang" endlich Zeit nehmen sollen, um über uns selbst nachzudenken. Wir hätten in uns die Schwächen ausloten sollen, die uns als Einzelne und als Gemeinschaft so weit in den Wahn und das Verbrechen getrieben haben. Wir hätten alle unsere Kraft und unseren Mut dazu verwenden sollen, um unseren gekränkten, verängstigten und verirrten Seelen wirklich ins Gesicht zu sehen. Doch was haben wir getan? Anstatt uns um unser ruiniertes seelisches Gehäuse zu kümmern, haben wir nur daran gedacht, unsere Häuserruinen aufzubauen. Allein um diesen "Wiederaufbau" ging es uns: "ALLES WIEDER SO HERRICHTEN WIE ES WAR, ALS OB NICHTS GESCHEHEN WÄRE!" Diesen Rückschritt haben wir geschafft.

Anstatt ein Wunder in unserem Geist und unserer Seele zu bewirken, haben wir unser berühmtes "Wirtschaftswunder" aus dem Boden gestampft.[57] Arbeiten wollten, mussten wir, bis zur Erschöpfung. Das beruhigt. Denken tut weh. Und wenn wir uns eine Verschnaufpause gönnten, beklagten wir nur unsere eigenen Verluste. Unsere Seele, unser Gewissen verloren wir gänzlich aus den Augen. Die alte Kluft in uns wuchs …

---

[57] Mit starker Unterstützung durch das *European Recovery Program der USA (Marshallplan).*

Wären wir wenigstens erstarrt nach dem Krieg, gelähmt und entsetzt über das, was wir den Anderen angetan hatten. Nein, bis in die letzten Wochen haben noch viele an die "Wunderwaffe" und die "entscheidende Wende" geglaubt. (Wer verliert schon gerne einen Krieg?) – Beinhaltet der Wunsch, den Krieg doch noch zu gewinnen, nicht die Einwilligung, mit der bestehenden Regierung weiterzumachen? Wer vom "Endsieg" träumte, träumte von der Beständigkeit eines national-sozialistischen Großdeutschlands mit mehr oder weniger derselben Führung und derselben Politik. Er träumte von einem endgültig judenfreien Europa und dem "Verschwinden" von zig Millionen von Slawen und anderen "Minderwertigen", einem gigantischen "Lebensraum" bis zum Ural und, warum nicht, bis an den Pazifik, frei für die endlose Entfaltung der "besten Menschenrasse der Welt, dem Arier, dem Deutschen".

Ich habe oft das Gefühl, uns Deutschen fällt es schwer uns selbst zu sehen. Mir scheint, wir vermeiden uns vorzustellen, wie wir von Ausländern gesehen werden. Vor allem von all den Ausländern, in deren Familien Menschen von Deutschen entrechtet, enteignet, verschleppt, gefoltert und ermordet wurden. Nachkommen solcher Familien sind bei weitem zahlreicher als es uns recht sein könnte. Kaum ein Land Europas ist von uns verschont geblieben. Die Nachkommen unserer Opfer sind zumeist sehr zurückhaltend und möchten uns, die "unschuldige Generation" nicht belästigen. – Vier meiner französischen Freunde haben erst nachdem wir uns schon 20 Jahre kannten von den Traumata in ihren Familien gesprochen, erst als sie sahen, dass ich mich ernsthaft mit den Naziverbrechen beschäftige. Zwei hatten fast ihre ganze Verwandtschaft in Auschwitz verloren. Die Mutter eines anderen hatte zwar Ravensbrück überlebt, blieb aber zeitlebens leidend und krank. Der Vater des Vierten war aus Buchenwald zurückgekehrt; seine Wunden heilten nie. Alle drei Freunde waren jahrelang in Therapie.

Mein Großvater schrieb noch im April 1945, wie sehr sich sein Herz einen Sieg wünsche, obwohl sein Verstand dies nicht mehr für möglich halte. Bald nach dem Krieg wurde er Vorgesetzter der Ortsgruppe der Heimatvertriebenen. Er hielt Lichtbildervorträge, um den Württembergern zu zeigen, wie deutsch und schön seine Heimat ist (oder war). Er wollte überzeugen. Die wunderbaren Ostgebiete wie Pommern, Schlesien und Ostpreußen (und warum nicht auch Westpreußen) sollten niemals in die Hände der Polen oder Russen fallen. Auch meine Großmutter schrieb: "Polen in Ostpreußen z. B. ansiedeln, bedeutet, Land, das in 1000-jähriger Kolonialarbeit deutsch geworden ist, wieder dem Slawentum ausliefern."[58]

In den Augen meiner Großeltern und meiner Mutter waren der Krieg und der Wunsch einer Ausweitung Deutschlands gerechtfertigt. Ich erinnere mich in etwa ihrer Erklärungen: "HATTEN NICHT ALLE GROSSEN NATIONEN HALBE ODER GANZE KONTINENTE KOLONISIERT? HOLLAND INDONESIEN, DAS KLEINE BELGIEN DEN RIESIGEN KONGO, PORTUGAL UND SPANIEN SÜDAMERIKA, FRANKREICH DAS HALBE AFRIKA, RUSSLAND FAST GANZ ASIEN UND ENGLAND EIN VIERTEL DER ERDOBERFLÄCHE. WARUM IST NICHT ENDLICH AUCH EINMAL DEUTSCHLAND DRAN, SICH SEINEN TEIL ZU NEHMEN? VÖLLIG GERECHT IST DAS!"

Zu diesen Überzeugungen gehörte auch die Gewissheit von der Ehrenhaftigkeit des deutschen Soldaten: "ER TUT SEINE PFLICHT MIT AUFOPFERUNGSBEREITSCHAFT, BENIMMT SICH IMMER ANSTÄNDIG, WIE JEDER WOHLERZOGENE DEUTSCHE UND BEHANDELT SEINE GEGNER RITTERLICH. WENN GRAUSAME DINGE GESCHEHEN SEIN SOLLTEN, DANN WAREN DAS NUR EIN PAAR SCHLECHT ERZOGENE HALUNKEN DER SA ODER DER SS." Unsere Großeltern erzählten uns auch, nicht ohne einen gewissen Stolz, sie seien nie in der Partei gewesen und hätten in Kauf genommen, als Beamte nicht weiter befördert zu werden. Die Partei wurde jedoch nicht wegen ihrer Weltanschauung abgelehnt, sondern der großen Anzahl von "ungebildeten Rüpeln" wegen, die in ihr Machtpositionen erhalten hatten. Als ich etwa 10 Jahre alt war, erklärte mir mein Großvater, dass er sich mit dem Alter mehr und mehr für Geschichte interessiere. Die Nazizeit gehörte für ihn damals noch nicht zur Geschichte. Sie wurde auch von ihm nicht reflektiert. Er sprach aber von der chaotischen Weimarer Republik, die er abschätzend "Systemzeit" nannte. Die größte Bedrohung, nicht nur für Deutschland, sondern für die ganze Welt, waren für ihn der Kommunismus und der Sozialismus. Warum? Ich erinnere mich nicht, welche Erklärungen er gab. Die Diktatur des einfachen und ungebildeten Volks, des "Pöbels"? Der Anspruch auf eine "Weltherrschaft"? Jedenfalls erinnere ich mich, dass ich an die Hölle und den Weltuntergang denken musste, wenn er von diesen "Gefahren" sprach. Über alles lobte er Bismarck und dessen politisches Geschick. Über seine wirklichen Ängste hat er nie gesprochen. Sie waren ihm nicht bewusst, nehme ich an. Er war ein guter Mensch, ein guter Gymnasiallehrer, von seinen Schülern anscheinend sehr geschätzt. Einer unter ihnen, der Schriftsteller Max Fürst, berichtet aber, dass er seine Sympathie verloren ha-

[58] Tagebucheintrag vom 21.06.1945.

be, nachdem er ihm von Erich Ludendorff vorgeschwärmt hätte.[59] Der Vater meines Großvaters war Gymnasialdirektor, in Königsberg bekannt und sehr geschätzt. Sein Großvater mütterlicherseits war ein angesehener Arzt aus Stettin. Mit dieser Herkunft gab es damals nicht den geringsten Grund sich in Frage zu stellen. Der Gedanke, sich täuschen zu können, war für meinen Großvater unerträglich und unvorstellbar. Daraus erklärt sich auch der dauernde Streit mit seiner Frau und meiner Mutter.

Meine Großmutter stand der Hitlerregierung ablehnender gegenüber, aber sie zeigte eine bedingungslose Liebe zu ihrem Vaterland. Als "gute Deutsche" sah sie es als ihre Pflicht an, ihren geliebten Sohn für die "Verteidigung des Vaterlandes herzugeben".

Sie sprach über die Verfolgung und "Aussiedlung" der Juden Königsbergs und sie schämte sich dessen. Sie sei tief erschüttert gewesen, wenn sie immer wieder in der Zeitung las, dass sich ganze Familien gemeinsam in ihrer Küche mit Gas vergifteten, um ihrem "schrecklichen Schicksal" zu entkommen. Jedoch war für sie jede Form der Auflehnung seit der "Machtübernahme" undenkbar: "Wir lebten in einer Diktatur. Damit musste man sich abfinden. Für Widerstand gab es KZ oder sofortige Todesstrafe!" Den Gedanken, wenigstens die Kirchen hätten sich gegen die abscheuliche Behandlung der Juden auflehnen können, hat meine Großmutter (soweit ich mich erinnern kann) nie ausgesprochen.

Nun zu meiner Mutter: Sie eröffnete mir ihre Ansichten zur Nazizeit ohne Zurückhaltung. Aber zuerst erzählte sie mir von ihrem Leben und ihren Gefühlen. Die Viertelstunde vor dem Einschlafen war für mich ein Geschenk, denn meine Mutter war in diesen Momenten sehr friedlich. Ich fühlte, dass es ihr gut tat, mir von sich zu erzählen. Ich hörte ihr aufmerksam zu, fragte zumal nach Einzelheiten, zweifelte aber nie an ihrer Aufrichtigkeit. Sie erzählte mir von den Abenteuern ihres Großvaters, dem Seefahrer und Steuermann der kaiserlichen Kriegsmarine, der dreimal die Welt umsegelt habe. Sie sprach von ihren Kinderträumen und ihrer ersten Liebe, von meinem Vater, seinem Anreiz und seiner Redegewandtheit. Sie erklärte mir, wie und warum ihre Ehe in die Brüche gegangen war. Sie schwärmte vom elterlichen Sommerhaus an der Ostsee und der vornehmen Villa in Königsberg. Sie erzählte von den vielen Streichen, zu denen sie den kleinen Bruder angeführt hatte und von ihrer hochgeschätzten Romanheldin, dem "Nesthäkchen", das auch lauter "Dummheiten" im Kopf gehabt hätte. (Dass die Autorin Else Ury in Auschwitz umgebracht worden war,

[59] Max Fürst, 2004, S. 197–198.

hat mir meine Mutter nicht mitgeteilt. Sie wusste es sicher nicht; davon sprach keiner. Auch ich habe es erst heute gelesen.[60]*) Aber auch ihre Schrecken ließ sie mich miterleben, im Luftschutzkeller des bombardierten Hauses, auf den Straßen der brennenden Stadt, deren Asphalt von der Hitze flüssig geworden war und wo sie verkohlte Leichen sah. Sie schilderte in allen Einzelheiten die Flucht aus Ostpreußen, den Wiederanfang im Westen aus dem Nichts. Sie vertraute mir an, ihre Eltern hätten den bettlägerigen Großvater zurückgelassen und sich für die Flucht entschieden, weil sie neues Leben im Leibe trug. Wie erwartet sei die Geburt des Töchterchens ein großer Trost gewesen: Deutschland musste kapitulieren, in der Familie aber gab es vier Tage später eine neue Generation. Sie gestand mir mit Erleichterung, dass das zweite Kind, ich, zweieinhalb Jahre später während der "furchtbaren Hungerjahre" absolut unerwünscht gewesen sei. Bis zu meinem Schuleintritt in der Mitte meines 7. Lebensjahres war meine Außenwelt auf den Garten des Hauses beschränkt. Anderswohin ging es nur in Begleitung eines Erwachsenen. Bis zu diesem Alter lebte ich sozusagen einzig und allein in den Erinnerungen und Erzählungen der Großen. Meine Welt war ihre Welt, ihre alte Heimat, in der sie immer noch lebten. Das Schwabenland, in das man uns "reingeschmeckt" hatte, war Ausland. Eine Fremde, die erst entdeckt werden musste. Von der lokalen Mundart verstand ich übrigens kaum ein Wort. Noch bevor ich 7 Jahre alt wurde und das "Alter der Vernunft" erreichte, hat meine Mutter das Haus verlassen. So war das, was sie mir erzählte, bare Münze für mich. Ihr Leben war von dem meinen nicht zu trennen. – Vielleicht vertraute sie mir all ihre Standpunkte nicht nur deshalb an, weil ich ihr kritiklos zuhörte, sondern auch weil es sich nicht gehörte, in der Öffentlichkeit darüber zu sprechen. Denn in den Familien und den Schulen (wenn überhaupt davon die Rede war) versuchte man uns Kindern aufzubinden, Deutschland habe sich fast von einem Tag zum anderen verwandelt. Die meisten Mitglieder der Partei seien ihr aus Zwang beigetreten, seien also nur unschuldige "Mitläufer", und die wenigen wirklich schuldigen Nazis seien entweder verhaftet oder bereits hingerichtet worden.*

Was dachte meine Mutter nach dem Krieg über Deutschland und Hitler? Zunächst verachtete sie alle Landsleute, die vor den Siegern plötzlich die Weste gewechselt hatten. Das seien charakterlose Heuchler. Wenn Hitler den Krieg gewonnen hätte, wären sie noch auf seiner Seite. Der einzige Fehler Hitlers wäre gewesen, dass er am Ende sinnlos viele Hitlerjungen geopfert habe. An dem verlorenen Krieg sei keineswegs Hitler schuld, sondern die Engländer, weil sie sein Friedensangebot nicht angenommen hätten. Als Arier hätten sie

[60] Sarah Maria Brech, 2013.

sich übrigens von Anfang an auf Hitlers Seite stellen sollen. Abgesehen davon, hätte Hitler schon lange vor dem Krieg Wunder vollbracht. Er hätte die Arbeitslosigkeit beseitigt. Jede Arbeiterfamilie hätte sich endlich ein eigenes Häuschen anschaffen können. Ein erschwingliches Auto für jedermann hätte es auch bald gegeben. Der "Volkswagen" wäre seine Erfindung gewesen. Nachts hätte man endlich wieder auf die Straße gehen können. Keine Frau sei mehr vergewaltigt worden. Die Kriminalität wäre deutlich zurückgegangen. Vor allem aber hätte Hitler den Deutschen ihren Nationalstolz wiedergegeben. Dem Versailler Vertrag hätte er unbeirrt den Rücken gekehrt. Er gedachte Deutschland zu "erheben" und es in seinen alten Grenzen wiederherzustellen. Endlich hätte die deutsche Jugend erneut ein Ideal gehabt: Sich mit gesundem Geist und gesundem Körper für ein großes und starkes Vaterland einzusetzen und dafür zu kämpfen, wenn es sein muss! Ein Vaterland, das nunmehr sein Schicksal in die eigene Hand nehme und sich von niemanden mehr etwas reinreden lasse.

Auch über den Sinn der "Vernichtung lebensunwerten Lebens" hat mich meine Mutter aufgeklärt: Ein alter oder kranker und bettlägeriger Mensch, der dahinsiecht und nichts mehr tun könne, sei erleichtert, wenn man ihm helfe zu sterben. Alle unheilbaren, tief schwachsinnigen oder völlig verrückten Menschen würde man durch einen Gnadentod von einem qualvollen Leben erlösen. Wenn diese armseligen Geschöpfe sich klar ausdrücken könnten, würden sie selbst darum bitten. Nicht zu vergessen sei, dass das Ausscheiden "unnötiger Mitesser" einem Staat enorme Ersparnisse ermögliche, die den Gesunden zugutekommen könnten.

Meine Mutter erklärte all diese Maßnahmen als eine Geste der Menschlichkeit.

Ebenso gefestigt war ihre Standpunkt zur "Judenfrage". Wie ein guter Christ an Gott glaubt, so glaubte sie als "gute Deutsche", dass Juden keine Deutschen seien und auch nie Deutsche werden könnten. Die Erbmasse verschwinde nicht, auch nach jahrhundertelanger Angleichung. Dass alle Juden Deutschland hätten verlassen müssen, wäre also folgerichtig gewesen. Natürlich hätte man ihre Ausweisung etwas mitfühlender gestalten sollen. Die Aussiedlung nach Polen wäre nur eine Notlösung gewesen. Hätten die Franzosen Madagaskar freigegeben oder die Engländer Palästina, dann wäre den Juden nichts Schlimmes passiert. Diese Nationen seien im Grunde für ihr böses Schicksal verantwortlich. Was den Juden am Ende wirklich in Polen geschah, hätte man selbstverständlich nicht gewusst. "UND WENN WIR ES GEWUSST HÄTTEN, WAS HÄTTEN WIR TUN KÖNNEN? WIR WOLLTEN, DASS DIE JUDEN IN FRIEDEN LEBEN, ABER NICHT BEI UNS!" – Wie sehr entspricht dieser Satz auch heute den An-

schauungen der extremen Rechtsparteien Europas und anderswo! Warum haben gerade wir Deutschen diesen Ungeist der Menschenverachtung an die Macht kommen lassen, zur politischen Regel erhoben und in unseren Gesetzen verankert?

Soweit ich mich erinnere, machte meine Mutter zwar einen Unterschied zwischen hoch- und minderwertigen Menschenrassen, aber von "Ungeziefer", welches zu vernichten wäre, hörte ich sie nie sprechen. Über die Gründe der Verfolgung und Vernichtung der Juden im übrigen Europa schwieg sie sich aus. Für meine Mutter nährte der Nationalsozialismus nur noble Gefühle. Auch der Krieg sei ein edles Wirken gewesen, wer sonst hätte die Welt von dem bedrohlichen Kommunismus befreit? Warum hätten sich nicht alle Nationen unter den Schutz des "begabtesten, kultiviertesten und erfolgreichsten Volkes der Erde" stellen sollen? Das Nazideutschland meiner Mutter war "wohlwollend und gut".

Auch sie war "gut". Gleich nach dem Abitur vertrat sie auf dem Lande fehlende Volksschullehrer. Selbst als Krankenschwester half sie aus. Wie der Führer liebte sie Kinder, Tiere und Pflanzen. – Wenn ich von einem Baum ein Blatt abriss, riss sie mir sofort ein Haar aus, um mich fühlen zu lassen, was ich dem anderen Geschöpf angetan hatte. Ich sollte lernen, die Anderen zu achten, sogar das einfachste Gewächs. Auf ihre Weise war meine Mutter "gut", aber wie naiv war sie! "Unschöne" Dinge durften z. B. weder gesagt oder dargestellt werden, denn das rufe sie hervor ... So einfach war für sie die Welt ...

Heute noch graust es mir, wenn ich an diese aufrichtigen Bekenntnisse meiner Mutter denke. Auch habe ich den bitteren Verdacht, dass sie zeitlebens nicht von ihren Überzeugungen abgerückt ist. Damals aber machte mich das Land, von dem meine Mutter sprach, träumen. Ich fand es auf alten Landkarten Europas und erbaute mich an seiner Größe. Völlig unverständlich blieb mir, wie es seinen Kaiser hatte verlieren können, warum es auch keinen König mehr gab und weshalb es nicht ewig siegreich geblieben war? An Stelle einer Antwort bekam ich eine große Gram über einen ungeheuerlichen Verlust zu spüren.

Natürlich frage ich mich, wie viele meiner Landsleute gleich nach dem Krieg und heute noch (oder wieder) wie meine Mutter dachte? Mit Schrecken musste ich feststellen, dass solche Auffassungen trotz der "Allgemeinbildung" in den "Akademikerfamilien" anzutreffen waren. Und wie mag es in "einfachen" Familien ausgesehen haben, ohne "Kinderstube", oder in solchen, wo offene Gewalt herrschte? Von den überzeugten Nazis gar nicht zu sprechen. – Von diesen gab es übrigens zumindest ebenso viele, wie es Mietshäuser gab, denn in jedem musste ein "Zuverlässiger" die Mieter im Auge haben. Das galt auch für alle Dörfer, Stadtbezirke, Städte, Kreise, Landesteile, weil jede dieser Einheiten zwangsläufig einem treuen Parteigenossen und dessen Gehilfen unterstand.

Was ist das Schlimmste für mich? – Zu spüren, dass irgendwo tief im Innersten bei mir Reste von dem Glauben meiner Mutter fortbestehen. Wenn ich wirklich hinsehe, finde ich in mir ihre Ängste, Urteile, Überzeugungen und Visionen, wie in ihrem Bauch gelernte Wörter, die ich trotz aller Mühe wohl nie vollständig aus meinen Nervenzellen löschen kann. Einige Beispiele: Erfahre ich von einer Person, dass sie Jude ist, überprüfe ich gegen meinen Willen ihre Nase und andere "Rassenmerkmale". Sehe ich einen "Farbigen" oder "Schwarzen", kommt mir, bevor ich zu denken beginne, unmittelbar das Urteil einer geistigen "Unterwertigkeit". Sehe ich ein in Deutschland hergestelltes Erzeugnis, schließe ich sofort auf seine ausgezeichnete Qualität. Höre ich "Kommunist", "Anarchist" oder "Revolution" meldet sich Angst in mir. Obwohl ich immer augenblicklich diese Rückfälle korrigiere, komme ich von ihnen nicht gänzlich frei. Solche Atavismen machen mich selbst zu einer "unheimlichen Heimat".

Heute habe ich Buchenwald und Mittelbau-Dora besichtigt. Der Besuch mit Führung beanspruchte einen ganzen Tag. Um zu verdauen, was ich erfuhr, wird der Rest meines Lebens nicht genügen. – Wie weit wir Menschen gehen können in der Verachtung anderer Menschen! Welche Abgründe sind in uns versteckt? Wie grenzenlos sind unsere "Fähigkeiten", anderen Leid zuzufügen und jedes Mitfühlen in uns zu beseitigen? Wo haben wir das her? Wir bezeichnen uns als "Bestien" und als "tierisch", aber alle anderen Tiere, selbst die "wildesten", erscheinen harmlos im Vergleich zum Menschentier. Die Nazizeit hat wohl "besser" denn je gezeigt, wozu wir, fähig sein können, wenn "Es" erlaubt und gar "von Rechts wegen" angeordnet ist. – *Ist der Mensch nicht wirklich* die *Missgeburt der Natur, ein widerlich tragischer Irrtum der Schöpfung?*[61]

Das KZ Mittelbau-Dora war einer riesigen unterirdischen Raketenfabrik angeschlossen. Hier wurde die berüchtigte "Vergeltungswaffe V2" hergestellt. Die Mehrzahl der Gefangenen mussten unter den unmenschlichsten Bedingungen in einem Stollen hausen. Die meisten sahen nie wieder das Tageslicht. Ihre tägliche und tödliche Folter war die Arbeit. Nach durchschnittlich 2 bis 6 Wo-

[61] Zu diesem Thema siehe u.a., Josef H. Reichholf, *Das Rätsel der Menschwerdung. Die Entstehung des Menschen im Wechselspiel der Natur*, dtv, München 1993, Christian Grataloup, *Faut-il penser autrement l'histoire du monde?* Armand Colin, 2011 sowie eine Zusammenfassung der Problematik in: Titus Milech, 2016.

chen war ein Leben "aufgebraucht" und immer neues "Menschenmaterial" wurde hergeschafft.

In einer der deutschen Standardholzbaracken war ein kleines Museum untergebracht. Ich erfuhr dort, dass nur einer der leitenden Ingenieure nach dem Krieg zugegeben hat, von der grausamen Behandlung der Gefangenen gewusst zu haben. Alle anderen logen, einschließlich des weltberühmten Werner von Braun.

Den ganzen Tag über war mir schlecht ...

Vom Appellplatz im KZ Buchenwald hat man einen weiten Blick auf die wunderschöne Landschaft. Wie passt das zu dem was hier passiert ist? – Ich hätte mich am liebsten in tausend Stücke zerrissen, mich selbst verbrannt und meine Asche mit der unserer Opfer vermischt.

Vor ein paar Minuten hatte ich die Mutter meiner Tochter am Telefon. Sie liest gerade das Buch von Alice Miller, *Am Anfang war Erziehung*. Alle Deutschen seien darin als Opfer dargestellt. Wo bliebe also deren Verantwortung? – Ja, sie sind Opfer gewesen, wie hätten sie es sonst fertiggebracht Millionen und Millionen Opfer zu "fabrizieren"? Natürlich nützt das nur der Erklärung, entschuldigen kann es keineswegs. Niemals. Wo liegt also die Verantwortung jedes Einzelnen, damals und heute? In unserer Verantwortung liegt es, nicht allein zu erkennen, dass wir Opfer waren, sondern wessen Opfer wir waren. Anstatt uns zu beklagen, die Opfer der alliierten Bomben gewesen zu sein, sollten wir nicht zuerst anerkennen, wie sehr wir Opfer der verbalen Bombardierungen unserer Erziehungsberechtigten waren? Liegt unsere Verantwortung nicht darin, uns so wenig wie möglich vorzumachen, aufzuhören den Starken zu spielen, so zu tun, als ob alles in der Kindheit uns zugefügte Leid uns nichts ausgemacht hätte? Wie können wir vermeiden, uns an den falschen Personen zu rächen, solange wir die wirklichen Täter unseres Unheils nicht kennen? Wie viel einfacher ist es, sich entfernte Feinde zu suchen als die wirklichen zu finden? Wer gesteht sich gerne ein, dass seine Nächsten die Schlimmsten waren?

Meine Mutter, so schön sie war mit ihrem langen schwarzen Haar, so liebevoll sie mir Schlaflieder gesungen hat ... Sie war mein Folterknecht! Meine Oma, so intelligent und kultiviert sie war, auch wenn sie Latein und Französisch sprach und alle bedeutenden Gedichte der deutschen Literatur auswendig aufsagen konnte ... Sie war der Folterknecht meiner Mutter! Das ist die traurige Wahrheit.

Derjenige, der den wirklichen Ursprung seines tiefen Hasses ausfindig gemacht hat, "tötet" vielleicht Vater und Mutter und seine Idealbilder, die Anderen aber lässt er in Ruhe.

– Unsere Seele war krank von den Kränkungen und allem Leid, das uns widerfuhr, was nie hätte geschehen dürfen. Es geschah heimlich in unserem Zuhause. Ein Heim darf und kann nicht unheimlich sein oder werden. Unser krankes Daheim und unsere kranke Seele mussten wir vor den Anderen und vor uns selbst verstecken. Unsere eigene verneinte Unheimlichkeit haben wir dann denen angedichtet, die uns unheimlich waren, alle denen, die uns nicht gleichen. Die haben wir eingesperrt oder "beseitigt", genauso wie wir unsere eigene Fremdheit in unser Unbewusstes eingesperrt und aus unserem Bewusstsein beseitigt haben.

Wir konnten nach dem Krieg alles wieder aufbauen, Neues erfinden, Wolkenkratzer, Flughäfen, Wirtschaftswunder ... Aber hat das unsere kranke Seele geheilt?

Zu Weihnachten (2003) hat mir meine Schwester ein Buch über unsere Heimatstadt geschickt mit vielen Fotos aus den 1950er-Jahren. Ich habe es gerade aufmerksam angeschaut. Mehr und mehr bedrängt mich jetzt eine quälende Traurigkeit. Diese unzerstörte Stadt, die so schön und romantisch ausschaute ... Hinter diesen Bildern versteckt sich eine bittere Niedergeschlagenheit und ein unsäglicher Kummer, Stimmungen, die ich damals in mir aufgesaugt habe. Etwas davon liegt mir noch im Magen. Ich glaube, mir wurden seelische Zustände der Erwachsenen gewahr, denen gegenüber sie sich verschlossen hatten. Mussten nicht sehr viele "anständige" Deutsche irgendwo in sich ein schwindelerregendes und herzzerreißendes Gefühl empfunden haben? Nicht nur das Gefühl, vielleicht sogar die Gewissheit, eine entsetzliche, unglaubliche und nie wieder gutzumachende "Dummheit" begangen zu haben. Die Erkenntnis, von einem krankhaften Wahn übermannt gewesen zu sein. Ein Wahn, der das eigene Land und die eigene Würde womöglich für immer zerstört hat. Und das Allerschlimmste begreifen zu müssen, dass die persönliche Teilnahme an einer gemeinsamen krankhaften "Verstiegenheit"[62] vielen Millionen Menschen das Leben gekostet hat! – Wir wissen alle, wie unmöglich es sein kann jemals von unseren Schuldgefühlen loszukommen, wenn wir aus Fahrlässigkeit (durch eine kurze Unaufmerksamkeit am Steuer z. B.) am Tode eines einzigen Menschen schuld sind. Wie muss es sich anfühlen, an Millionen und Millionen von Mor-

[62] Die "Verstiegenheit" ist nach Ludwig Binswanger eine der "Formen missglückten Dasein" (*Drei Formen missglückten Daseins,* Ausgewählte Werke, Bd. 1, Asanger Verlag, Heidelberg 1992.)

den, wenn auch "nur" mitschuldig zu sein? Und nicht allein an Morden, sondern an aller Art von jahrelangen Folterungen von Menschen, die uns nie das Geringste angetan hatten!

Wer kann ein solches Wissen überleben? Was bleibt uns anderes übrig, als es auf immer zu verbannen? Aber verdrängen wir damit nicht zwangsläufig auch unsere Menschlichkeit und lähmen die Arbeit unserer Seele?

Die meisten Deutschen, auch die Meinen haben überlebt. Die meisten Deutschen, vor allem die Skrupellosesten hatten ein hübsches und langes Leben ...

Wer zählt aber die Nachkommen, auf deren Magen auch heute noch ein Findling liegt? Wer zählt die Kinder, Enkel und Urenkel, welche die wohltuende Verdrängungskultur ahnungslos übernommen haben? – Die ersten vier Jahrzehnte meines Lebens gehörte ich zu dieser Gruppe. Danach wuchs mit dem Wissen auch die Last in mir. Manchmal bleibt sie etwas im Hintergrund, aber verleugnen kann ich sie nicht. Ich behalte sie. Schwerer wird sie, wenn ich "Niedlichem" begegne, z. B. in diesen netten Büchlein mit klugen Worten, weisen Sprüchen oder herzerweichenden Geschichten, die man sich hierzulande gerne als Geschenk macht. Denn da fühle ich wieder unsere Naivität und die Kluft zwischen der "heilen Welt", die wir uns ausmalen, und der unverdaulichen Wirklichkeit, vor der wir uns verstecken.

– Ich denke an den Kitsch und an einen Satz Milan Kunderas:[63] *"Kitsch ist die totale Leugnung der Scheiße."*

Auf dem Weg nach Berlin, den 20. August 2001

Unterwegs höre ich deutsches Radio. Der Ton. Der Ton sagt alles. Der Ton des "geschliffenen" Hochdeutsch, sachlich und todernst, schneidet mir in den Leib und die falsche, aufgesetzte Sprechweise der Ansager macht mir Angst. Mir graut besonders von den "Stimmungsmachern".

Berlin, den 21. August 2001
und Thessaloniki, den 6. März 2015

Mein Hotel liegt in Berlin-Mitte. 1967 war ich schon einmal für ein paar Stunden hier mit einem "Tagesvisum" und zugeschnürter Kehle. Dunkel war es damals, grau und still. Heute ist es dort recht bunt und lebendig. Überall wird gearbeitet. Von der DDR keine Spur. Nur ein paar alte Häuserfronten zeigen noch stolz ihre Einschüsse vom letzten Kampf um die Hauptstadt.

In Mittelbau-Dora fand ich ein paar hilfreiche Bücher über Gedenkstätten in Berlin. Besonders angesprochen hat mich ein kleines rotes Buch mit dem Titel

---

[63] Milan Kundera, 1987.

Bus Stop. Fahrplan.[64] Von einer, im Zentrum Berlins gelegenen Bushaltestelle, sollte man sich an eine große Anzahl von "Tatorten" in ganz Europa begeben können. Ich begann schon einige Fahrten zu planen, erfuhr aber später, dass es sich um einen Wettbewerbsentwurf von Renata Stih und Frieder Schnock für das "Denkmal für die ermordeten Juden Europas" handelt. Auch wenn dieser Vorschlag nicht verwirklicht wurde, habe ich den Eindruck, dass hier in Berlin einiges getan wird, um die Opfer der Naziverbrechen nicht zu vergessen.

Seit genau 330 Jahren besteht die jüdische Gemeinde in Berlin.[65] *Sie war nach Frankfurt/Main mit etwa 162.000 Mitgliedern die zweitgrößte in Deutschland vor 1933;*[66] *und jetzt ist sie mit nur noch etwa 11.000 die größte.*[67] *Von den vielen Erinnerungsorten habe ich eine ganze Reihe besucht, aber nur wenige Notizen gemacht.*

Wie sich wohl die Alteingesessenen hier fühlen? Wenn ein Einheimischer daheim geblieben ist, fühlt er sich sicher wohl. Seinen Platz auf Erden haben und sich heimisch fühlen, muss wunderbar sein. Kann er sich vorstellen, wie es ist, wenn man ihm nicht mehr erlaubt, nach Dunkelheit spazieren zu gehen? Wenn er sich auf keine Bank mehr setzen darf? Wenn ihm sein Lieblingspark, sein Kino, das Theater, die Oper und die Straßenbahn verboten sind? Wenn er nicht mehr rauchen darf (auch bei sich zu Hause nicht)? Wenn er sein Radio, seine Schreibmaschine abgeben und seinen lieben Hund vergiften muss, weil er sich an nichts mehr erfreuen soll? Wenn man ihm Haus und Garten nimmt, ihn dann in immer engere Behausungen einsperrt, ihn wegen des geringsten "Verstoßes" verhaftet und am Ende "auf der Flucht" erschießt? Wenn man ihn wegschafft, erst nach Theresienstadt (weil man es "gut" mit ihm meint) und danach zur "Endstation" … oder direkt dorthin?

Wenn der Bodenständige nie woanders war, wenn er nie eine andere Sprache lernen musste, um zu überleben, kann er sich vorstellen wie es sein muss, sich lieber verjagen zu lassen, als zur Vernichtung deportiert zu werden? Hat er eine Ahnung wie es ist, lieber seine alte Religion und seinen alten Namen zu verleugnen, um "daheim" bleiben zu können? Wie es ist, wenn ihm seine alte Heimat so unheimlich geworden ist, dass er sich für sie schämt und sie hasst?

Waren die jüdischen Berliner wie alle Juden Deutschlands nicht auch schon seit einigen Generationen hier beheimatet? Vielleicht waren die ganz Alteinge-

[64] Verlag der NGBK (Neue Gesellschaft für bildende Kunst), 1995.

[65] Andreas Nachama, 2002.

[66] Gedenkbuch, 2006.

[67] http://www.jg-berlin.org [zuletzt: 15.02.2017]

sessenen neidisch auf diese Bürger, weil viele von ihnen andere Länder und fremde Sprachen kannten, weil viele von ihnen unzählige Geschichten erzählen konnten? – Wenn einer nie von zu Hause weg war, also keine Geschichten erzählen kann, läuft er dann nicht Gefahr, sich Geschichten zu erzählen, sich und den anderen etwas vorzumachen, Geschichten zu spinnen, sich aus einem Erzähler in einen Spinner zu verwandeln?

Ich habe mir eine Grabschrift auf dem jüdischen Friedhof in der Schönhauser Allee notiert:

STARK UND VON TIEFEM GEMÜTH
VOLL SELTENER GABEN DES GEISTES
HAST DU IN REINHEIT GELEBT,
HAST DU SCHÖNHEIT GESCHAFFT.
WIE DU DIE DEINEN BEGLÜCKT,
IN NÄCHSTENLIEBE GEWALTET,
WIRD DEINE TEURE GESTALT
UNVERGESSLICH UNS SEIN.
HIER RUHT MEINE GELIEBTE GATTIN,
UNSERE GUTE MUTTER
MARTHA FRIEDEMANN, GEB. 18.4.1847 - GEST. 1.12.1911

Würde ein alteingesessener Christ, der seine Frau liebt, anders formulieren? Vielleicht weniger poetisch?

KZ Sachsenhausen, den 22. August 2001
und Thessaloniki, den 10 Januar 2004

Im KZ Sachsenhausen bin ich einer Führung durch das Lager gefolgt und habe folgendes abgeschrieben:

AUSZÜGE AUS DER LAGERORDNUNG (6. NOVEMBER 1942):

"1. ALLGEMEINES:
DAS KZ IST EINE ERZIEHUNGSANSTALT …
STETE PFLICHTERFÜLLUNG … STRAMME HALTUNGEN … BLICK ZUM VORGESETZTEN …
ES GIBT NUR EINEN WEG ZUR FREIHEIT.
SEINE MEILENSTEINE HEIßEN:
GEHORSAM, FLEIß, EHRLICHKEIT, ORDNUNG, SAUBERKEIT, NÜCHTERNHEIT, WAHRHAFTIGKEIT, OPFERSINN UND LIEBE ZUM VATERLAND."

Ich denke an Kinder, die als Erwachsene wiedergeben, was ihnen in der Kindheit gezeigt und angetan wurde. Zutiefst Gedemütigte und Gekränkte, die nun endlich einmal die Macht haben … Was mussten diese Kinder erdulden, um für ihre Grausamkeit so viel Energie zu besitzen? Und alles mit dem besten Gewissen. – "Eine ideale Welt? Das kriegen wir schon hin!"

Das KZ Sachsenhausen war die meisterhafte Anwendung architektonischen Geschicks für die Verwirklichung einer Haftanstalt mit höchsten Ansprüchen. Sie sollte nicht nur der Bewachung und Umerziehung einer sehr großen Zahl von Gefangenen dienen, sondern auch zu deren Verwertung und Nutzbarmachung an Ort und Stelle. Die Architekten haben an alles gedacht. So wurde z. B. rund um den großen Appellplatz ein großzügiger "Weg" angelegt. Besser gesagt, eine Art Arena, deren Bodenbeläge eine sehr unterschiedliche Beschaffenheit aufwies. Sand war dabei, aber auch Beton, Asphalt, Pflastersteine, Schlamm, Kies, Kohle und vor allem spitzer grober Schotter. Gefangene, die "umerzogen" oder einfach nur bestraft werden sollten, bekamen ein neues Paar Militärstiefel aufgestülpt und, je nach "Verdienst" einen halben- bis einen Zentner schweren Rucksack auf den Rücken gebunden. In voller Ausstattung also wurde der "Prüfling" auf die Arena gejagt. Wer hinfiel wurde durch Hiebe "ermuntert", bis er nicht mehr aufstehen konnte. Meist war er tot. Bevor man ihn verbrannte, zog man ihm sorgfältig die Stiefel aus und brachte sie den lagereigenen "Wissenschaftlern". Jene studierten, welche Sohlen die Strapazen am besten durchgestanden hatten und gaben ihre Ergebnisse an die Stiefelfabrikanten weiter.

Auch an die ärztliche Kunst war gedacht. Eine Abteilung für medizinische Versuche mit Labor und geräumigem Sezierraum stand jedem wissensdurstigen Arzt aus der Umgebung zur freien Verfügung. An "Untersuchungsmaterial" fehlte es nicht.

Sachsenhausen habe vielen anderen KZ als Vorbild gedient.

Ich träumte vergangene Nacht von dem Problem, welche Haltung wir Deutschen dem Holocaust gegenüber haben sollten. Die Antwort träumte mir nicht, aber ich erlebte, dass diese Frage mich gänzlich in Anspruch nahm.

Hier in Berlin traf ich Matthias Reichelt, einen Freund meines alten und 1997 verstorbenen Freundes Blalla W. Hallmann. Hallmann[68] war ein genialer und eigenwilliger Künstler, der alles, was ihn quälte, sichtbar machte. Er nahm dabei kein Blatt vor den Mund. Die Unheimlichkeit des Heimatlichen machte und macht uns drei, auch heute noch, sehr zu schaffen.

[68] https://de.wikipedia.org/wiki/Blalla_W._Hallmann [zuletzt: 15.02.2017] und: https://blallasgutekunst.com [zuletzt: 15.02.2017]

Matthias,[69] freier Kulturjournalist, Ausstellungsmacher und Fotograf (*der übrigens 2007 eine hervorragende Monographie über Blalla W. Hallmann*[70] *herausgebracht hat*), erzählte mir, dass er 1982 auf einer Recherchereise in New York versuchte, für eine Ausstellung in Berlin 1983[71] Werke von dem Bildhauer Chaim Gross zu bekommen. Gross, ein österreichisch-galizischer Jude, war vor den Pogromen 1921 in die USA emigriert. Der Künstler fragte Matthias, ob er über die Schoah Bescheid wüsste und ob er Kenntnisse über die jüdische Kultur und Religion habe. Matthias bekannte sich als unbeirrter Antifaschist und Atheist und glaubte, damit ausreichend geantwortet zu haben. Der Künstler wollte genauere Angaben. Matthias gestand, seine Kenntnisse über den jüdischen Glauben seien lückenhaft und Chaim Gross, der nach 1945 nie deutschen Boden betreten hatte, schlug die Einladung zur Ausstellungsbeteiligung aus. - Ich hätte die "Prüfung" auch nicht bestanden.

Diese Anekdote gibt einen guten Anhaltspunkt für die obige Frage, wie wir uns als Deutsche in Bezug zu unseren Opfern verhalten sollten. Ohne Zweifel ist das allererste, so viel wie möglich über die deutschen Verbrechen wissen zu wollen, die Opfer anzuhören und ihre Berichte zu lesen. Wie sieht es damit aus? Ich bin zu lange aus Deutschland weg, um mir ein klares Bild machen zu können. Bei mir hat sich das Bedürfnis, wirklich alles wissen zu wollen, recht spät gemeldet. Die eigentliche Schwierigkeit scheint mir nicht das Wissen an sich zu sein, sondern das Bewusstsein der Verantwortung unserer Eltern und Großeltern, die sich mit der Feststellung einer kollektiven Krankheit oder eines Massenwahns nicht "weg-entschuldigen" lässt. Umso näher wir den Beteiligten stehen, um so stärker ist unsere Neigung, dem Wissen aus dem Weg zu gehen. Denn das Gefühl der Schuld und der Scham, das sich auf uns übertragen hat, kann unerträglich werden. Was die zweite Anregung anbelangt, sich für das Judentum und die jüdische Geschichte zu interessieren, scheint mir das generelle Interesse recht gering, was erstaunlich ist, denn wir wissen, dass Judenfeindlichkeit und Fremdenangst fast immer auf Unkenntnis beruhen und zu welchen Verbrechen sie geführt haben (und noch führen).

---

[69] Matthias Reichelt, 2007. Weitere, sehr interessante Arbeiten siehe in: http://m-reichelt.de/vita-2/ [zuletzt: 15.02.2017]

[70] Matthias Reichelt (Hrsg.), *Die Sprache verschlagen. Die Bildgewalt des Blalla W. Hallmann*, Verlag für Moderne Kunst, Nürnberg, 2007.

[71] "Das Andere Amerika. Geschichte, Kunst und Kultur der amerikanischen Arbeiterbewegung". Eine Ausstellung der NGBK in der Staatlichen Kunsthalle Berlin.

Im Zentrum Berlins ging ich durch einen kleinen Park und traf auf das Denkmal "Verlassener Raum"[72] eine ergreifende Bronze-Skulptur mit diesem Text von der 1891 in Berlin geborenen und 1970 in Stockholm gestorbenen Lyrikerin Nelly Sachs:

… O DIE WOHNUNGEN DES TODES,
EINLADEND HERGERICHTET
FÜR DEN WIRT DES HAUSES, DER SONST GAST WAR –
O IHR FINGER,
DIE EINGANGSSCHWELLE LEGEND
WIE EIN MESSER ZWISCHEN LEBEN UND TOD
OH DIE SCHORNSTEINE,

OH IHR FINGER
UND ISRAELS LEIB IM RAUCH DURCH DIE LUFT!

Ab und zu frage ich mich, ob ich mir nicht noch einmal und immer wieder etwas vorspiele: Jemand zu sein, der genau so ist, wie er sein sollte? Unter den gegenwärtigen Forderungen politischer Korrektheit der "gute Deutsche", der sich mit dem Holocaust und unserer verbrecherischen Vergangenheit befasst? War ich nicht schon immer darauf bedacht, als der liebe und anständige Junge zu erscheinen, um Anerkennung und Zustimmung zu erhalten? Bin ich nicht dabei, in die Falle der guten alten Tradition zu geraten, die mich geprägt hat? – Aber, was denke und fühle ich wirklich? Was in meiner eigenen Seele gehört mir wirklich selbst? – Ich bin dauernd hinter mir her. Alles, was ich tue, stelle ich in Frage. Genau wie meine Erzieher. Und heute noch, obwohl ich schon 37 Jahre aus dem Haus bin. Wie schwierig ist es, mein wirkliches Selbst ausfindig zu machen, in "aller Ruhe". Mit meinem Erbe bin ich schon in den Wurzeln krank. Meine Krankheit ist nicht nur die Gehorsamkeit sondern deren Basis, die Selbstlosigkeit; und meine Schwäche ist die Selbstschwäche.

Ich sehe nur einen Weg: Unablässig dem eigenen Erleben auf der Spur sein, es erfassen und bezeugen. Auch in meinen Erinnerungen versuche ich zu erspüren, was ich erlebt habe, nicht die Anderen. Aber das, was ich erlebt habe, enthält es nicht das verdrängte Erleben meiner Nächsten? – Keine klare Lösung ist in Aussicht. Mal sehen, wie ich weiter komme.

Für heute Abend hatte ich mir eine Eintrittskarte für das Stück "Ich bin's nicht, Adolf Hitler ist es gewesen" in der Berliner "Freien Theateranstalt" besorgt. Ein Schauspieler war krank und das Spiel fiel aus. Warum also nicht die

---

[72] http://www.berlin-hidden-places.de/regional/mitte/mit_verlassraum.htm [zuletzt: 15.02. 2017]

überall angepriesene Schau *Körperwelten* besuchen? Ich hatte in Frankreich eine kurze Fernsehsendung darüber gesehen. Am Ort der Ausstellung in der Nähe des Ostbahnhofs fand ich eine endlose Schlange und ein Schild: *"3½ STD. WARTEZEIT*, TAG UND NACHT DURCHGEHEND GEÖFFNET, DAUER DER SCHAU BEREITS UM 1 JAHR VERLÄNGERT ..." Meine Geduld war jedoch nicht auf der Höhe meiner Neugier.

Was wird hier gezeigt? Konservierte Menschenleichen, zurechtgeschnitten, entblößt und in lebensnahen Posen aufgestellt. Es ist der deutsche Anatom, Dr. Gunther von Hagens (vormals "Liebchen" aus dem ehemaligen Westpreußen), Erfinder der "Plastination", der seit 1995 jedem Sterblichen die Einsicht in die versteckte Innenwelt unseres menschlichen Körpers erlaubt. – Unvermeidbar denke ich wieder an das Thema: Der "Mensch als Material", wie zu den besten Zeiten unseres "Tausendjährigen Reiches". Ich denke ebenfalls an andere deutsche Tabuverletzungen, an unsere Verstiegenheit und unsere Maßlosigkeit. – Ist ein Toter kein Mensch mehr? Wenn auch nicht mehr lebendig, wenn auch kalt und starr, ist der tote Körper nicht der des Menschen, um den wir trauern? – Eines bestätigt sich auf jeden Fall: Mit einer "intelligenten" Verwendung von "Menschenmaterial" lässt sich noch immer eine Unmenge Geld machen.

Am Ufer der Spree in einem Industriegebiet des alten Ost-Berlins bin ich zufällig auf ein Stückchen "Mauer" gestoßen. Auf einem Abschnitt ist die deutsche Flagge aufgemalt und zusammen mit ihr, die Israels. Das gibt: hellblau, schwarz, rot, gold, hellblau und in der Mitte der hellblaue Davidstern.
Ich lese:

MÄRZ 90 VATERLAND.
DIE FLAGGE IST EIN SYMBOL DES VEREINENDEN
UND AUFEINANDER ZUGEHENDEN.
EIN MAHNMAL GEGEN JEDE FASCHISTISCHE TENDENZ.
REICHSKRISTALLNACHT: 9/11/1938
MAUERERÖFFNUNG: 9/11/1989.
DIE FLAGGE BASIERT AUF DEM HUMANISTISCHEN
GRUNDGEDANKEN VON FRIEDEN UND EINHEIT ALLER VÖLKER.
SIE IST EINE AUSEINANDERSETZUNG MIT DEM ERBE ALLER
DEUTSCHEN GENERATIONEN NACH DEM ZWEITEN WELTKRIEG
(G. Schaerer, Time Bomb, Rostock, Mölln, Schwerin, Lübeck)

Deutschland - Israel. Mir fällt Ignatz Bubis[73] *ein, von 1992 bis 1999 Präsident des Zentralrats der Juden in Deutschland. Der übliche Antisemitismus störte ihn weit weniger als die Tatsache, dass man ihn öfters als israelischen Staatsbürger und nicht als Deutschen ansah. Als ob Deutscher sein und Jude sein nicht mehr zusammenpasse?*

Dann denke ich an die "Mauer". Sie war ein fassbares Abbild der Unversöhnlichkeit. - Worin bestand wirklich die Feindschaft zwischen den beiden "Blöcken"? In den ungleichen Grundeinstellungen über das menschliche Zusammenleben, oder im Wetteifer dickköpfiger Großmachtgelüste?

Für mich veranschaulichte die "Mauer" ebenfalls unsere Gespaltenheit, unseren deutschen Wahn. Aber sie war nur sein äußeres Abbild in Großformat. Sie erlaubte uns, uns weiterhin über uns selbst hinwegzutäuschen. Meiner Ansicht nach sind wir innerlich entzweit, ganz egal auf welcher Seite der Mauer wir uns befanden. Es war viel einfacher für die Mehrheit, alle Übel und alle Gefahren jenseits der Mauer zu suchen anstatt in sich selbst. - Liegt nicht unser erstes Übel in der tiefen, althergebrachten Selbstschwäche und liegt nicht das zweite darin, dass wir jene nicht nur verneinen, sondern überspielen und uns stark wähnen?

Unsere Selbstlosigkeit war es auch, die es ermöglichte, den Hitler-Götzen sofort durch neue Figuren zu ersetzen und uns an ihnen festzukrallen. Hätten wir uns ohne sie je wieder aufrichten können? Unsere Selbstleere war so bedeutend, dass wir mit unseren frischen Herren völlig eins wurden. Auf jeder Seite ging unsere traditionelle Hörigkeit und Folgsamkeit soweit, dass die Mehrheit nur noch seinen "Block" verkörperte und der andere Deutsche, jenseits der Mauer, wie gesagt, zum Fremden "an sich" wurde.

Können wir grundsätzlich ein solides Selbst entwickeln, wenn unser Musterbild des guten Menschen auf dem Gebot der Selbstlosigkeit beruht? Können wir die Güte zum Anderen auf eine Abwesenheit oder einen Mangel gründen? Was mag eine derartige Hingabe, ein derartiger "Großmut" in sich tragen? Ich fürchte, sie verstecken einen unbewussten unkontrollierbaren Wunsch, jedes aufkommende Selbst eilig zu ersticken und eine maßlose Angst vor allem Fremden. Das erstickte Selbst hat Zerstörung erlebt und wird folglich Zerstörungswut in sich verbergen.

Flossenbürg, den 23. August 2001

In bester Südlage an einem sanften Hang befindet sich eine ansehnliche Wohnsiedlung. Sie steht stolz und unschuldig genau da, wo sich die meisten Barak-

[73] Ignatz Bubis, 1998.

ken des ehemaligen KZ befanden.[74] Deutsche Durchschnittsbürger hausen glücklich auf dem Blut, dem Schweiß und den Tränen ihrer Opfer. Der heutige "Gedächtnispark" nimmt nur einen Teil des früheren Geländes ein.

Ein älterer Herr spricht mich an und stellt sich als ehemaliger Häftling vor. In nostalgischem Sächsisch vertraut er mir an, dass der Lagerleiter Vollwaise gewesen sei und fügt hinzu: "Da liegt der Hund begraben."

Unterwegs höre ich jiddische Lieder von Karsten Troyke. (Die CD hatte ich in den Hackeschen Höfen in Berlin gefunden.) Ein Satz lässt mich nicht los: "MEIN GEHEN IST NUR VERGEHEN!" – Vergehen im Sinne von "verenden" oder von "Untat"? Ich fahre und fahre. Meine Tränen laufen und laufen ... Ich sehe schlecht. Mir ist schlecht ...

Nürnberg, den 24. August 2001

Ich bin bei meinem alten Freund Karl abgestiegen. (In den "Revolutionsjahren" 1968 und 1969 lebten wir zusammen.) Ich erzähle seiner Frau und ihm von meiner "Deutschlandreise". Sie fragte mich erstaunt: "Mit all der Arbeit, die du das Jahr über hast, besuchst du Gedenkstätten anstelle dich zu erholen?" – "Ich konnte nicht anders. Es war mir ein Bedürfnis ... ", antwortete ich etwas befangen.

– Wenn ich mein Gegenüber bedrängt fühle, verliere ich die Worte ...

Waldhaus bei Windsbach, den 24. August 2001

Eva, eine langjährige Freundin Blalla W. Hallmanns, die bis ans Ende seines Lebens sein sicherster "Zufluchtsmensch" gewesen war, hat eine alte Scheune auf ihrem Grundstück zu einem Ausstellungsort von Hallmanns Gemälden umgebaut. Ein beachtlicher Teil seiner Arbeiten ist hier ausgestellt. Ich verweile einige Stunden am Ort, betrachte Hallmanns Gemälde, denke darüber nach und lese Pressestimmen.

Alles, was er in Bildern ausdrückte, gibt es, so "schlimm" es auch aussehen mag. Blalla W. Hallmann zeigt die Kehrseite, besser die umgekrempelte Wirklichkeit unserer "schönen" Welt. Er zeigt Seiten unseres Innenlebens, die wir lieber verborgen halten würden.

Die Schwierigkeit eines durchschnittlichen und ängstlichen Betrachters, etwas mit den Werken dieses Künstlers anfangen zu können, spiegelt sich auch in einigen der ihm gewidmeten Berichte wieder. Hier nur zwei:

---

[74] https://en.wikipedia.org/wiki/Flossenbürg_concentration_camp [zuletzt: 15.02.2017]

"... DIE KLOAKEN-REALITÄT WAR NIE AUSDRUCK ZYNISCHER MENSCHENVERACHTUNG; SIE ARTIKULIERT VIELMEHR GRENZENLOSE WUT ÜBER EINEN QUÄLENDEN MANGEL AN LIEBE, VERTRAUEN UND ANERKENNUNG ..."[75]
"... KUNST AM RANDE DER SELBSTZERSTÖRUNG ... BLASPHEMISCHES, OBSZÖNES UND KRITISCHES WERK EINES NICHT-ANGEPASSTEN ...
... EINER DER ABGRÜNDIGSTEN UND PROVOKATIVSTEN KÜNSTLER, DIE JE IN FRANKEN LEBTEN ..."[76]

Um einen solchen Künstler nicht zu verunglimpfen, müssten wir einen Draht zu ihm finden.

Und was haben die braven Bürger unseres deutschen Volkes nicht alles aus sich heraus geholt?

Zu welchen "blasphemischen und obszönen" Taten waren sie noch vor kurzem fähig? Waren diese Taten etwa nicht "abgründig und provozierend"? Basierten sie nicht auf "grenzenloser Wut" und einem "quälenden Mangel an Liebe, Vertrauen und Anerkennung"?

Aus meinem Innern höre ich die Antwort, als sei sie mir schon vor meiner Geburt eingetrichtert worden:

"NEIN, NICHTS IST ABGRÜNDIG, ALLES IST NOTWENDIG ZUR ERHALTUNG DER GESUNDHEIT UNSERES DEUTSCHEN VOLKSKÖRPERS. AUCH FÜR DEN REST DER WELT WOLLEN WIR NUR DAS BESTE: DIE HERRSCHAFT DES GEBORENEN HERRENMENSCHEN, DES ARIERS, VOR ALLEM DES DEUTSCHEN ARIERS, DER KRÖNUNG DER SCHÖPFUNG. DIE WELT SOLL ZUKUNFT HABEN. DIE NATIONALE ERHEBUNG VERLANGT ES, SICH ÜBER EINE GEWISSE GEFÜHLSDUSELEI UND RÜHRSELIGKEIT HINWEGZUSETZEN. MIT DEN UNERWÜNSCHTEN UND UNNÜTZEN ELEMENTEN UNSERES VOLKES KÖNNEN WIR KEIN MITGEFÜHL HABEN. WIR DÜRFEN NIE VERGESSEN, DASS SCHÄDLINGE SCHADEN BRINGEN! ALLES UNSAUBERE UND MINDERWERTIGE MUSS BESEITIGT WERDEN. EBENSO ALLE DIESE ANGEBLICHEN KÜNSTLER, DIE DARAN GEFALLEN FINDEN, DIE SCHÖNHEIT DER WELT UND DES MENSCHEN ZU VERUNSTALTEN. SIE MÜSSEN VON KRANKHAFTEN TRIEBEN BESESSEN SEIN, UM NUR SCHRECKLICHES UND ABSCHEULICHES ZUR SCHAU ZU STELLEN. SIE MALEN DEN TEUFEL AN DIE WAND! ZWEIFELLOS MÜSSEN AUCH DIE WEG. ALLENFALLS KÖNNTE MAN VERSUCHEN, EINIGE UNTER IHNEN UMZUERZIEHEN. WENN DAS NICHT GELINGT, DANN TUT MAN DIESEN UNSELIGEN GESCHÖPFEN JA IM GRUNDE NUR EINEN GEFALLEN, SIE VON IHREN HIRNGESPIN-

[75] *Der Kunsthandel*, Neu-Isenburg, September 2000.

[76] *Plärrer – Das Stadtmagazin für Nürnberg*, Juli 2000.

STEN EIN FÜR ALLE MAL ZU ERLÖSEN. FÜR ALLE BEVÖLKERUNGSELEMENTE, DIE AUSGEMERZT WERDEN MÜSSEN, GILT DIE SEHR VERNÜNFTIGE REGEL, DASS SICH ALLE LEIDLICH ARBEITSFÄHIGEN VORHER NÜTZLICH MACHEN SOLLEN, DASS MAN SIE SOLANGE ZUM ARBEITEN ZWINGT, BIS IHR LEBEN AUFGEBRAUCHT IST. SO KANN SELBST DER ABSCHAUM DER MENSCHHEIT DAZU BEITRAGEN, DIE WELT ZU VERBESSERN. OHNE EINEN EINZIGEN PFENNIG ZU KOSTEN, OHNE JEDE ERNÄHRUNG (SELBSTVERSTÄNDLICH) KANN EIN JUNGER MANN ETWA ZWEI BIS VIER WOCHEN ARBEIT LEISTEN, BEVOR ER DARAN STIRBT. BESONDERS IN SCHWIERIGEN ZEITEN SOLL NICHTS VERGEUDET WERDEN.

UND ÜBRIGENS, IST DAS NICHT FÜR DIESE NICHTANGEPASSTEN DER EINZIGE WEG, EINEN SINNVOLLEN TOD ZU FINDEN UND (VON IHRER SCHULD) FREI ZU WERDEN ...?"

Diese entsetzlichen Gedanken und Worte, die, unter vielen Millionen, auch meiner Mutter eingetrichtert worden waren, waren in Deutschland gesetzlich verankert und hatten Applaus gefunden. Selbst heute noch leben ähnliche Wahnvorstellungen in vielen kranken Köpfen weiter.[77]

Wäre das möglicherweise der "tiefe Sinn" der perversen Losung, der "Heilsformel", *ARBEIT MACHT FREI*, mit welcher die Häftlinge vieler KZs "begrüßt" wurden?

Wie viele Deutsche dachten so, oder ließen so denken, ohne sich Fragen zu stellen? Wie erhebend muss der Glaube gewesen sein, diesem herrlichen "Herrenvolk" anzugehören. Warum sollte man also daran zweifeln und nicht die Dinge geschehen lassen? Je sattelfester die Überzeugung vorher, desto hartnäckiger war das Leugnen und das Schweigen danach. Die Sieger waren es, die uns verpflichtet haben, in der Öffentlichkeit unser Reden und unser Verhalten in Zaum zu halten, wir selbst nicht. Die "Entnazifizierung" gehörte zum offiziellen Programm der beiden deutschen Republiken, aber was war das intime "Programm" im Innern eines jeden, was hat ein jeder wirklich bereut und in sich geändert? Wie viele haben sich wirklich dank einer wahren Bewusstseinsarbeit und nicht aus Vorteilssuche gewandelt? Und wie tief geht bei jedem Einzelnen das Bewusstsein seines kranken Erbes, seiner seelischen Schwächen und Möglichkeiten? Bürgt unsere äußere Veränderung für unsere Genesung?

---

[77] Siehe u.a., Anke Jahns, u. Felix Pankok, *Die neuen Nazis. Ein Jahr NPD im Schweriner Landtag*: https://www.youtube.com/watch?v=AJhmCH4kWRI [zuletzt: 15.02.2017] (Auszug: *"... nicht nur Immigranten-Stop sondern Ent-Ausländerung!"* wird gefordert)

Oberer Kuhberg, Ulm, den 25 August 2001

Auch hier in Ulm habe ich eine Weile gebraucht, bis ich jemanden fand, der wusste wo sich die KZ-Dokumentationsstelle, "Oberer Kuhberg" befindet. Diese ehemalige Festung, in der sich von 1933 bis 1935 ein KZ und danach bis 1944 ein Nazi-Gefängnis befand, wird von zwei Vereinen betreut bzw. genutzt. Der eine kümmert sich um die Gedenkstätte und die Führungen für die Besucher; der andere[78] scheint diese Burg, soweit ich verstanden habe, als Kulisse für "Kriegsspiele" und Bundeswehrwerbung zu benutzen.

Mein Geist ist noch nicht von einer herzzerreißenden Szene losgekommen, die sich kurz nach meiner Abfahrt von Flossenbürg ereignet hat. Eine junge Katze, anscheinend am Kopf verletzt, überquerte zweimal in furchtbaren Zuckungen die Straße. Sie schrie, von Schmerz gepeinigt. Es sah aus, als wolle sie sich von etwas Unerträglichem befreien. Was tun? Hätte ich anhalten sollen und sie mit einem großen Stein erschlagen, um der Qual ein Ende zu machen? Wäre ich fähig gewesen, sie zu töten? Mir war übel, aber ich bin weitergefahren.

Dieses Ereignis erinnert mich an einen entsetzlichen Traum aus der Zeit meiner ersten Analyse.

Ohne zu wissen warum, war ich "verpflichtet", eine kleine Katze zu töten. Erwürgen sollte ich sie. Fürchterlich! Ich würgte ihren kleinen Hals mit all meinen Kräften, aber das Tier wollte nicht sterben. Es starrte mich erstaunt mit großen Augen an, voller Vorwurf und Verachtung, als ob es mir sagen wollte: "Eines Tages wirst du verstehen, was hier geschieht." Ich war entsetzt und erkannte erschreckt, wie schwierig es ist, jemandem das Leben zu nehmen, besonders wenn es mit den eigenen Händen geschehen muss!

Im Vorschulalter quälte ich unseren Kater. Wir riefen ihn "Mohrle" weil er ganz schwarz war. Ich ließ ihn allerlei hässliche Dinge erleben. Unter anderem pferchte ich ihn gerne in Schuhschachteln ein. Ich hielt ihn gefangen, bis er bitterlich miaute. Ich wollte, dass er mir völlig ausgeliefert war … Dann, von einer Sekunde zur anderen, wechselte ich meine Rolle. Ich wurde zum Retter, zum Freund des Katers. Ich sprach zu ihm, gab meinem Mitgefühl Ausdruck, bedauerte sein leidvolles Katzenleben und beschimpfte den herzlosen Tierquäler. Mohrle liebte seinen Befreier ebenso aufrichtig wie er seinen Schergen hasste. Für ihn, schien es mir, war ich zwei verschiedene Personen. Ich selbst fühlte mich als eine Person, aber zweigeteilt. – Wie Deutschland, wie das ganze Land … fällt mir gerade ein.

[78] Förderkreis Bundesfestung Ulm e.V. http://www.team-ulm.de/artikel/2013/05/21/tag-der-festung-findet-erneut-mit-groem-programm-statt/ [zuletzt: 15.02.2017]

– Bin ich eine Kostprobe eines selbstschwachen Menschen, dessen innere Spaltung dem "liebevollen" Familienvater erlaubt, Säuglinge, Kinder, Frauen und alte Menschen ins Gas zu schicken und gleich danach, am Feierabend, seine eigenen Sprösslinge zu liebkosen? Die Geschichte hat bewiesen, dass es weit über das "kritische Maß" hinaus viele kranke Menschen dieser Art in Deutschland gab. Welches traurige Spiel veranstaltete ich mit Mohrle? Genau jenes, das ich selbst erfahren habe. Mohrle musste mich spielen und ich spielte meine Nächsten. Wenn ich einmal bei diesem "Spiel" erwischt wurde, schrie man mich an und verteidigte das "arme Tier". Aber keiner der (so "überaus gebildeten") Erwachsenen hat je verstanden, was hier wirklich passierte und welches grausame "Spiel" sich hier wiederholte.

Und in der Szene meines Albtraums? Wer ist wer? Wäre ich das zu erwürgende Kätzchen, wer wäre dann der verzagte Mörder ... ?

– Meine Existenz auf dieser Welt muss anfangs gewiss sehr störend gewesen sein. Wie sehr war mein Leben gefährdet, und wie mächtig war es zugleich! Nicht nur mein Leben, ich selbst war stark. Ich schaute in die Augen meiner Mutter. Was sie in meinen Augen sah, ließ sie erschrecken und ihre Hände lockern. Aber wer weiß, ob sie sich in diesem Moment, nicht selbst in mir erkannt hat? Wie auch immer, es war nicht ich, den sie ablehnte, sondern die großen Schwierigkeiten, die ein zweites Kind mit sich brachte. Seit meinen frühesten Tagen trage ich in mir die unvereinbare Erfahrung von der Unsicherheit und der Stärke meines Lebens. Auch ist mir klar geworden, wie groß mein Bedürfnis war (und potenziell noch ist), mein schmerzhaftes Erleben anderen zuzufügen. – Wäre ich 20 oder 30 Jahre früher auf die Welt gekommen, wären dann nicht auch für mich die verlockenden Angebote des ns-Wahns willkommen gewesen?

Denke ich an das Kätzchen zurück, das ich vor den Toren des KZ Flossenbürg so abscheulich verenden sah, erscheint es mir plötzlich wie die Inkarnation des Schicksals aller unserer Opfer. Oder war es eine Sinnestäuschung?

Flughafen Stuttgart-Echterdingen, den 26. August 2001
und Thessaloniki, den 9. März 2015

"Echterdingen" lese ich zum ersten Mal "echter Dingen". Kein Wunder bei all dem, was ich auf dieser Reise gesehen habe.

Der freundliche alte Sachse aus Flossenbürg kommt mir wieder in den Sinn. Er hat mir auch von seinem Stolz erzählt, einige von den Verfolgten der Nazis versteckt oder zur Flucht verholfen zu haben. Als Staatsfeind verdächtigt, habe man ihn mehrere Monate ins KZ gesperrt. Anlässlich seines Gerichtsverfahrens sollte er bei Gott schwören, die Wahrheit zu sagen; er habe aber Gott gebeten, ihm beim Lügen zu helfen. Sonst wäre er im Lager geblieben. Nach dem Krieg (in der DDR lebend) habe er von den Personen, denen er geholfen hatte, jede Menge Post erhalten. Weil er als einfacher Bürger Briefe aus allen Ecken der Welt erhielt, habe ihn die STASI als Spion verdächtigt. Aus Mangel an Beweisen sei er glücklicherweise nur kurz in Haft gewesen.

Ich fragte ihn, wie er sich das Entstehen der totalitären und paranoiden Systeme in Deutschland erkläre. Er kam auf die üblichen Argumente zurück: das Versailler Diktat, die Arbeitslosigkeit, die Eigenart Hitlers und sein persönlicher Hass auf die Juden. Keine tiefere Analyse, keine Hinterfragung eines möglichen Judenhasses bei der Mehrheit seiner Zeitgenossen. Er bestand jedoch darauf, dass viele Deutsche damals sehr gierig gewesen seien, und sich Unzählige durch die Arisierung an den Juden gehörig bereichert hätten. Auch versuchte er mir klarzumachen, welch kolossale Summen sich der Staat durch den Diebstahl bei der jüdischen Bevölkerung angeeignet hatte.

Eva, die den Nachlass von Blalla W. Hallmann verwaltet und ein Archiv mit Sammlung gegründet hat, ist Zahnärztin in Windsbach, einer mittelfränkischen Kleinstadt. Das Haus, in der sich ihre Praxis befindet, kaufte sie von einem Kollegen, der es wiederum kurz nach dem Krieg (anscheinend für einen Spottpreis) von der Stadt erworben hatte. Dieses Haus, gleich außerhalb der alten Wehrmauern des Ortes gelegen, war seit 1850 die Synagoge der ortsansässigen Juden. Der Vorbesitzer habe die Fassade verändert, die Höhe der Fenster gekürzt und das Innere so umgebaut, dass nichts mehr an eine Synagoge erinnern konnte. Eva hat mir berichtet, dass ihr Wunsch, im Stadtarchiv Dokumente und Fotos zur Geschichte der Synagoge einsehen zu dürfen, von den zuständigen Behörden der Stadt ablehnend zurückgewiesen worden sei.

Auch heute habe ich auf der offiziellen Web-Seite dieser Stadt keinerlei Hinweis, weder über ihre ehemalige jüdische Bevölkerung noch über ihre Synagoge gefunden.[79] *Der Ansbacher Heimathistoriker, Karl Dunz, wird zwar mehrere Male erwähnt, jedoch nicht sein Buch,* Das Schicksal der Juden in Windsbach.[80] *Die meisten Hinweise stammen aus jüdischen Quellen.*[81] *Aus ihnen entnehme ich, dass eine Gedenktafel erst 2008, dank der Initiative einiger Bürger, am einstigen Synagogengebäude angebracht wurde.*[82]

[79] http://www.windsbach.de/showpage.php [zuletzt: 15.02.2017]

[80] Karl Dunz: *Schicksal der Juden in Windsbach.* Freimund-Druckerei, Neuendettelsau, 1947.

[81] U.a.: Shmuel Spector, 2001, http://www.alemannia-judaica.de/windsbach_synagoge.htm [zuletzt: 15.02.2017] und http://germansynagogues.com/index.php/synagogues-and-communities?pid=70&sid= 1365:windsbach [zuletzt: 15.02.2017]

[82] Siehe Klaus-Dieter Alicke, 2008 und http://www.jüdische-gemeinden.de/index.php/gemeinden/u-z/2100-windsbach-mittelfranken-bayern [zuletzt: 18.04.2016]

Eine Gemeinde, die sich der von ihr begangenen oder geduldeten Verbrechen bewusst ist und diese bereut, hat keinen Grund, der Öffentlichkeit auch die dunkelsten Seiten ihrer Geschichte vorzuenthalten. Denkt sie daran, dass die Leugnung und das Verwischen der Spuren Bestandteile des Verbrechens sind? – Inwieweit ist dieses Beispiel bezeichnend für den Großteil der (alteingesessenen) deutschen Bevölkerung?

Wen von uns stört es heute, in einer von Juden "gereinigten" Stadt oder Ortschaft zu leben? Vielleicht sind viele eher froh darüber?[83] Aber wer würde es zugeben?

Nach dem Novemberpogrom von 1938 haben alle Juden die Stadt Windsbach verlassen, außer einer in Mischehe lebenden Jüdin. Mitte November 1941 wurde vor dem Rathaus ein Galgen mit einer Tafel aufgestellt, worauf geschrieben stand: "Für die Jüdin". Die Stadt blieb vom Krieg verschont. Kein Jude ist je zurückgekommen.[84]

Marseille, den 28. August 2001
und Thessaloniki, den 10. März 2015

Es ist 19 Uhr. Ich bin gerade eben angekommen.

Traurig bin ich, traurig, traurig! – Mir fällt der Beginn der *Lorelei* von Heinrich Heine ein: "ICH WEISS NICHT, WAS SOLL ES BEDEUTEN, DASS ICH SO TRAURIG BIN ...?" Ich weiß nicht, wie mein Leben jetzt weitergehen wird. Ich weiß nicht, wie ich weiter gehen werde? Ist "... MEIN GEHEN ... NUR *VER*GEHEN ..."?[85]

Alles ist schwer und schwer zu beschreiben. Auf meine Reise zurückblickend, habe ich das Empfinden, dass in Deutschland eine ungeheuerliche Kluft zwischen manchen Einzelnen und der Mehrzahl besteht. Die Meisten sind mit sich zufrieden und gehen ihren Geschäften nach. Nur Wenige sind gequält und kommen nicht mehr zur Ruhe, auch wenn sie wie ich, nichts auch nur annähernd ähnliches selbst erlebt haben, weder Hass noch Verfolgung, weder Folter noch Mord. Mein beständiges Gefühl, nirgends wirklich zuhause zu sein, ist ein leichter Luftzug, nichts im Vergleich des mörderischen Sturmwinds, den unsere Opfer erdulden mussten.

Warum habe ich so lange gebraucht, um mir diese unerträgliche Wirklichkeit etwas mehr aus der Nähe anzusehen? Werde ich je das ganze Ausmaß des

---

[83] Siehe unten, S. 151 (Dokumentarfilm über Dudenhofen)

[84] Siehe Klaus-Dieter Alicke, 2008 und http://www.jüdische-gemeinden.de/index.php/gemeinden/u-z/2100-windsbach-mittelfranken-bayern [zuletzt: 18.04.2016]

[85] Karsten Troyke, 1998.

Geschehenen erfassen können? Und wie sieht es mit der deutschen Mehrheit aus?

Ich habe den Eindruck, man erkennt im Großen und Ganzen an, was geschehen ist, aber eher, um sich der Sache zu entledigen und nicht, um ihr wirklich nachzugehen. Man hat allgemein zugegeben, dass sich im Keller unseres Landes ein bedeutendes Loch befindet, aber hinuntersteigen in das Loch, tiefer und tiefer ist eine andere Angelegenheit … Je weiter ich mich hinein wage, je mehr stelle ich fest, dass die Höhle, in der ich mich befinde, noch weit ausgedehnter ist als ich dachte.

Mir kommt es vor, ich sei dem Leben nur für eine gewisse Zeit ausgeliehen. Nein, eine ungewisse Zeit. Natürlich stellt sich mir die Frage, wozu? Ich habe das Gefühl, nicht da zu sein, um dabei zu sein und mitzumachen, sondern um zu sehen und zu bezeugen. Ich bin nicht drin, ich sitze daneben. Ich bin "*entsetzt*". Ich glaube einer Zusammenstellung entsprungen zu sein, die nicht gelingen konnte, die daneben ging, die nur "schief" gehen konnte. Ich glaube, etwas Unmögliches, etwas Verkehrtes zu verkörpern. Ich glaube, ich komme aus der verkehrten Seite meiner Vorfahren, von dort wo die Nähte sitzen …

DIE FOLGEN

Marseille, den 28. August 2001

Ich lese *Was sie taten. Was sie wurden* von Ernst Klee. Eine ausgezeichnete historische Untersuchung der Gerichtsverfahren und Nachkriegskarrieren einer gewissen Anzahl von NS-Ärzten und -Richtern, die für die Ermordung von Behinderten und Nervenkranken verantwortlich waren. Alle haben sich herausgeredet. Keiner hat bereut. Die wenigen Strafen waren lächerlich und wurden rasch verkürzt. Die Meisten erhielten ihre Posten wieder und bekamen vorzügliche Renten. Die Familien der Opfer wurden missachtet. Diese Eliten der Nation hätten nur das Beste getan (für die "Gesundheit des Volkskörpers"). Die "Beseitigung" der "Lebensunwerten" sei durchaus "fürsorglich" gewesen. Es wurde unter anderem wissenschaftlich untersucht, welche Tötungsmethode zugleich die schnellste, schmerzloseste und die billigste war. Den Angehörigen wurden die Urnen zur Beerdigung zugeschickt mit Bescheinigungen falscher Todesursachen. Bei einigen Angeklagten diagnostizierten Kollegen schlimmste Krankheiten, die weder Vernehmung noch Haft erlauben würden. Fast alle diese "Todgeweihten" genossen ihr Leben noch jahrzehntelang.

Als im Sommer 1941 mehr und mehr Familien sowie die Kirchen mitbekamen, was geschah, lehnten sich letztere dagegen auf und die Aktion wurde zwar offiziell eingestellt, aber im Geheimen weiter betrieben. 70.000 Hilflose waren zu diesem Zeitpunkt bereits ermordet. Danach haben beflissene Mediziner auf eigene Faust bis Kriegsende noch etwa weitere 130.000 ihrer Patienten umgebracht.[86] Musste nicht die Mehrheit der Bevölkerung und der politisch Verantwortlichen Nazis geblieben sein, damit nach der Gründung der BRD, 1949, eine Politik des Beistandes und der Förderung von Kriminellen durchgesetzt werden konnte?[87]

Beim Lesen dieses Buches von Ernst Klee nehme ich nicht nur neues Wissen in mir auf. Das was mir bewusst wird, drängt in meinen Leib und frisst mich auf. Wie verprügelt, niedergeschlagen und am Boden fühle ich mich. Mich aufzurichten tut weh, und mein Gang ist schwankend. Ich denke ständig an all die Menschen und Familien, die sich einem Arzt oder Richter anvertrauten …

Und die "Euthanasie" war nur ein Teil der "Vorübungen" zu Hause. Das große Schlachtkonzert, wo es um viele Millionen Menschen ging, kam erst mit dem Voranschreiten des Krieges zu vollem Klang …

Marseille, den 30. August 2001
und Thessaloniki, der 11. März 2015

Mich ergreift Angst. Ich fürchte, ans Ende meiner Kräfte gelangt zu sein. Ich habe Angst, mir könnte etwas zustoßen, Angst, krank zu werden und zu sterben. Warum bin ich so schwach? Habe ich nicht genügend Urlaub genommen? ("Urlaub", welch seltsames Wort? Das sagt nichts über Ferien oder Freizeit. Es spricht von "steinalten Blättern".)

Was wird aus mir werden … ?

– Warum benütze ich hier wieder einmal die Passivform? Als ob ich etwas von anderen oder von woandersher erwarte. Warum frage ich mich nicht: "Was will ich aus mir machen? Was erwarte ich von mir?" Zeigt das nicht, wie sehr ich gezwungenermaßen gewillt bin, mich bedingungslos einer äußeren Macht zu unterstellen? Sie soll entscheiden, nicht ich. Da habe ich sie vor den Augen: meine Selbstlosigkeit. Wie mächtig ist die Macht meines Erbes! Wie sehr leide auch ich an der Deutschen Krankheit! "Sachzwänge" oder Andere bestimmen, aber nicht ich. Meine Selbstbestimmung ist zwar erdacht, wird aber kaum angewandt, weil sie keine Wurzeln hat.

---

[86] Norbert Frei, 2010.

[87] Siehe auch: Jürgen Matthäus, 2003.

Das Führerprinzip ist uns über Generationen so sehr eingetrichtert und vorgelebt worden, dass wir es uns, auch beim besten Willen nicht, so schnell "abgewöhnen" können. Leider hat es mit einer einfachen Gewohnheit nichts zu tun. Wir sind mit einer tragischen Fehlkonstruktion, einer Missbildung konfrontiert!

Wir empören uns (zurecht), dass in großen Gebieten Afrikas der Brauch weiterlebt, jungen Mädchen die Klitoris zu entfernen. Bei uns wurde das Selbst nicht entfernt, sondern von vorneherein am Wachsen gehindert.

Wenn ich "Deutscher" höre, klingt das in meinen Ohren oft wie "Täuscher". Vielleicht sind wir wirklich das Volk, das sich beispielhaft täuscht? Vielleicht kennzeichnet uns das wirklich? Jedenfalls war mir dies vor der Reise nie so deutlich aufgefallen.

Diese Fahrt konnte kein Urlaub sein. Sie war vielmehr ein Tauchen ins "Ur-Laub". Ein Streifzug unter die welken Blätter der Vergangenheit, Rückstände, die eine Erde tarnen, die so fruchtbar war (und womöglich noch immer ist) für die Dummheit und das Verbrechen.

Ich verbinde die Neigung zur Täuschung mit einer Hilf- oder Ratlosigkeit, als Folge unserer Selbstschwäche. Wer gesteht sich und den anderen gerne, sich getäuscht zu haben? Ich habe es bei mir selbst und in meiner Familie gesehen. Wie schwierig dieses Geständnis dem deutschen Volk in seiner Mehrheit gefallen ist, haben wir nach dem Krieg beobachten können. Darüber habe ich schon geschrieben. Die ganze sogenannte "Vergangenheitsbewältigung" hat es gezeigt. Allein dieses Wort ist ein Zeichen unserer Selbsttäuschung. Es soll damit eigentlich unsere Auseinandersetzung mit unserer mörderischen Vergangenheit bezeichnet werden; wir sprechen aber von "Bewältigung", als ob alles schon getan sei! Dies Beispiel zeigt, wie "selbstverständlich" wir uns täuschen und uns (unbewusst) etwas vormachen, um nicht an unserer Selbstschwäche zu zerbrechen.

Und wenn es ums Überleben geht, dann wird aus dem Sichtäuschenden in der Tat der Täuscher, der Lügner, der Verleugner. Oder der Rechthaber, der Besserwisser, der Täter usw.

Für meine Großeltern und meine Mutter war Deutscher zu sein nicht nur eine Auszeichnung, sondern eine unantastbare Krönung an der Grenze zum Heiligen. Deutsch zu sein war ihre erste Eigenschaft und ihr bedeutendster Wesenszug. Es versprach, das menschliche Musterbild zu verkörpern. Als Deutscher war man zwangsläufig ein auserlesener und ehrwürdiger Erdenbürger. Deutsch sein, nicht selbst sein, darum ging es!

"Deutschland, Deutschland über alles …!" Das sagt alles. Unter diesem heiligen Gesang wurden die schrecklichsten Gräueltaten der Menschheit begangen! Und diese Melodie hören wir auch heute noch, selbst wenn offiziell nur die dritte Strophe gesungen wird.[88]

Das seit Generationen an Vater und Mutter kranke Kind hat sich Vater und Mutter aus dem Kopf schlagen müssen. Es musste seine sehnsüchtige, kindliche Seele verdrängen und etwas anderes finden, was all seine *Ent*-Täuschungen entgegennehmen kann: die Heimat, das Vaterland, das deutsche Volk, die Deutsche Nation!

Hier sitzen die wirklichen Quellen des Nazismus und seiner Gräueltaten. Hier liegt der Hund begraben! Hier liegt das Geheimnis der Unfähigkeit des deutschen Volkes, das Unheil vorauszusehen, welches die "Heiligung" Hitlers mit sich bringen musste. Der *herr*liche Hitler, der Hit, die gewaltigste und himmlischste Hit-Parade des Deutschen Volkes. Der Gipfelpunkt der deutschen "*End*-Täuschung"!

Ich kann das nicht anders sehen. Und ich kann und will seit langem in diesem Land der Täuschung nicht mehr leben. Ich glaube, den Grund meiner Enttäuschungen etwas besser zu sehen. Ent*täuscht* von den Meinen, habe ich mich "ent*deutscht*" für die Meinen. Ich kann mich mit dem Deutsch-Sein nicht mehr gleichsetzen, es ist mir unheimlich geworden. Auch vor dem künstlichen und falsch klingenden Deutsch, ich schrieb es schon, bangt mir. Der geschriebenen, lautlosen deutschen Sprache jedoch bleibe ich treu. Sie weiß viel mehr von denen, die sie sprechen, als diese selbst. Sie sagt mir sehr viel.

*Was bedeutet diese übertriebene Gleichsetzung einer Person mit ihrer Staats-*angehörigkeit*? Das Wort "Angehörigkeit" ist sprechend: Wir sehen uns als Angehörige, Familienmitglieder unseres Staates. (Nicht als einfache und mündige Bürger einer Nation.) Wir gehören unserem Staat, nicht als Mitbestimmende, sondern als Hörige.*

Ihr Vaterland, ihre Heimat liebten meine Großeltern und meine Mutter ebenso wie Vater und Mutter, und mehr. Mehr als den Sohn gewiss, denn den war man bereit hinzugeben. Die Maßlosigkeit dieser Liebe erinnert an frühkindliches Erleben. Mir scheint, es ist nicht eine erfüllte elterliche Liebe, die von einem befriedeten Erwachsenen auf die Heimat übertragen wurde, sondern eine unerfüllte. Alles, was fehlte, wurde in der Liebe zum Vaterland übertragen. Der Wirklichkeit aller maßgebenden seelischen Mängel blieb man verschlos-

[88] Siehe hierzu den Beitrag von Benjamin Ortmeyer, *Argumente gegen das Deutschlandlied* in https://streitumsdeutschlandlied.wordpress.com [zuletzt: 15.02.2017]

sen, den Qualen auch. Die Kindheit wurde verklärt und verniedlicht. Diese Art von Vaterlandsliebe trug alle Anzeichen einer Übertragungspsychose.

Und heute? Anscheinend befreit sich die Mehrheit langsam vom unausgesprochenen Nachkriegsverbot augenfälliger Vaterlandsverehrung. Neben dem frischen Wind von Rechts,[89] *erlaubten vor allem die Fußballweltmeisterschaften, Zügel zu lockern. Man scheut sich nicht mehr vor den anderen (weil es die Mehrheit tut), "die Fahne hoch"*[90] *zu schwenken. – Wenn ich sogar Autorückspiegel schwarz-rot-gold bekleidet sehe, da wird mir wieder angst … Sind wir wirklich geheilt oder halten wir uns nur zurück? Und wie lange noch?*

Marseille, den 1. September 2001

Ich bin erschlagen und müde von all dem Lesestoff und der Vergegenwärtigung einer Wirklichkeit, die zugleich so sehr entsetzlich ist, so kurz zurück liegt und so ganz in meiner Nähe geschehen ist. Selbst meine eigene, so innig geliebte Mutter war mit dem Schlimmsten im Einverständnis, weil sie es für das Beste hielt. Die deutsche Täuschung! Allein, wenn ich an diese Gläubigkeit meiner Mutter denke, fühle ich mich krank, erschöpft, fertig. Ich bin erledigt, aber nichts ist erledigt von dem, was mir bevorsteht, was uns Deutschen bevorsteht, an Grauen vor uns selbst …

Marseille, der 2. September 2001

Die Traurigkeit will mich nicht verlassen. Und mit meiner Eingebung zum Schreiben und zum Bezeugen scheint es auch am Ende zu sein. Oder kommt die Hemmung daher, dass es jetzt an der Zeit wäre, über die NS-Begeisterung meiner Mutter zu schreiben? Bin ich nicht dabei, genau denselben Widerstand zu entwickeln wie die meisten Deutschen, die von nah oder fern mit dem Nazismus zu tun hatten?

Marseille, den 5. September 2001
und Thessaloniki, den 12. März 2015

Ein so anständiges und wohlerzogenes, artiges Kind wie ich findet sich 50 Jahre später und entdeckt sich als einen traurigen seelischen Krüppel, der nicht einmal fähig ist, einen einzigen eigenen Wunsch klar und deutlich auszusprechen. Ein Seelen-Behinderter bin ich, der nur entweder folgen oder fliehen

---

[89] Aufs Vaterland fokussierte und die Fremden mehr oder weniger misstrauisch ablehnende "Bewegungen" haben in Deutschland offensichtlich in den letzten Jahren neuen Zufluss bekommen; u.a. die AFD (Alternative für Deutschland), die GNM (Germanische Neue Medizin oder Germanische Heilkunde) und die PEGIDA (Patriotische Europäer gegen die Islamisierung des Abendlandes).

[90] Beginn des Horst Wessel Liedes, zuerst Kampfgesang der SA und später "Hymne" der NSDAP. Als verfassungsfeindlich von der BRD verboten.

kann. Mich bewohnen noch immer versteckter Hass, verdrängte Wut und verneinte Gewaltbereitschaft, Sachen, die ich mir kaum gestehen kann, und mit denen ich auch 50 Jahre später noch immer nichts anzufangen weiß, außer sie gegen mich selbst zu kehren, um den Krüppel auch noch mit Füßen zu treten.

Mein Unbewusstes stelle ich mir vor wie ein riesiges Knäuel aus Stanniolpapier,[91] dicht zusammengepresst. Um sehen zu können, was darauf geschrieben oder eingestanzt ist, muss ich, ganz vorsichtig, eine Schicht von der anderen lösen, die Blätter sorgfältig entfalten, eines nach dem anderen und sie vor mir ausbreiten … Mir wird es schwindelig wenn ich an die Arbeit denke, die das kosten wird … Ich habe damit angefangen, warum nicht weitermachen? Mir Zeit nehmen.

Für meine aufgestauten Gemütsbewegungen wie Hass, Wut und Gewaltbereitschaft habe ich ein anderes Bild: Ich sehe einen gewaltigen Gummiballon, der bis zum Platzen aufgeblasen ist. Was würde geschehen, wenn er dem Druck nicht mehr standhalten könnte …? Bedenken wir nun, dass sicherlich einige zehn Millionen anderer Deutscher eine ähnliche (oft unbewusste) Gewaltbereitschaft in sich trugen, dann wundern wir uns weniger über den Krieg und seine unermesslichen Verwüstungen. Keines der von Deutschland überfallenen Länder wurde verschont. Die Zerstörungen waren unterschiedlich aber allgegenwärtig.

In keinem, damals von Deutschland besetzten Land ist das erlittene Leid vergessen. Sachlich und politisch korrekt sind alle gebildeten Europäer, viele sind liebenswürdig und zuvorkommend, aber verehrt werden wir (meiner Erfahrung nach) nur von den Faschisten. Persönliche Freundschaften ausgenommen. Alle meine französischen Patienten erinnern sich mindestens an ein Familienmitglied, das von den Deutschen getötet, gefoltert oder anderswie in Leidenschaft gezogen wurde. (Für Patienten aus Polen und anderen Ländern, die unter der deutschen Besatzung gelitten haben, insbesondere für Juden, gilt das Gleiche.) Von der Vernunft her haben die meisten Menschen heute einen genügenden Abstand, aber in den Träumen nahezu aller dieser Patienten bedroht und foltert der "Boche" bis zum heutigen Tag.[92] Wie viele Generationen oder Jahrhunderte wird es noch benötigen, bis auch das Unbewusste unserer Nachbarn beschwichtigt sein wird?

---

[91] Heute sagt man Aluminiumfolie.

[92] Siehe auch Gérard Haddat, 2011.

Obwohl ich schon über fünf Jahre ständig in Griechenland lebe, habe ich erst kürzlich erfahren, wie grauenhaft und mörderisch die deutschen Besatzer hier geherrscht haben. Nach einer neutralen Studie der Vereinten Nationen wurde von der deutschen Wehrmacht die gesamte Bevölkerung (Säuglinge, Kleinkinder und Greise eingeschlossen) von 89 Ortschaften in brutalster Weise ausgerottet.[93]

Von den Tausenden anderer Städte, Dörfer, Fabriken usw., die ebenfalls völlig zerstört wurden, wobei jedoch "nur" ein Teil der Bevölkerung ermordet wurde, gar nicht zu reden. Insgesamt fanden fast 14 %[94] *aller Griechen während der deutschen Besatzung den Tod; ein beträchtlicher Anteil durch Verhungern. – Keiner meiner griechischen Freunde hier hat mir jemals von diesen himmelschreienden deutschen Verbrechen berichtet. Ich musste alles selbst herausfinden. Gewiss habe ich noch immer von vielem keine Kenntnis. Erst kürzlich erfuhr ich von dem Kampf um Anerkennung und Entschädigung eines der Überlebenden des Massakers von Distomo, Argyris Sfountouris. Er war damals noch nicht 4 Jahre alt. Sein Trauma begleitet ihn seither alltäglich, ob er will oder nicht.*[95]

Oft frage ich mich, was wir für ein besseres Verständnis für unsere Opfer tun könnten und wie viel Zeit das wohl in Anspruch nehmen würde. Ich mache eine Rechnung: Gehen wir davon aus, dass jeder von uns jedem Opfer oder seinen Nachkommen zumindest eine Woche seiner Zeit widmet, um von seiner Geschichte, seinen Leiden und deren Folgen zu hören und daran Anteil nehmen zu können. Bedenken wir weiter, dass im Zweiten Weltkrieg insgesamt etwa 52 Millionen Menschen ermordet wurden[96] *... Bei 52 Opfern würde ein jeder für diese Form der Auseinandersetzung mit unserer Vergangenheit 1 Jahr benötigen. Für 52 Millionen bräuchte ein jeder 1 Million Jahre! – Und da gibt es*

---

[93] Chryssa Tzelepi und Akis Kersanidis, 2013; Hagen Fleischer, 1999; Christoph Gunkel, 2015; Zeta Papandreou, 2015. Ein anderes Beispiel: Gestern, am 16. März 2015 sah ich anlässlich des 17. Dokumentarfilmfestivals in Thessaloniki *Burning woman at Kali Sikia by German Nazis* von Tassos Birsim. Während der Besatzung Kretas suchte im Oktober 1943 eine Truppe der Wehrmacht (das "Jagdkommando Schubert") nach aufständischen Männern in diesem Dorf. Die anwesenden Frauen gaben keine Auskunft. Das Dorf wurde in Brand gesetzt und eine Frau nach der anderen in eines der brennenden Häuser gestoßen. Eine der neun Frauen war schwanger. Andere Frauen wurden erschossen.

[94] http://www.histoire-fr.com/troisieme_republique_seconde_guerre_mondiale_9.htm [zuletzt: 08.02.2017] (Zahl der Opfer: 530.000) und https://fr.wikipedia.org/wiki/Démographie_de_la_Grèce [zuletzt: 08.02.2017] (Bevölkerungszahl 1940: 7.340.000/530.000 = 13,85)

[95] Siehe Stefan Haupt, 2007 und Argyris Sfountouris, 2015.

[96] Petit Larousse illustré, 1994.

"gebildete" Menschen, die ernsthaft glauben, nach 70 Jahren wäre unsere Vergangenheit bewältigt?

Wer es eilig hat, kann sich darauf beschränken, nur die Namensliste der von uns in Europa ermordeten Juden zu lesen, die man im Holocaust-Mahnmal in Berlin einsehen kann. Dafür sind nur sechs Jahre, sieben Monate und siebenundzwanzig Tage notwendig.[97]

Selbstverschuldet sind auch wir Opfer unseres Wahns. Deutschland hat sich selbst zerstört. Wir sprachen viel vom Verlust unserer Ostgebiete. Das ist letzten Endes nur ein materieller Verlust. Wer beklagt jedoch einen noch viel beträchtlicheren Schaden, diesmal kultureller, geistiger und seelischer Natur? Wie viele herausragende Künstler, Literaten, Komponisten und Wissenschaftler haben wir verjagt oder ermordet. – Ich habe bisher, soweit ich mich erinnere, nur zwei Menschen getroffen, die dies klar ausgedrückt haben. Es war vergangenes Jahr. Der erste war ein 80-jähriger Arzt aus Schwaben, die zweite Person eine Französischlehrerin aus Westfalen. Sie hat aus eigener Tasche ihre Nachforschungen über die Geschichte der Juden ihrer Heimatstadt finanziert. Die Stadtverwaltung hatte für "so was" kein Geld. Und von vielen Einheimischen hörte sie: "Wozu? Das ist doch alles vorbei ..."[98]

Wird sich Deutschland von diesem Verlust je "erholen" können? Haben wir uns nicht ernstlich "verspielt"? Haben wir uns nicht selbst verstümmelt und uns zu Behinderten gemacht?[99] *– Es sei denn, die Mehrheit unter uns fühlt sich ohne Juden und "Zigeuner" besser und das heutige Deutschland hat ein "juden- und zigeunerfreies" Selbstverständnis?*

Sicher gibt sich das Land viel Mühe, um wieder "interessant" zu sein und geschätzt zu werden. Von außen sieht das aber oft aus wie das Humpeln eines Versehrten. Für mich sind wir Invaliden. Warum es sich nicht eingestehen?

Ich frage mich, wie es möglich ist, mit Kenntnis all dieser Dinge, in unserer Heimat "einfach" zu leben und "in aller Ruhe" seinen Geschäften nachzugehen? Wie können wir Deutsche sein, ohne ein Unbehagen, eine Befangenheit, eine Last in uns zu fühlen? Was mich anbelangt, befreit mich meine französische Staatsbürgerschaft nicht von diesen Gefühlen. Im Ausland lebend, lasten sie noch stärker auf mir. Zudem spüre ich den verdienten Fluch, der über uns

---

[97] Fabrice Humbert, 2009 (S. 202).

[98] Gertrud Tölle, 2014.

[99] Siehe hierzu den interessanten Aufsatz von, Dominique BOUREL, "Juifs et Allemands, une «symbiose» problématique", *Les cahiers de la Shoah*, n 1, 1993–1994. Text als pdf: http://www.anti-rev.org/textes/Bourel94a/ [zuletzt: 01.03.2017]

schwebt. Das mag übertrieben klingen. Aber sobald wir versuchen, uns auch nur in einen einzigen der zig Millionen Menschen zu versetzen, dessen Leben die Deutschen in eine Hölle verwandelt haben, wird dies offensichtlich. Was hätten wir getan? Wir verfluchen schon einen Autofahrer, der neben uns durch eine Pfütze fährt und uns von oben bis unten anspritzt (egal ob er es unabsichtlich gemacht hat).

Wenn ich selbst den Schmerz, das Entsetzen, den Terror und die Verzweiflung auch nur eines Menschen erleben müsste, dessen Eltern, Geschwister oder Kinder vor seinen Augen gequält und ermordet wurden, würde der Rest meines Lebens nicht ausreichen, um darüber hinwegzukommen. Und es gab Millionen solcher Schicksale! ... Mir ist übel ... ich muss mich übergeben ...

Ich erinnere mich, dass mir öfters schlecht war als Kind, meistens in der Nacht. Jedes Mal bevor ich erbrach, dachte ich, ich würde sterben ... Gedanken überfielen mich: "Mir ist schlecht - ich bin schlecht ... Mir ist übel - ich bin übel ... Ich habe erbrochen – was habe ich verbrochen ...?"

All das Leid, das vergessen wurde, das nie gesehen wurde, das nie beklagt wurde ... ist es verschwunden mit dem Tod des Leidenden? All das Leid, das nie mitgeteilt und nie geteilt wurde, wo geht das hin? Wo bleibt das? Ich glaube, es bleibt. Es ist da. Überall. Es umgibt uns. Es kann nicht vergehen. – Und wenn das "Nicht-vergehen" Grund für neue Vergehen und Verbrechen wird?

Mehr als einmal hat mir meine Mutter die Geschichte von einem Jungen und seiner Mutter erzählt, die sie von einem direkten Augenzeugen gehört hatte. Sie waren Ostdeutsche auf der Flucht im eiskalten Winter 1945. In einem überfüllten und unbeheizten Flüchtlingszug hatte die Mutter einen Stehplatz innerhalb eines Wagens gefunden, der Junge aber musste draußen auf dem Trittbrett bleiben. Durch ein zerbrochenes Fenster konnte die Mutter ab und zu die Hand ihres Jungen berühren. Sie sprach regelmäßig zu ihm, aber seine Hand wurde kälter und kälter ... Nach einigen Stunden Fahrt fand sie die Hand ihres Jungen nicht mehr ... Erfroren war er vom Trittbrett gefallen ... Und der Zug fuhr weiter ... und die Mutter auch ... Als ich diese Geschichte hörte, weinte ich furchtbar und war nicht zu trösten. Mir war, als ob ich alles selbst erlebt hätte, mit dem Gefühl, das Kind und die Mutter zu sein.

Diese Geschichte war für meine mitfühlende Mutter das Sinnbild des Schicksals der bedauernswerten ostdeutschen Heimatvertriebenen. Das deutsche Leid. Das war das einzige Leid, von dem zu Hause gesprochen wurde; sehr oft und bei jeder Gelegenheit. Was hatte man nicht alles verloren! Was hatte man nicht alles mitgemacht! – Man verstand "mitgemacht" im Sinne von "erdulden". Ich höre es heute vor allem im Sinne von "teilnehmen". Meine Familie hat zweimal mitgemacht: einmal im Teilhaben am "Erhebungswahn" für ihr Vaterland und das zweite Mal am Miterleiden seines Untergangs. Von dem unendlichen Leid, das wir, die so "gefühlvollen" Deutschen, verursacht haben, wurde nie gesprochen. Das Leid der jüdischen Kinder, Mütter, Väter und Großeltern, die Qualen, besonders der sowjetischen Kriegsgefangenen, der misshandelten Zivilbevölkerungen wurde nie erwähnt. Als ob das Unglück von Millionen und Millionen Familien in dem von Deutschland besetzten Europa, als ob das Schicksal der Kommunisten, der Homosexuellen der "Zigeuner" und aller anderen, die unserem Land und seinen Gesetzen ausgeliefert waren, nicht existierte. Nur meine Großmutter erwähnte ab und zu etwas.

– "WOVON MAN NICHT SPRICHT, DAS EXISTIERT NICHT!" Das ist die deutsche Zauberformel des "Ungeschehen-Machens".

Mit alledem sitze ich jetzt da, fassungslos, erschlagen und erstarrt. Seit Stunden höre ich die jiddischen Lieder von Karsten Troyke: "... MEIN KIND DAS IST NICHT FROH. DER REGEN WEINT ... UND WER IHN SIEHT DER WEISS GENAU ..."

Krank bin ich. Unmengen von Unverdaulichem liegen mir im Magen und vergiften meine Gedärme. Es kommt immer wieder hoch und mir wird schlecht. Aber jetzt ist es in mir drin und muss durch meine Eingeweide.

– "... ÜBER HÄUSER ÜBER DÄCHER RUFE ICH, WO BIST DU GOTT! ... SIEH HERAB, SIEH WIE SIE MICH JAGEN, HÖR IHRER SCHRITTE HARTEN KLANG! ... RUHE FIND ICH DANN IM DUNKELN ... SCHENK DIE TRÄNEN DIR ZURÜCK ... DU ALLEIN KENNST MEINEN SCHMERZ ... DIE WELT IST VOLL VON GRAUEN WÄNDEN ... UND NIEMAND, DER DIE TRÄNEN ZÄHLT ..."

Konnten meine Vorfahren ihre Blindheit, Verwirrung und Verblendung wirklich nicht vermeiden? Zu welchem Moment ihrer Geschichte hätten sie in eine andere Richtung gehen müssen? Sind diese Fehler verzeihbar?

Die Traurigkeit ist endlos und scheint mir unheilbar. – Lese ich "*heil*-bar" denke ich automatisch an den "Hitlergruß". Adolf Hitler, einem der kränksten und gekränktesten Kinder der deutsch-österreichischen Geschichte, hat gerade das Heile, das Erlöste am meisten gefehlt. Obwohl es ihm das deutsche Volk billionenfach gewünscht hatte, heilte dieses Kind keineswegs. Wer wollte schon in ihm das unglückliche, beleidigte und verkrampfte Bübchen sehen? Die Meisten wollten einen "Allmächtigen". – So sehr täuschen können sich nur Kinder, die genauso krank waren wie ihr "lieber Gott". Und wieder einmal zeigt sich der Abgrund zwischen kindlichem Glauben an eine *heile* Welt und grenzenloser Zerstörung der *wirklichen* Welt. Heil im Wahn und Unheil in der Wirklichkeit.

Jetzt und für immer sind Kinder und Kindeskinder dieser kranken Kinder dabei zu verdauen …

Skiathos, den 3. Mai 2004

Eine Woche Ferien auf dieser grünen Insel im Norden des ägäischen Meers. Und was lerne ich: "Während des 2. Weltkrieges wird die Stadt Skiathos fast vollständig von der deutschen Luftwaffe zerstört. […] Im Jahr 1944, kurz vor der Befreiung Griechenlands von den Deutschen, brannten die Nazis die Insel nieder und sieben Skiathier Bürger wurden hingerichtet als Vergeltungsakt wegen der Gefangennahme des Kommandanten der Deutschen Marine."[100] *Und wenige Jahre später sind wir Deutschen als Touristen wiedergekommen und haben ungehemmt unsere Sprache gesprochen, ohne zu bedenken, wie viele der Einheimischen diese Sprache noch in den Ohren haben. Deutsch waren die gebrüllten Mordbefehle und der Donner dieser Sprache begleitete die Misshandlungen der Bevölkerung.*

Zuhause und in der Schule sagte man nur Gutes über unsere Wehrmacht. Man sprach mit Stolz von ihr und lobte die Ehre und den Mut des deutschen Soldaten. Jedweder Vorwurf wurde sofort als Lüge und Verleumdung mit Empörung zurückgewiesen. Gräueltaten seien nur von einigen SA- und SS-Leuten begangen worden … Wie mächtig können Verdrängung und Verwerfung sein, wenn ein schwaches Selbst sein Wunschbild verteidigen muss! Auch noch um die Jahrtausendwende wollten viele nicht glauben, was anlässlich der Wanderausstellung über die Verbrechen der Wehrmacht, veröffentlicht wurde.[101]

Wenn ich an meine Kindheit zurückdenke, kommt mir ein anderes allgegenwärtiges Krankheitszeichen unseres Wahns in Erinnerung: Sobald meine Nächsten etwas Unübliches sahen oder hörten, wurde sofort begutachtet, verurteilt oder beanstandet. Alles wussten sie besser, von sich selbst wussten sie nichts.

Skiathos, den 4. Mai 2004

Ich habe gerade das Buch über den Aufstand in Treblinka von Samuel Willenberg[102] *zu Ende gelesen. Mich überfällt plötzlich ein grenzenloser Hass gegen uns Deutsche. Immer wieder Neues und Unerwartetes lerne ich. Der "General-*

---

[100] http://www.skiathos-tours.gr/de/skiathos/history.php [zuletzt: 15.02.2017]

[101] Michael Verhoeven, 2006.

[102] Samuel Willenberg, 2004.

plan Ost" z. B. sah vor, zumindest 50 bis 60 Millionen Menschen "sklavischer Rasse" zu vernichten …[103]

Marseille, den 7. Oktober 2001
und Thessaloniki, den 18. März 2015

Ich lese unaufhörlich neue Lebensberichte, Zeugnisse von Juden, die Unvorstellbares erlebt und überlebt haben. Heute war es mir den ganzen Tag schlecht und ich habe Durchfall.

Ich würde gerne mit jemandem über all das reden, aber ich getraue mich nicht. Ich habe Angst zu hören: "Warum machst du das? Das macht dich doch nur krank. Was hast du davon? Das macht diese schrecklichen Geschehen auch nicht mehr rückgängig. Das war nun mal so. Das ist doch jetzt alles vorbei; und du bist wirklich der letzte, der sich schuldig zu fühlen hat!" – "Nein das ist nicht vorbei. Der Beweis bin ich! Ob ich will oder nicht, ich trage in mir ein gewaltiges Schuldgefühl." *Solche "gut gemeinten" Worte habe ich schon öfters gehört. Ich fürchte sie, weil sie mir zeigen, dass der Andere erst gar nicht versucht, sich in mich einzufühlen, sondern nur daran denkt, mir "Gutes zu tun", um zur Tagesordnung übergehen zu können. Oder schaffe ich es nicht, mich wirklich mitzuteilen? Oder beinhaltet für uns Deutsche das Schuldbekenntnis eine besondere Gefahr? Wenn wir Deutschen schuldig sind, sagen wir üblicherweise "wir sind schuld". Wenn ich "ich bin schuld" sage, bezeuge ich unbewusst, dass ich mich mit meiner Schuld gleichsetze. (Beim Sprechen gibt es keinen Unterschied zwischen Klein- und Großbuchstaben.) Wollte ich also meine Schuld tilgen, müssten ich mich selbst tilgen … Und wenn wir Deutschen "Schulden" haben, dann gibt es sie nur im Plural. Wir haben nicht einfach "a debt" oder "une dette", sondern wir haben vielfache Schuld. Auch für den "Gläubiger" sieht es bedrohlich bei uns aus, denn der "muss dran glauben"… (Vielleicht sind das weitere unbewusste Gründe, weshalb bis heute die deutschen Regierungen endlose Schwierigkeiten haben ihre Schulden, durch die Griechenland während des 2. Weltkrieges aufgezwungenen Zwangsanleihen, zurückzuzahlen?*[104]

Diese Befunde ergänzen meine früheren Erklärungen unseres allgemeinen Verdrängens und Verneinens nach dem Krieg (der Lebenswille und der Selbsterhaltungstrieb): Seit 70 Jahren wären sonst fast alle Deutschen tot und ich wäre nie geboren. Auch in meiner Familie haben sich fast alle geschont und kamen nicht auf den Gedanken, sich das Leben zu nehmen. Überdies hatte man

---

103 Dominique Vidal, 2002.

104 http://www.rbb-online.de/kontraste/ueber_den_tag_hinaus/diktaturen/griechenland-deutsche-schulden.htm/listall=on/print=true.html [zuletzt: 08.02.2017]

eine neue Verpflichtung für die neugeborene Enkelin. Das geschuldete Schuldbekenntnis wurde den Kindern überlassen. Jetzt bin ich schuld ... Ich bin die Schuld. Mein ganzes Leben ist von der Schuld durchwebt, ohne dass ich daran etwas ändern könnte. So ist es. Ich kann nichts dafür. (Daran bin ich nicht schuld.) Ich kann es nur wahrnehmen und es annehmen ... Und mir über die Dinge klar werden, erleichtert mich.

Soweit ich mich erinnern kann, haben mir weder meine Mutter noch ihre Eltern gestanden, unter Schuldgefühlen zu leiden. Doch von ihrem Leid über ihre verlorene Heimat, ihre Armut und ihrem Hungern hörte ich fast täglich. Alles nahm ich in mich auf. Ihr Schmerz und ihr Heimweh wurden zu meinem. Seit meiner Kindheit empfand ich deshalb den dringlichen Wunsch, diese "verlorene Heimat" zu besuchen. Als könnte ich ihnen dadurch etwas zurückgeben oder zurückholen.

Ich erinnere mich gut an das Ausmaß und die Macht meines kindlichen Mitgefühls. Sie sind unvorstellbar. – Und jetzt denke ich an das Mitfühlen der Kinder, deren Großeltern nicht nur ihre Heimat sondern auch alle geliebten Personen verloren haben. – "Verloren" – Nein entrissen, gequält und ermordet wurden sie. – Wie kann ich mich noch tiefer in all dies Unvorstellbare versenken, ohne zu ertrinken?

Der Versuch, mich dem Empfinden unserer Opfer zu nähern, relativiert völlig meine eigenen Gefühle. So hat sich auch mein Drang, Kaliningrad, das ehemalige Königsberg, zu besuchen, ganz von selbst verflüchtigt.

Natürlich bin ich entsetzlich enttäuscht, dass so gebildete Menschen wie meine Großeltern so wenig Abstand von sich selber hatten, so wenig Schuldbewusstsein, so wenig Selbstkritik und so wenig Scham. Was gaben sie mir mit als Kind? "Die einzigen Opfer des Krieges sind wir Deutsche." Auch in der Schule lernte ich praktisch nur das. Ja, wir hörten von einer gewissen Brutalität bei einigen SS-Männern, wir lasen das Tagebuch der Anne Frank[105] und irgendwann wurden uns Ausschnitte aus einem Dokumentarfilm gezeigt, in dem ein Leichenberg von einem Bulldozer in ein großes Loch befördert wurde. Aber damit hatte es sich. Die Behörde hatte ihre Pflicht getan, und die Vorschriften der Besatzungsmacht waren erfüllt. Die Lehrer nahmen sich dennoch bedenkenlos die Freiheit, einiges als erlogen und vieles als übertrieben zu erklären, insbesondere was die Zahl der vernichteten Juden anbetraf. (Das Wort "Holocaust" gab es damals noch nicht.) Auch wurde bezweifelt, dass in dem Leichenberg KZ-Opfer lagen. Es handle sich um deutsche Bombengeschädigte.

[105] Anne Frank, 1957.

Die Lehrer hatten leichtes Spiel, denn jüdische Kollegen, die uns hätten aufklären können, gab es nicht mehr und deutlich antifaschistisch geprägte Lehrer gab es auch selten.

Deutsches Leid. Darum ging es. Zerbombte deutsche Städte, weinende deutsche Kinder, deutsche Familien auf der Flucht, deutsche Leichen in Dresden ... mit solchen Bildern wurden wir überfüttert. - Mir schaudert heute, wenn ich an unsere damalige Beschränktheit denke. Ich schäme mich. Ich schäme mich besonders für die Meinen. Nicht wegen ihrer Klagen an sich, sondern weil jene niemals von einer Anerkennung des Leids unserer Opfer begleitet waren. Sie waren die Opfer. Die anderen konnten nur die Schuldigen sein.

In meiner Heimatstadt wurde erst im Jahr 2000 ein kleines Mahnmal an dem Ort der ehemaligen Synagoge[106] errichtet. Nach ihrer Zerstörung 1938 wurde sie abgetragen. Zu meiner Zeit sah man ein leeres, verwildertes Grundstück. Niemals hätte ich mir vorstellen können, dass dort einmal ein Gotteshaus gestanden hat. Keiner sagte etwas. Alle "wussten von Nichts". "Wir wussten von Nichts!", war die Standardantwort, sobald es brenzlig wurde und von Massenmorden die Rede war. Als letzte Ausflucht hieß es: "Die anderen haben noch viel Schlimmeres getan!" Damit behielten wir Deutschen den Platz der Besseren.

Und von den Entlassungen der jüdischen Beamten, von den Nürnberger Gesetzen, von dem Novemberpogrom, von den willkürlichen Verhaftungen, von der Ausgrenzung aus dem Gemeinschaftsleben durch ständige neue Verbote, von dem Zwang, den "Gelben Stern" zu tragen, von den "Arisierungen", von den "Abtransporten", von der Ghettoisierung der in "Mischehe" lebenden "privilegierten" Juden[107] ... von all dem, was öffentlich, unter den Augen aller Deutschen geschah, hat anscheinend keiner was gesehen und keiner was gehört? Bis auf wenige Ausnahmen haben alle weggeschaut und geschehen lassen. - "Was hätten wir tun können, wir lebten ja in einer Diktatur!", hörte ich.

Wieder einmal offenbart sich, wie sehr Passivität und psychische Unreife auch in der deutschen "Bildungsschicht" verbreitet waren. Die unselbstständige Grundhaltung zu sich selbst und zur Mitwelt scheint mir eine der vielfältigen Auswirkungen unserer fragwürdigen "Selbstlosigkeit"[108] zu sein. Genauso wie die Unmöglichkeit demokratischen Denkens und die Beeinflussbarkeit. Auch der Zwang, sich an Pflichten zu klammern, hängt sicherlich mit unserer Selbst-

[106] Hans Joachim Lang, 2001 u. 2007.

[107] Victor Klemperer, 1995 und Michael Wieck, 1990.

[108] Siehe oben, S. 30, 59, 87 und unten, S. 156, 159.

schwäche zusammen. – In meiner kindlichen Vorstellung erschien mir "Die Pflicht" wie eine allmächtige Königin, eine Würdeträgerin die, gleich Gott, niemals in Frage gestellt werden darf. Die meisten unter uns vertrauten eher einer Respektsperson als der eigenen Erfahrung. (Die Erziehung war ja seit Generationen darauf angelegt.) Wenn also eine Autorität den Massen erklärte, dass Juden und Kommunisten schädliche "Elemente" sind und die Behinderten unnütze Esser, wurde das geglaubt. Selbst Personen, die einem bereits bekannt waren, sah man plötzlich mit anderen Augen an. Sie wurden über Nacht zu Fremden oder gar zu Feinden. – "Böse Feinde" sind gefragt bei den Selbstschwachen, um sich mit Sicherheit zu "den Guten" zählen zu können. Der Selbstschwache kann nur im Vergleich von sich selbst sprechen, im Sinne: "ICH BIN BESSER ALS DER ANDERE! DIE GUTEN DEUTSCHEN SIND WIR; DIE JUDEN, DIE AUSLÄNDER GEHÖREN NICHT ZU UNS; SIE HABEN NOCH NIE ZU UNS GEHÖRT. ES WIRD ZEIT, DASS WIR UNS VON IHNEN SÄUBERN!" Und wenn die Mehrheit eine solche Ansicht übernommen hat, ist es kein Wunder mehr, dass man alles geschehen ließ. – Was in unserer "guten" deutschen Seele steckte, und was unser hochgepriesener Anstand verbergen konnte, das haben wir der ganzen Welt zur Schau gestellt.

"Wir sind jetzt anders!" sagen wir heute. Aber wie schnell ändert sich der Mensch? Können wir uns ändern, ohne uns "von Grund auf" zu kennen? Kann bereits die Entscheidung, sich zu ändern, uns alles Verdrängtes wie ein Wunder offenbaren? Ist die Entscheidung nicht nur die Grundbedingung für eine Änderung? Und wie beständig wird eine Änderung sein, wenn sie von uns verlangt, immer genau das Gegenteil davon zu denken und zu tun, was uns gewohnt war? Kann sie überhaupt "ein für alle Mal" errungen sein oder verlangt sie eine tägliche Arbeit?

Auch äußern wir heute (wieder):[109] *"WIR SIND DIE BESTEN, WIRTSCHAFTLICH, TECHNISCH UND VOR ALLEM, WAS DEN SCHUTZ DER UMWELT ANBETRIFFT. SICH UM DAS WOHL DER WELT ZU KÜMMERN, GEHÖRTE SCHON IMMER ZU UNSEREN BESONDEREN FÄHIGKEITEN. WARUM SOLL DIE MENSCHHEIT NICHT WISSEN, WIE BEGABT UND VORBILDLICH WIR SIND? BEMÜHEN WIR UNS NICHT STÄNDIG?"*

Marseille, den 16. Oktober 2001
und Thessaloniki, den 24. März 2015

Mir ist etwas Unerwartetes klar geworden: Wenige Jahre, nach dem Deutschland die schlimmsten Verbrechen der Menschheitsgeschichte begangen hatte,

[109] Siehe unten, S. 137.

eine kurze Zeit des Leidens und Hungerns überwunden, ging es ihm wirtschaftlich besser denn je. – Wie sehr hat Vladimir Jankelevitch[110] Recht, wenn er sagt, dass die Deutschen nach der Schoah gut essen, guter Dinge sind und ihre Währung blüht … Das erscheint unvorstellbar für ein Volk, das in Anbetracht seiner Schuld erschüttert und zerknirscht sein sollte.

Wie machen wir das, als so gut erzogene Kinder? Sind wir nicht wirklich irre? Woher kommt diese unglaubliche Begabung zur Verdrängung und Verneinung? Sich-nicht-selbst-sehen-wollen, das Versteckspiel scheint unsere große Kunst zu sein. Ich glaube, nur wenige unter uns wissen, was in ihnen schläft. Das beste Beispiel bin ich selbst. Warum habe ich so spät damit begonnen, mir über meine eigene Selbstschwäche Gedanken zu machen; und über die des Volkes, dem ich angehöre? Weil es mir schien, es genüge, den Holocaust und die anderen NS-Verbrechen, wie jeder durchschnittliche Deutsche, zur Kenntnis zu nehmen und sie ehrlich zu bedauern.

Trotz meiner Schuld- und Schamgefühle, trotz meiner Auswanderung, trotz meiner Heirat in eine jüdische Familie war auch ich der Neigung gefolgt, mein Bewusstsein vor dieser unerträglichen Tatsache zu verschließen. Auch ich vermied, wirklich zu ermessen, wie viel unbeschreibliches Leid unsere Krankheit verursacht hat.

Erstens musste etwas in unserer deutschen Kultur schon lange krank gewesen sein, um sich nicht gegen einen schwer neurotischen Ver-*führer wie Adolf Hitler wehren zu können oder wehren zu wollen. Danach haben unser Größen- und Reinheitswahn, unsere Beeinflussbarkeit, unsere Fremdenangst und unsere Hass- und Kampfbereitschaft gezeigt, was uns fehlte und wie krank wir unter gewissen Umständen werden können. Ich glaube, diese damaligen Krankheitszeichen enthüllten die verdrängten und folgenschweren Mängel, welche die Mehrzahl von uns in sich trugen. – Und wie viele von uns tragen sie immer noch in sich und geben sie an ihre Kinder weiter? Was nach meiner Erfahrung vielen von uns fehlte – und vielleicht immer noch fehlt, war Licht und Wärme. Oder anders gesagt, eine selbst-sichernde und unzweideutige Zuneigung in den Anfängen unseres Lebens. Ein selbstsicherer und geliebter Mensch braucht keinen kollektiven Rausch und Größenwahn, um sich gut zu fühlen. Ein Mensch, der seiner ersten Mitwelt vertrauen konnte, hat keine Angst von dem Fremden; er braucht keinen "Führer", und er braucht sich nicht beeinflussen zu lassen, um zu wissen, was er tun soll …*

Und schließlich, nachdem unsere Krankheit die größte Katastrophe der Menschheit verursacht hatte, haben vielleicht Einzelne versucht, aus dem Ge-

[110] Vladimir Jankelevitch, 1986.

schehenen etwas über sich selbst zu lernen. Die Mehrheit aber nicht. Wer hat sich nach dem "Untergang" gefragt: "Was habe ich getan? Woran habe ich mich beteiligt? Was habe ich geschehen lassen?" Auch ohne die Fragen ausgesprochen zu haben, hatten wir unsere "Antworten" sofort griffbereit. Fünf sind mir in Erinnerung:
das "Nicht-wahr-haben-wollen",
das "Ungeschehen-machen-wollen",
das "Minimalisieren-wollen",
das "Wieder-gut-machen-wollen" und
das "Nicht-mehr-darüber-reden-wollen".

*So verrückt diese Antworten klingen, verwundern tun sie nicht. Sind sie nicht von denselben kranken Geistern "erdacht", die die Katastrophe verursacht haben? Nur uns Deutschen waren sie nützlich. Sie erlaubten uns das Sich-weiter-*täuschen *und das Weiter*-leben.[111]

Es ist geschehen, was geschehen ist. Es ist aus mit unserer Macht. Keines unserer Opfer können wir wieder lebendig oder gesund machen. Das Einzige, was wir versuchen können ist, nicht noch neues Leid hinzuzufügen. Aber selbst das haben wir nicht getan: Allein die allgemeine Neigung zur Verneinung und Verkleinerung, die lächerlichen Bestrafungen der (nach 1949) vor Gericht gestellten Naziverbrecher, die Wiedereingliederung in machtvolle Positionen von überzeugten Nazis[112] *und insbesondere die misstrauische, kleinliche und oft extrem verletzende ärztliche Begutachtung von Überlebenden, die eine "Entschädigung" beantragt hatten. Letztere wurde von unseren Opfern als ein zweiter Holocaust erlebt.*[113]

Für mich gab und gibt es nur die folgenden "Antworten": Keine Antwort und keinen Frieden haben. Unsere eigenartige Anfälligkeit erkennen und vor sich selbst auf der Hut sein. Ein ungutes Gefühl haben, "made in Germany" zu sein. Sich im Ausland seiner Muttersprache nicht mehr sorglos bedienen können. Die Unheimlichkeit seiner Heimat spüren und sich in Deutschland nie wieder wirklich zuhause fühlen können. Nie restlos zur Ruhe zu kommen, auch wenn wir eine neue Bleibe gefunden haben. Das sind im Grunde keine Antworten, sondern (in meinem Leben) unvermeidliche Konsequenzen.

---

[111] "Weiter leben" ist auch der Titel eines der 1931 in Wien geborenen, nach Theresienstadt und Auschwitz-Birkenau verschleppten Germanistin Ruth Klüger. Sie beleuchtet hierin die Perspektive der Überlebenden. (*Weiter leben. Eine Jugend,* Wallstein Verlag, Göttingen 1992.)

[112] Siehe auch Norbert Frei, 2010.

[113] Siehe auch Hans Martin Lohmann, 1984.

Was mit mir persönlich geschah, verstehe ich jetzt erst besser. Als ich Deutschland verließ und in Frankreich Fuß fasste, folgte ich einem unwiderstehlichen Drang. Ich wusste nicht, dass die Frau, in die ich mich verliebte, Jüdin war und unsere Tochter, mein einziges Kind, demnach auch Jüdin ist. Dagegen war ich mir aber meiner Erleichterung bewusst, wenn niemand meinen Akzent als einen deutschen erkannte; und dass ich vermied, deutsch zu sprechen, besonders in der Öffentlichkeit. Lange gefiel es mir zu glauben, meine Auswanderung wäre ein Beweis meiner Freiheit und meines Mutes. Jetzt weiß ich, dass ich nicht anders konnte. Nicht nur dieses Tun, sondern mein Leben verkörpert etwas: Das Krank-Sein an der deutschen Krankheit. Ähnlich wie in der Familie eines "Verrückten", eines sogenannten Schizophrenen. Keiner in der Familie erkennt etwas von seinem eigenen Verrücktsein. Nur in dem "Verrückten" wird die gemeinsame Krankheit sichtbar. Der "Verrückte" ist die Krankheit. Sein Leben stellt sie dar, stellt sie bloß. Der "Familien-Körper" kann, darf nicht sehen, was geschieht, denn wenn er verstünde, könnte er seinen Schmerz und sein Schuldbewusstsein nicht überleben.

Mir fällt wieder einmal mein Freund Blalla W. Hallmann ein. Auch er veranschaulicht die Krankheit des deutschen "Volkskörpers". Er hat sein Kranksein an der deutschen Krankheit ohne Einschränkung verbildlicht. - Schluss mit der Schönmalerei, mit der "artigen" Kunst. Blalla wollte nicht gefallen. Er ließ die Masken fallen und nahm kein Blatt vor den Mund. Den "Gut-Gesinnten" wäre es recht, seine Arbeiten ein für alle Mal als "hässliche Schwarz-Malerei" eines "Schizophrenen" abzustempeln, der nicht ernst zu nehmen ist. - Übel, böse und schlecht ist immer der, der unsere verdrängte eigene Hässlichkeit ans Licht bringt. Für mich ist Hallmann der "unumgänglichste" deutsche Maler der Nachkriegszeit.[114]

Marseille, den 17 Oktober 2001

Heute vor 40 Jahren geschah in Paris das "Massaker des 17. Oktobers 1961". Etwa 150 bis 200 friedliche algerische Demonstranten wurden von der französischen Polizei (unter der Verantwortung von Maurice Papon) ermordet.[115] – Jetzt schäme ich mich auch für meine Wahlheimat. Es handelte sich um die "gewaltvollste staatliche Unterdrückung einer Straßendemonstration in der Gegenwartsgeschichte Westeuropas".[116] Sie wurde fast zwei Jahrzehnte lang willentlich verschwiegen.

---

[114] Titus Milech, 2007.

[115] Soren Seelow, 2011.

[116] Ebenda.

Was ist Wahnsinn? Vielleicht geschieht er uns, wenn uralte, nie vergangene Schmerzen ihre Verbannung verlassen und uns plötzlich völlig beherrschen? Wenn alles Unerträgliche, das in den letzten Seelenwinkeln unserer Vorfahren ruhte, uns überschwemmt und bestimmt? Wenn wir keinen Abstand mehr haben, um verstehen zu können, was uns widerfährt und was uns die Sprache verschlägt?

So ähnlich geht es mir fast jedes Mal am Beginn meiner psychoanalytischen Sitzungen, wenn ich ausgestreckt und hilflos auf dem Rücken liege. Mein Geist ist überfüllt. Es strömt aus allen Hähnen, aber kein Wort kommt heraus. Nie mitgeteilte Empfindungen und Erlebnisse aus unergründbaren Zeiten sprudeln herauf und vermengen sich. Nichts fasse ich, nichts lässt sich herausfischen. Aber alles ist da, als ob ein unergründlicher Ozean in mir Raum genommen hätte. Ich fühle mich wie ein ans Land geworfener Fisch mit offenem Mund. Anstatt fröhlich in der See zu schwimmen, schwimmt die See in mir. – Vielleicht "schnappen wir ein" oder "über", wenn es "zu viel" geworden ist? Beides will ich vermeiden. Außerdem sitzt da endlich Einer (ganz nah hinter mir), der mir zu hört, also versuche ich, ihm alles mitzuteilen. Aber oftmals finde ich nicht das passende Wort, obwohl mir drei Sprachen zur Verfügung stehen.

Marseille, den 20. Oktober 2001
und den 28. März 2015

Der Tod ist ein Meister aus Deutschland, warum? – Weil wir Deutschen Meister im Töten sind? Ich lese gerade ein Buch mit diesem Titel, der aus einem Gedicht von Paul Celan stammt.[117] Es wirft mich um.

Ich denke an den Freitod dieses deutschen Dichters, wenige Tage nach seiner zweiten Begegnung mit dem deutschen Philosophen Martin Heidegger...[118] *Offensichtlich hegte der Dichter tief in seinem "HERZEN"*[119] *die "HOFFNUNG", dass vom schuldigen und schweigenden Philosophen "EIN WORT KOMMEN" würde, ein Bekenntnis, eine Reue; vielleicht sogar etwas Herz ... Und was war des Denkers "ANTWORT"? Gleichgültigkeit, Ausweichen, Umgehen. Freundlichkeit selbstverständlich, aber aus kalter Ferne. – Was von einem Denker denken, der glaubt, das Denken zu meistern, dem aber die eigene Unmenschlichkeit undenkbar bleibt?*

---

[117] Lea Rosh, 1990. Der Buchtitel gibt einen Satz aus dem Gedicht *Todesfuge* von Paul Celan wieder. Am 19.01.2000 hat das TV-Programm *Arte* einen Dokumentarfilm unter demselben Titel ausgestrahlt.

[118] Julia Urbanek, 2006.

[119] Die Worte in Anführungsstrichen sind dem Gedicht Paul Celans *Todtnauburg* entnommen, siehe Thomas Meyer, 2009.

Marseille, den 21. Oktober 2001
und Marseille, den 30. März 2015

Es wird Zeit, dass ich von einer beschämenden Geschichte erzähle, die nicht nur von mir, sondern auch von unserem "deutschen Wahnsinn" erzählt. Sie begab sich in der Republik von Mali. Dort besuchte ich im Januar 1983 meinen Freund und spirituellen Vater, J.-Pierre Coudray,[120] dessen Praxis in Marseille ich zwei Jahre zuvor übernommen hatte. Während meines Aufenthalts haben wir einen Freund Jean-Pierres aufgesucht. Dieser Mann, Chefmechaniker in einer kooperativen Baumwollfarm auf dem Land, erinnerte mich an den typisch überheblichen, rauen und abstoßenden Kolonialherren. Ich war verwundert, dass Jean-Pierre einen solchen Freund haben konnte. Er nahm uns mit auf die Jagd. In seinem Jeep brausten wir durch den Busch. Er wollte ein Wildschwein oder zumindest einen Truthahn oder ein paar Hasen nach Hause bringen. Auch mir drückte er ein Gewehr in die Hand. Und ich, der "geschworene Friedensfreund", der niemals, weder Mensch noch Tier etwas anzutun gedachte, gehorchte diesem "garstigen Rohling". Unterwegs zeigte er mir einen kleinen Hasen, der friedlich am Wegrand saß. Er schrie mich an: "Knall ihn ab! Worauf wartest du!" Und ich habe abgedrückt. Zum Glück habe ich das Häschen nicht getroffen, aber geschossen habe ich. – Ist das nicht ein Paradebeispiel meiner krankhaften Gehorsamkeit? Sobald sich jemand neben mir als "Stärkerer" aufspielt, existiere ich selbst nicht mehr. Ich lasse mir den Willen des Anderen aufdrängen. Ich bin plötzlich fähig, einen hilflosen Hasen, der mir wirklich nichts getan hat, zu ermorden! – Versinnbildlicht der Hase mein unsicheres Selbst? Tue ich ihm an, was ich mir antue?

Oder habe ich vielleicht nicht dem "starken Mann" gehorcht, sondern meinem verdrängten Bedürfnis, endlich einmal jemanden "umlegen" zu können, endlich einmal meine Macht zu zeigen, endlich einmal Rache zu nehmen? Dass endlich einmal jemand bezahlt, besser, dass viele, sehr viele … bezahlen für all das, was mir angetan wurde!

Mit Schrecken erkenne ich, wie mächtig diese Rachegelüste in mir sind. Mir bewusst zu werden, dass solche Mörderphantasien in mir schlummern, gefällt mir gar nicht, denn sie passen nicht zu dem Bild, das ich von mir selber habe und das ich von mir geben möchte. Zugleich sehe ich ein, dass ich mich diesen fürchterlichen Gelüsten stellen muss, dass ich verstehen muss, wie sie in mir entstanden sind. Es gibt keinen anderen Weg, um meine inneren "Bomben" zu entschärfen. Wie zerstörerisch solche Bomben sein können, haben wir bereits gezeigt. Außerdem wird mir klar, wie "natürlich" und "heilsam" es ist, lieber

[120] Jean-Pierre Coudray, 2008.

einen Anderen als sich selbst zu beschuldigen, einen Anderen, auf den ich den versteckten eigenen "garstigen Rohling" zurückwerfen kann. – Vielleicht würde sich mein "abstoßender Kolonialherr" im Ernstfall weitaus menschlicher verhalten als ich, der "Pazifist"?

Was hätte ich getan im besetzten Polen im Hochsommer 1942, wenn ich zu dem Reservebataillon der Hamburger Ordnungspolizei[121] *gehört hätte. Hätte ich zu den 10 Männern gehört, die aus dem Rang getreten sind, weil es ihnen vom Chef angeboten wurde? Oder hätte ich, wie die 490 Übrigen gehorsam (wenn auch vielleicht mit Ekel und Abscheu) an den Ermordungen der jüdischen Bevölkerung teilgenommen? Ich glaube, ich hätte nicht den Mut gehabt, aus der Reihe zu tanzen. Außerdem hätte ich womöglich auch meine geheimen Rachegelüste bei dieser Gelegenheit ausleben können ...*

In 16 Monaten haben diese einfachen Bürger, die erst kurz zuvor aus anderen Berufen zur Reservepolizei gekommen waren, immerhin 38.000 Menschen ermordet und mehr als 45.000 weitere in das Vernichtungslager Treblinka befördert.[122] *Keiner war wirklich dazu gezwungen worden. Einer hatte übrigens seine Versetzung erreicht.*[123] *Unvorstellbar! Aber Wirklichkeit.*

Haben wir hier nicht den Beweis, wohin uns "im Ernstfall" unsere deutsche Erziehung zum Gehorsam und zur Disziplin führen kann? Einst abgerichtet, richten wir ab. Einst übertrieben zur Ordnung gezwungen, räumen wir auf und machen sauber. Wenn man uns befiehlt, Europa von den Juden zu reinigen, machen wir Europa judenrein, ohne zu hadern. Wir, ganz gewöhnliche, ordinäre, gemeine Bürger.

– Es ist sehr interessant wie sich in der deutschen Sprache der Sinn von "ordinär" und "gemein" gewandelt hat. Als ob wir schon lange wüssten, wohin das "Gewöhnliche", das "Angewöhnte" führen kann?

Hat die typisch deutsche "Bildungskultur", indem sie den Einzelnen zu einem Menschen ohne Selbstvertrauen heranzog, nicht potenzielle Mörder hervorgebracht?

In unserer Kultur, unsere Sprache sagt es, wird ein Säugling von der Mutter nicht ernährt ("be-milcht", *"allaité"* wie es auf Französisch heißt), sondern *"gestillt"*. Das "stille-machen", die Ruhe ist vorrangig. Auch später soll das Kind nur dann den Mund aufmachen, wenn es gefragt wird. Das gute Kind macht nicht nur keinen Lärm, sondern sagt keinen Mucks. Das gute Kind sitzt

[121] Susanne Frömmel, 2010.

[122] Ebenda.

[123] Christopher Browning, 1992.

still. Das gute Kind ist das "tote" Kind. – Wer dachte daran, dass solche braven, "toten" Kinder eines Tages Kinder töten werden?

Bei uns schneidet man den Jungen zwar nicht ihre Vorhaut ab, aber man beschneidet alle Kinder ihre Fähigkeit, ein Selbst zu entwickeln, ein Selbst, dessen eigene Bedürfnisse und Wünsche angehört und respektiert werden, wenn auch nicht immer erfüllt (aus Gründen, die der Erwachsene dem Kind erklärt). Ein Selbst, das selbstständig Denken lernt und nicht fürchtet, seine eigene Meinung zu verteidigen. Ein Mensch, der sich gegen kollektive Zwänge wehren kann, der keine "vollkommene" oder, besser gesagt, totalitäre Gesellschaft mehr braucht, um sich aufrecht zu halten. – Ich lese gerade, dass auf Jiddisch "a Mensch" ein "besonders menschlicher Mensch" bedeutet. Der alte Sinn des Wortes blieb erhalten.

Gestern fand die zweite Runde der Departement-Wahlen in Frankreich statt. Obwohl an vielen Orten die extreme Rechte, der "Front National" zur Auswahl stand, hat diese Partei letztlich in keinem einzigen Departement gewonnen. Eine große Erleichterung, aber für wie lange noch? – Wenn wir Deutschen uns nur an das Sprichwort, principiis obsta (wehre den Anfängen) gehalten hätten!

Marseille, den 27. Oktober 2001

Ich habe heute Nacht im Internet etwa 40 Personen ausgemacht, die genau denselben Familiennamen tragen wie ich, "Milech". Ich fand sie in Archiven jüdischer Gemeinden in Polen aus dem 19. Jahrhundert.[124] Die meisten "Milech" lebten in Lublin und Umgebung.

Marseille, den 28. Oktober 2001

Ich habe das Gefühl, dass ich gegenwärtig nichts tauge und zu nichts fähig bin. Kein Wunder, denn mir ist dauernd Angst. Ich fühle mich bedroht, wie am Anfang als kleines Kind. Dauernd denke ich an die Zeugnisse unserer Opfer. Am liebsten würde ich mich in meinem Bett vergraben.

Auch als Vater habe ich das Gefühl, völlig zu versagen. – In diesem Frühjahr hat mir meine Tochter unverblümt gesagt, was sie auf dem Herzen hatte. Sie sagte mir genau das, was ich mich nie getraut habe, meinem eigenen Vater vorzuwerfen. Ohne es zu wissen, hat sie mir den Mut gegeben, mich endlich an meinen Vater zu wenden. Ich schrieb ihm alles, was mich seit Jahrzehnten störte und quälte, ohne ihn zu schonen. Sterbe er daran. Ich konnte nicht anders. Meine Erleichterung war beispiellos.[125]

---

[124] www.jewishgen.org [zuletzt: 15.02.2017]

[125] Diesen Brief und die folgende Korrespondenz habe ich 10 Jahre später veröffentlicht (Titus Milech, 2011).

Marseille, den 3. November 2001

Heute ist der dritte November 2001, zwölf Uhr mittags. Ich sitze in der lauen Sonne an meinem Strand, *Le Prophète,* habe ein schönes und glückliches Leben, wie kaum einer und weine, weine wegen all den teuflischen Untaten unseres "guten" Volkes. Ich lese und lese die Zeugnisse derjenigen, die sie überstanden haben. – Und all die Millionen anderer, die zur Strecke gebracht wurden ...?

Marseille, den 11. November 2001
und Thessaloniki, den 14. Mai 2004

Schon lange beschäftigt mich das Thema "der Bruch" und "das Zerbrechen" ... Der Bruch, der ans Licht bringt ... Der Bruch in mir, der Bruch mit meinen Ursprüngen ... Obwohl ich glaube, meine Brüche absichtlich herbeigeführt zu haben, schmerzen sie immer noch. Habe ich zerbrochen, weil ich sehen wollte, wie das Zerbrochene von innen aussieht? Oder war das Zerbrochene innen so schwach, dass es von alleine zerbrach? Habe ich mir eingeredet, selbst der "Zerbrecher" gewesen zu sein, um mich stärker zu fühlen als ich bin?

Ich vermute, in meiner Familie innerhalb einer Bruchstelle aufgewachsen zu sein. Deshalb fühlte und sah ich immer erst ihr Inneres, ihren Kummer. Jetzt, aus dem Abstand, versuche ich, ihr Innenleben auszuleuchten; besonders im Hinblick auf unsere deutschen Verbrechen. Inwieweit hat meine Familie dazu beigetragen, dass geschehen konnte, was niemals hätte geschehen sollen? Ich versuche eine Antwort zu finden und stütze mich dabei auf Briefe und Tagebuchnotizen, die ich im Laufe der Zeit gesammelt habe.

Plötzlich denke ich daran, was mir ein Außenstehender, ein Ausländer, ein Nachkomme eines unserer Opfer vorhalten könnte: "Schön, dass Du zu verstehen versuchst, was Euch zu einem solch verbrecherischen Verhalten geführt hat, aber ich habe die Nase voll und nicht die geringste Lust, mich jetzt auch noch mit Eurer weinerlichen Reue und Euren krankhaften Seelenzuständen zu beschäftigen. Schreib Deine Bücher für Dich und Dein (dummes) Volk, aber lass uns in Ruhe! – Warum nur hat Napoleon I. die Landkarte Deutschlands vereinfacht? Das deutsche Volk hätte weiterhin in tausend kleine Staaten zersplittert bleiben sollen. Denn der deutsche Drang nach einer vereinten Nation, wie teuer haben wir das bezahlt!“

Ein anderer Bruch beschäftigt mich. Der Bruch zwischen Erhabenem und Abgründigem in der deutschen Kultur. Das Deutschtum pflegt das Erhabene und verabscheut das Abgründige (weil es selbst abgründig ist). Das Deutschtum "hat sich" (ist hysterisch) und wähnt sich "erhaben" und besser als der Rest der Welt. Es dreht sich nur um die eigene Achse. Der Andere existiert nur als "Feind" oder als "Geliebte(r)". Aber der "geliebte" Andere ist noch ferner als der "Feind". Er ist und bleibt unerreichbar. Er existiert nur im Wunsch und in der Sehnsucht. Man meditiert ihn hinter einem fernen Horizont, wie es manche Personen auf den Bildern von Caspar-David Friedrich zu tun scheinen, die dem Betrachter den Rücken zudrehen. Das Erreichbare kann nicht wünschenswert sein, weil es zu dünnblütig und alltäglich ist. Der Andere als Wirklicher kann nur enttäuschen. Als Wirklicher ist er ein unbekannter Fremder und macht Angst (die Angst vor dem "Dunkeln", dem "Schwarzen" z.B.). Er wird abgestempelt als "Einer, der nicht zu uns gehört", ein "Unheimlicher", ein "Ausländer", ein "Abgründiger", eine "Gefahr".

Das Eigene ist zum "Erhabenen", zum "Reinen" erhoben, der unheimliche Fremde aber ist unrein. "Er gehört nicht herein. Er gehört heraus! Also muss er verschwinden!"

Und, auf einmal, verwandelt sich die grausame Ohnmacht des "Erhabenen" in eine grausame Macht und sein eigenes Abgründiges kommt an den Tag: "ZUERST KÜMMERN WIR UNS UM UNSERE (POLITISCHEN) GEGNER, DANN UM ALL DIE, DIE NICHT ANSEHNLICH SIND, DIE BEHINDERTEN UND DIE VERRÜCKTEN, DIE UNHEILBAR KRANKEN, DIE SCHWULEN, DIE WEICHLINGE UND DIE ARBEITSSCHEUEN, DANN KOMMT DAS UNGEZIEFER HERAN: DIE ZIGEUNER UND DIE JUDEN, DANACH ALLE UNTERMENSCHEN, DIE SLAVEN NATÜRLICH, ABER AUCH DER LEVANTINISCHE UNTERMENSCH UND, ALSBALD, ALLE ANDEREN SÜDLÄNDER, DIE TAUGEN SOWIESO NICHT VIEL."

"Erhaben", weil die eigene Seele unsichtbar und unerreichbar bleibt. Abgründig, weil die unerreichbare Seele des Anderen "unsichtbar" gemacht werden muss.

Nizza, den 11. November 2001
(Kongress zum Thema Der Teufel)
und Thessaloniki, den 5. April 2015

Was erwarte ich von mir in meinem Leben? – "Gut" zu sein? "Bewusst" zu sein? Die Anderen wirklich zu "sehen", sie "sein zu lassen", sie achten, auch wenn sie von mir sehr "verschieden" sind. – Warum bedeutet "verschieden" zugleich "unterschiedlich" und "verstorben", "abgeschieden"? Als ob das Unterschiedliche nicht mehr lebensfähig wäre oder schon tot? Erklärt uns das unsere Sprache? – Und "abgeschieden" für tot, spricht das nicht vom Scheiden, von der Trennung? Ist Trennung der Tod für den, der noch nicht alleine leben kann? – Als kleines Kind dachte ich, lieber sterben zu wollen, als mich von meiner Mutter zu trennen. Das ist jetzt vorbei. Aber ich denke plötzlich, dass Sterben Trennung von allem und für immer bedeutet. Davor graust es mir ... – Müssen wir erst fähig werden, uns von allem zu trennen, um die Angst vor dem Tod zu verlieren? Gehört es zu unseren Verantwortungen, unser Leben bewusst abschließen zu können? – "*Ab*-schließen"? (Das ist wieder einmal ein zweideutiges Wort.) Meinen wir, unser Leben als etwas "in sich Abgeschlossenes" friedlich zu verlassen, oder es wie einen Schrank abzuschließen und (als verschlossenes Geheimnis) den Hinterbliebenen überlassen? Zu derer "freundlichen" weiteren Bearbeitung? Zur Sicherung unseres Weiterlebens in deren Künsten oder Krankheiten?

Heute ist mir wieder einmal etwas Unangenehmes klar geworden: als Selbstloser erzogen, habe ich mich zu einem Selbst-süchtigen entwickelt. Das ist auch nicht viel besser. Können wir je aus unserer Kinderstube heraustreten? Es ist wie verhext: Entweder machen wir dasselbe oder das Gegenteil ... Warum ist es so schwierig, sich "von Grund auf" zu verändern? Ich habe mein Leben lang versucht es zu tun, aber der Erfolg bleibt anscheinend aus. Woran liegt das? Das Einzige, das ich mir anrechnen kann ist, dass ich "ein-sehe". Es versuche.

Paris, den 9. Dezember 2001
(Kongress zum Thema: Mutter Erde Sprache)
und Thessaloniki, den 15. Mai 2004

Während dieses Kongresses hatte ich einige interessante Begegnungen. Zuerst Frau Almati-Mehler, eine jüdische Deutsche. Bis zu ihrem achten Lebensjahr hat sie in Norddeutschland gelebt. Ihre Familie konnte rechtzeitig nach Südamerika auswandern. Auch nach der Emigration sprachen alle Deutsch zu Hause oder Jiddisch. Aber anderswo habe sie "das Deutsche" nicht mehr hören und nicht mehr sehen können. Erst ungefähr 30 Jahre später durch ihre beruflichen Kontakte, die sie "persönlich und versöhnlich" nannte, habe sich ihre Furcht und ihre Ablehnung allem Deutschen gegenüber geschlichtet. Ich gestand ihr mein Krank-Sein am Deutschen. Sie tröstete mich: "Versuchen Sie, sich deutsche Freunde zu machen ..."

Wie viele deutsche Freunde habe ich mir gemacht, seitdem ich Deutschland verlassen habe?

Schon sieben Jahre vorher, während meines Studienjahrs in Lyon (1970–1971) habe ich eineinhalb Deutsche kennengelernt. Der Erste war Eduard, ein Nachbar im Studentenwohnheim. Als wir uns kennenlernten und entdeckten, dass wir beide Deutsche sind, waren wir zunächst erschrocken. Jeder von uns hatte sich geschworen, jeden Kontakt mit Deutschen zu vermeiden, weil wir hier waren, um Französisch zu lernen. Wir waren uns einig und versprachen uns, ausschließlich Französisch miteinander zu sprechen. Es gelang uns und wir blieben beste Freunde. Natürlich hatte keiner von uns seine Abneigung gegenüber dem Deutschen wirklich hinterfragt.

Manuel, der zweite Freund kam aus Chambery, seine Mutter war Französin, sein Vater deutscher Jude. Ein Wochenende hat er mich bei sich zu Hause eingeladen. Ich wurde sehr liebevoll aufgenommen. Niemand sprach darüber, wann und warum der Vater oder seine Eltern Deutschland verlassen hatten. Ich selbst hatte mir nicht einmal die Frage gestellt.

Beide Freunde studierten wie ich Medizin, waren aber zugleich Künstler. Eduard Photograph, Manuel Poet. Ich zeichnete und malte damals. Unsere Steckenpferde nahmen wir ernster als unser Studium. Manuel hatte einen Freund in der Provence. Wir besuchten ihn Mitte November und er zeigte mir bei dieser Gelegenheit Aix, Aubagne und Cassis. Wir hatten das kalte, verregnete Lyon im Dunkeln verlassen und wachten unter sommerlicher Sonne an der Côte d'Azur wieder auf. Wir badeten und machten Picknick am Strand ... Dieser köstliche Ausflug war für mich wie "un voyage initiatique" ins Land meiner Träume. Aber ich hätte nie daran gedacht, kaum zehn Jahre später in dieser herrlichen Ecke des Globus "für immer" zu leben.

Als ich 1978 in Marseille angekommen war, um meine Facharztausbildung fortzusetzen, traf ich (wie aus einer notwendigen Logik) einen anderen "Manuel", der aber Paul hieß. Er war in vieler Hinsicht Manuel so ähnlich, dass es eine Weile dauerte, bis ich ihn bei seinem eigenen Namen nennen konnte. Auch er ist ein gelungenes Ergebnis deutsch-französischer Freundschaft. Beide Eltern waren Professoren für Germanistik. Diesmal kam die Mutter aus Deutschland. Der Wahn unserer Heimat muss sie womöglich noch mehr krank gemacht haben als mich. Aber über unsere "Deutsche Krankheit"[126] haben wir nie gesprochen, obwohl uns nicht die Gelegenheit dazu fehlte. Nichtsdestotrotz war sie es, die mich auf Victor Klemperer und Michael Wieck aufmerksam gemacht hatte. Beide Autoren haben über ihr außergewöhnlich leidvolles Überleben im Nazideutschland als in "Mischehe" lebende "privilegierte" Juden berichtet.[127] Obwohl wir uns sehr nahe fühlten, konnte Paul mein Unwohlsein mit Deutschland nicht recht nachvollziehen. Vielleicht lag das daran, dass seine Mutter sich bereits ausgiebig mit dem Thema beschäftigt hatte.

---

[126] Johannes Willms, 2005 u. Sabine Bode, 2008.

[127] Victor Klemperer, 1995 u. Michael Wieck, 1990.

Auch Colette lernte ich in meinen Marseiller Anfängen kennen. Wir besuchten dasselbe Neuropsychologische Seminar. Ich erschrak, als sie mich eines Tages auf Deutsch ansprach. Sie spürte es und erst 25 Jahre später nahmen wir uns die Freiheit, in der Sprache miteinander zu reden, die uns gerade über die Lippen kam. Meistens war und ist es Französisch. Sie ist in Frankfurt am Main geboren und hat dort die ersten 20 Jahre ihres Lebens verbracht. Die Eltern ihres Vaters hatten Berlin schon 1932 verlassen, als sie sahen, woher der Wind wehte. Als Juden und Sozialisten war auch ihnen ihre Heimat unheimlich geworden. Colettes Großmutter mütterlicherseits kam aus Armenien, wo ihre gesamte Familie während des Völkermordes umgebracht worden war. Der Großvater mütterlicherseits war griechischer Jude. Colettes Eltern hatten sich in Marseille kennengelernt und hatten eine lange Odyssee hinter sich, bevor sie sich in Südfrankreich niederließen. Colette konnte mein Unbehagen sehr gut verstehen und machte mir das herrliche Geschenk, sich als meine erste Lektorin und Beraterin anzubieten.

Ein anderer deutscher Einwanderer, den ich in Marseille traf, war Jan. Er war Fabrikbesitzer und Psychoanalytiker. Ich hatte das Gefühl, er war ähnlich krank an seinen Wurzeln wie ich. Von ihm erfuhr ich zum ersten Mal, dass die "arischen" Analytiker ihre "nicht arischen" Kollegen willentlich aus der Deutschen Psychoanalytischen Gesellschaft ausgeschlossen hatten.[128] *Irgendetwas hinderte uns, klar und offen unsere Meinungen auszutauschen, als ob jeder befürchtete, den anderen dabei vielleicht zu verletzen.*

Auch Michael war ein Wahl-Marseiller, ein pensionierter Mathematikprofessor, der lange Jahre in den USA unterrichtet hatte. Wenn wir uns in unserer Stammkneipe trafen, war er immer sehr glücklich. Er hatte nicht wie ich diese Schwierigkeit, in der Öffentlichkeit deutsch zu sprechen, und er vermied sichtlich das Thema Naziverbrechen und deutsche Schuld.

Karl, ein bekannter und sehr erfolgreicher deutscher Maler, war wie Michael ein Kriegskind, eine halbe Generation älter als ich und stammte aus Königsberg. Er fühlte sich, wenn auch berühmt, in Deutschland und als Deutscher nicht wohl; mehr als die Hälfte des Jahres lebte er deshalb in seiner Wahlheimat Marseille. In unseren Gesprächen deutete er seine deutsche Malaise lediglich an, klug wurde ich nie aus ihm.

Anlässlich einer Tagung in Barcelona, im Juli 2002, zu dem Thema Psychoanalytiker im Exil lernte ich eine Österreicherin kennen, die mit ihrem jüdischen Ehemann in Paris lebt. Wir kamen ins Gespräch über die Schwierigkeit Deutscher oder Österreicher zu sein. Spontan berichtete sie mir von ihrer Un-

---

[128] Hans-Martin Lohmann, 1984. Siehe auch unten, S. 174–175.

möglichkeit, mit ihrer Tochter deutsch zu sprechen. Beim ersten Versuch hatte Letztere genauso reagiert wie die meine. Auch Colette hatte die gleichen Erfahrung gemacht.

Einer der Referenten dieses Kongresses war der in den USA geborene Sohn eines berühmten deutschen Jungianers. Er erzählte aus seiner Familiengeschichte, der schmerzhaften Emigration aus Deutschland, den großen Schwierigkeiten des Neuanfangs im Exil und den Erfahrungen, die er und seine Eltern gemacht hatten, als sie in den 1950er-Jahren ihre alte deutsche Heimatstadt besuchten. Bei verschiedenen Gelegenheiten hatte man sie als typisch amerikanische Touristen empfangen. Als die Eltern erwiderten, dass sie zu den alteingesessenen Bürgern des Ortes gehört hatten, sie aber als Juden verjagt worden waren, seien die Bedrängnis und die Verlegenheit bei den "Gastgebern" so absolut unerträglich gewesen, dass sie nie wieder "nach Hause" zurückkehren wollten. Sie wählten daraufhin für ihre Ferien einen nicht zu weit entfernten Ort in der Schweiz, um wenigstens die altvertraute Landschaft, das Klima und die Düfte der Kindheit wieder zu finden.

Marseille, den 22. Dezember 2001

Schlimmer noch als der Schmerz ist das Verbot ihn auszudrücken.

Nicht mitteilen zu können, was ich auf dem Herzen hatte war für mich wie eine Gefangenschaft. Weil ich nicht zu sagen wagte, was ich in mir trug, wurde mein ganzes Leben zu einer Aussage.[129]

Marseille, den 24. Dezember 2001

Zurzeit lese ich das Tagebuch meines Großvaters und schreibe Teile daraus ab.

Er spricht immer wieder sein Mitgefühl für das armselige Deutschland aus, dessen großer Führer Hitler sich letztendlich nicht als der Retter Deutschlands, sondern als seinen Totengräber entpuppt habe.

Noch in den letzten Wochen des Krieges bekennt mein Großvater, dass zwar nicht mehr seine Vernunft, aber sein Herz an ein siegreiches Ende glauben wolle. Er erhoffte sich noch immer eine wundersame "Wende" dank der hochgepriesenen "Vergeltungswaffen", den "V2"-Raketen.

Mitunter bedauert er das "ungebührliche" Benehmen einiger seiner militärischen Vorgesetzten, weil es dem guten Ansehen der deutschen Wehrmacht in den besetzten Ländern (Holland in seinem Falle) geschadet habe.

---

[129] Im Sinne eines Symptomes.

Die Opfer, insbesondere die verfolgten und verschleppten Juden, finden bei ihm keine Erwähnung. Sein Schweigen hierüber wirkt auf mich wie ein stillschweigendes Einverständnis mit der ns-Vernichtungspolitik.

Wenn bei ihm von den Feinden Deutschlands die Rede ist, nennt er zuerst die bolschewistischen Russen im Osten, an zweiter Stelle die neidischen Franzosen und Amerikaner im Westen. Am Schlimmsten aber erschienen ihm, auf beiden Seiten, die Juden.

– Ich denke an einen anderen Feind für Deutschland: der beleidigte und beschränkte Deutsche.

Marseille, den 1. Januar 2002

Beim Lesen des Tagebuches meines Großvaters finde ich eine Gegebenheit wieder, die unter anderem Christopher Browning[130] erwähnt: die Gemütsspaltung der Deutschen. Auch mein Großvater war ein verantwortungs- und liebevolles Familienoberhaupt, und zugleich konnte er wortlos hinnehmen, dass die jüdischen Deutschen und alle als "minderwertig" und "unerwünscht" abgestempelten Landsleute vertrieben, entrechtet, enteignet, verfolgt, gemartert, verschleppt und in letzter Konsequenz vernichtet wurden. Mein Großvater, wie Millionen seinesgleichen, war zwar selbst kein Henker, wurde aber (wenn auch "ungewollt") zu deren Knechten.

Die Traurigkeit, die aus seinen Aufzeichnungen spricht, geht keineswegs auf eine Einsicht über eine Mitschuld an den von Deutschen begangenen Verbrechen oder eine Reue zurück, sondern allein auf seine persönlichen Verluste.

Marseille, den 9. Januar 2002

Bei allem Entsetzen über die Blindheit meines Großvaters, stelle ich fest, dass er seine Tagebücher ebenso ernst und aufrichtig niederschreibt wie ich die Meinen.

Und wenn eines Tages meinem Enkel das Grausen bei der Lektüre meiner Aufzeichnungen kommt, wenn er liest, wie ich meinen Großvater beurteile und klug schwadroniere, aber gleichzeitig zulasse, dass neben mir Millionen Menschen verhungern, versklavt oder abgeschlachtet werden? Vielleicht wird er mir meine Ohnmacht zugutehalten, aber wird er mir verzeihen können, dass ich kein Wort darüber verliere?

---

[130] Christopher Browning, 1992.

Marseille, den 21. Januar 2002

Einmal hat mich beim Verabschieden eine junge Patientin von oben bis unten gemustert und dann erstaunt gesagt: "Ein so großer Mann auf so kleinen Füßen!"

EINSICHTEN UND AUSSICHTEN

Marseille, den 4. Februar 2002
und Thessaloniki, den 18. Mai 2004

Vladimir Jankelevitch beschreibt die Schoah nicht nur als ein Verbrechen gegen die Menschheit, sondern gegen das Wesen des Menschen.[131]

Musste den Menschen nicht bereits zuvor schon ihr Wesen abhanden gekommen sein, ihr Eigentliches, das was den Menschen als Mensch ausmacht, um diese Verbrechen begehen oder sich daran beteiligen zu können? – Wie konnte es zu einem solchen Mangel kommen? Ich denke an die andere Bedeutung von "Wesen", im Sinne von "Lebewesen". Vielleicht war uns bereits das, was wir mit allen anderen Lebewesen gemeinsam haben, das Lebendige, verloren gegangen, bevor wir unseren Sinn (und unsere Sinne) verloren? Vielleicht wurde uns das "Lebendig-Sein" von Beginn an untersagt, versagt? Vielleicht fing das mit dem "Stillen" des Säuglings an, ging mit dem "Stillsitzen" und dem "Gehorchen" weiter und steigerte sich im "Nicht-leben-lassen", im "Leben-Nehmen", in dem Mord- und Vernichtungsdrang?

Es liegt auf der Hand, dass die deutsche Erziehungskultur zum Versagen des Lebendigen und danach zum Verlust des Menschlichen geführt hat. Ich will mich nicht wiederholen, aber wir sehen aus einem anderen Blickwinkel, zu welch verbrecherischer Abartigkeit unsere Erziehung zum "Gutsein" führen konnte.

Wenn wir versuchen, unsere traditionellen deutschen Werte näher zu betrachten, verstehen wir besser, auf welch wackeligen Füßen unser Menschsein steht. Der Historiker Philippe Burrin[132] *beschreibt die zumindest bis ans Ende des Zweiten Weltkrieges geltenden typisch deutschen Werte. Es seien "lokale", "zweitrangige" Werte, nicht universelle wie in Frankreich nach der Revolution. Der vorrangige Wert sei das Deutschtum, eine geographisch-biologische Qualität, die allein durch das Blut weitergegeben werden kann – was bezeugt, wie sehr das deutsche Selbstgefühl von Grund auf rassistisch ausgerichtet ist. Die*

---

[131] Vladimir Jankelevitch, 1986.

[132] Philippe Burrin, 2005. Siehe auch unten S. 156.

übrigen spezifisch deutschen Werte sind, entsprechend der Nachforschungen Burrins, der Gehorsam, die Disziplin, die Obrigkeitshörigkeit, die Ordnung, die Gefühlskontrolle, die Pünktlichkeit, die Sauberkeit und die Leistung, vor allem auf den Gebieten der Technik, des Militärs und des Sports.

Marseille, den 6. Februar 2002
und Thessaloniki, den 11. April 2015

Was können die Generationen Deutscher nach der Schoah tun, was erleben sie? Mir scheint, es gibt im Großen und Ganzen drei Möglichkeiten:

Die Erste: Wir lassen uns keine Ruhe. Unsere Opfer und ihre Nachkommen beschäftigen dauernd unsere Gedanken. Wir leiden, auch wenn wir ein erfülltes Leben führen. Wir schämen uns, Deutsche zu sein und sind uns der Schuld unserer Vorfahren bewusst. Wir können als Deutsche keinen wirklichen Frieden finden, egal wohin wir ausgewandert sind und welche Nationalität wir angenommen haben. Wir fühlen uns vielleicht besonders verbunden mit den Orten, in denen wir aufwuchsen, aber mit einem "deutschen Vaterland" können wir nichts mehr anfangen. Wir lieben Menschen, keine Nationen. Wir versuchen, unsere "Deutsche Krankheit" und unsere besonderen seelischen Schwächen nie aus den Augen zu verlieren. Wir vergessen nie, wie sehr wir uns irren können und hören auf, die Welt belehren zu wollen.

Die Zweite: Wir bessern uns oberflächlich, fallen aber langsam in unsere alte Krankheit zurück. *Weil wir "ein für alle Mal" die Verbrechen unserer Vorfahren anerkannt, von dem Leid unserer Opfer Kenntnis genommen, und "Unsummen" für Entschädigungen bezahlt haben, geben wir uns das Recht, die Vergangenheit hinter uns zu lassen und sprechen uns von jeder Schuld und jeder weiteren Verantwortung und Haftung frei. – WIR DENKEN AN DIE ZUKUNFT, SIND WELTOFFEN UND BEWEISEN DURCH UNSERE FRIEDLICHE UND UMWELTFREUNDLICHE POLITIK, DASS WIR NICHT NUR GUT, SONDERN VORBILDLICH SIND. WIR SEHEN DESHALB KEINEN GRUND, NICHT AUF UNSERE LEISTUNGEN STOLZ ZU SEIN. ES IST UNS EIN VERGNÜGEN, UNSERE BEGABUNG IM VERBESSERN JEDEM INTERESSENTEN ZUR VERFÜGUNG ZU STELLEN. IM ÜBRIGEN WERDEN WELTWEIT IMMER MEHR STIMMEN WACH, DIE VON UNS DEUTSCHEN ERWARTEN, ZUMINDEST IN EUROPA EINE FÜHRUNGSROLLE ZU ÜBERNEHMEN."*[133]

Diese mehr oder weniger laut ausgesprochene Haltung vertritt meines Erachtens nicht nur der deutsche Staat, sondern auch die Mehrheit der Bevölkerung. Aber ist sie nicht eine oberflächliche Anpassung, die eine wirkliche Auseinandersetzung mit unserer ererbten und verdrängten Krankhaftigkeit vermei-

---

[133] Siehe u.a. die Beiträge von Matthias Reichelt, 2014 u. 2015.

det? Verfallen wir nicht zudem erneut der Tendenz, uns eine "Größe" vorzugaukeln und die Anderen wieder einmal nur noch aus dem eigenen Blickwinkel heraus zu betrachten und über sie zu urteilen? Unsere ignorierten Ängste und unser verleugnetes schwaches Selbst wirken indessen "ohne uns" weiter. Unsere seelische "Gesundheit" ist aufgesetzt und unser "Selbst" bleibt falsch.

– Als Arzt und Psychoanalytiker kann ich uns nicht als "geheilt" erklären und die Gefahr neuer Wahnsinnsanfälle ausschließen.

Die dritte Möglichkeit: Wir verharren und bleiben wie wir waren. Jedes Infragestellen wird von vorneherein abgelehnt. Wir übertragen weiterhin mit dem besten Gewissen unser inneres seelisches Elend auf andere, besonders jene, vor denen wir Angst haben und die uns unbekannt sind. Fremdenhass und Vaterlandsliebe blühen fröhlich weiter. – Das einzige, was die heutigen Nazis gelernt haben ist, sich mehr und mehr "stubenrein" und "gesellschaftsfähig" zu zeigen, damit sich auch die "Anständigen" nicht mehr vor ihnen fürchten müssen.

Eine andere Frage: Was können die Opfer unserer kranken "Kultur" und deren Nachkommen von den Kindern, Enkeln und Urenkel der Henker, deren Helfer und den Zuschauern erwarten? Nicht viel, glaube ich. Das Schlimmste ist geschehen, während unseres Wahns und danach. Nur ein Beispiel von vielen: Die Witwe eines ermordeten Juden musste jahrelang auf ihre miserable Rente warten, während kriminelle Ärzte und Juristen ohne Verzögerung ihr Ruhegeld bekamen ...[134]

Wie viele unserer verfolgten Landsleute, wie Homosexuelle, Zigeuner, Juden, Zeugen Jehovas und viele andere mehr, hofften in den Anfängen der Naziregierung, dass zumindest die Eliten in den Universitäten und den Kirchen protestieren und von ihren Kanzeln und Pulten herunter erklären würden: "Schluss damit! Wir sind verrückt geworden! Eine stolze und starke Nation sein, wie die unserer Nachbarn, warum nicht? Aber das ist kein Grund, alle diejenigen zu verfolgen und einzusperren, die uns nicht gefallen! Wir sagen Nein, Nein, Nein!"

Spätestens nach dem 15. September 1935, dem Inkrafttreten des Gesetzes zum Schutze des deutschen Blutes und der deutschen Ehre, hätte eine solche Ablehnung stattfinden müssen. Aber es hat sie nicht gegeben. Sie hat nicht stattgefunden. Also waren auch die Eliten aus Wissenschaft, Kultur und Kirche mit all dem kriminellen Unrecht stillschweigend (im wahrsten Sinn des Wortes) einverstanden.

---

[134] Ernst Klee, 1986.

Viel zu viele der "Besten" des Landes ließen das nicht nur zu, sondern machten mit oder waren voll dabei.

Die Kirchen wurden "deutsch", anstelle Christen zu bleiben; und von den Kanzeln konnte man antisemitische Volksverhetzung hören. (Nur die Zeugen Jehovas und ein Teil der Protestanten, die "Bekennende Kirche", machten nicht mit.[135]) Die Ärztekammer erklärte vorauseilend ihre volle Zustimmung mit dem Programm der Regierung, ohne erst dazu aufgefordert werden zu müssen.[136] Die angesehene Universität Tübingen rühmte sich bereits schon vor der gesetzlich festgelegten Frist, "judenfrei" zu sein.[137] Von dem weltweit berühmten Philosophen M. Heidegger war schon die Rede. Für mich gehört er zu den erbärmlichsten "deutschtümelnden" Gelehrten, die alles besser wissen, aber keine Ahnung davon haben, was in ihren Eingeweiden vorgeht, gut erzogen mit überschwerem Kopf, hässlichen Zwängen, riesigem Geltungstrieb und einem kalten Herz.

Wie ist es möglich, die Ausbreitung und das ungeheuerliche Ausmaß des deutschen Antisemitismus infrage zu stellen? Wenn auch vielleicht bei manchen unbewusst, seine "Wirksamkeit" war mehr als offensichtlich.[138]

Unsere Philosophen lehren uns sozusagen das Denken und das bessere Handeln, aber was für ein Denken und was für ein Handeln? Adolf Eichmann hatte während seines Prozesses erklärt, er sei Kantianer.[139] Der französische Philosoph Michael Onfray legt in seinem Text Le songe d'Eichmann[140] *dar, dass das Handeln Eichmanns durchaus mit den Lehren Kants vereinbar gewesen sei. Der wunde Punkt diesbezüglich sei die übergeordnete Stellung, die Kant dem Obrigkeitsgehorsam einräume.*

Und was konnte die Menschheit von Deutschland nach der Schoah und den anderen Naziverbrechen erwarten?

"Schuldbewusstsein, Haftung für die verursachten Schäden, Selbstdurchhellung, Reinigung"? Das sind nur einige der von Karl Jaspers genannten Anforderungen an uns, als Individuen und als Volk.[141] Aber haben wir diesen Pfad

---

[135] EPIKUR63, "Die Kirchen und der Nationalsozialismus", 17.06.2012. https://freierblick.wordpress.com/2012/06/17/die-kirchen-und-der-nationalsozialismus/ [zuletzt: 15.02.2017]

[136] Norbert Frei, 2010.

[137] http://www.tuepedia.de/wiki/Nazi-Zeit#Universit.C3.A4t_und_NSDStB [zuletzt: 15.02. 2017]

[138] Siehe zu diesem Thema die Arbeiten des 1888 geborenen deutschen Psychologen und Pädagogen Michael Müller-Claudius.

[139] Hannah Arendt, 1963.

[140] *Der Traum Eichmanns* (bisher nicht ins Deutsche übersetzt), 2008.

[141] Karl Jaspers, 2012.

betreten? Wie weit sind wir gekommen? Wie weit sind wir wieder zurückgefallen? – Ich denke u.a. an die Debatte um den "Gedenktag für die Opfer von Flucht und Vertreibung", der ab diesem Jahr jeden 20. Juni begangen wird. Obwohl dem Leid aller Flüchtlinge auf der Welt gedacht werden soll, steht im Protokoll der Bundesregierung vom 10. Dezember 2014,[142] *dass "... insbesondere der deutschen Vertriebenen gedacht wird". Die wirkliche Ursächlichkeit des deutschen Flüchtlingsunglücks*[143] *wird immer wieder verschwiegen oder verdreht. Der Wahn, die Hauptopfer des Krieges gewesen zu sein, hat offensichtlich ein langes Leben.*

Noch etwas anderes habe ich bei uns nach dem Krieg beobachtet. Eine Haltung und ein Verhalten, die an ein "unartiges" Kind erinnern, welches eine ungeheuerliche "Dummheit" getan hat und danach bloßgestellt und bestraft wurde. Das Bewusstwerden seiner Untaten und seiner Verrücktheit weiterhin vermeidend, tut es zwanghaft alles, um bei den Siegern gut anzukommen und verwandelt sich zum "Musterkind". – *Zu diesem Thema fand ich vor einiger Zeit zufällig einen interessanten Bericht: Ein Team der BBC hat von Oktober 2007 bis Januar 2008 eine Befragung von 17.500 Personen aus 34 Ländern durchgeführt mit dem Ziel, herauszufinden, welche Nation den besten Einfluss auf das Weltgeschehen habe. Von 22 ausgewählten Ländern fand sich Deutschland auf dem ersten Platz. Ein überwiegend negatives Deutschlandbild bestünde in der Türkei und in Ägypten. Die "Schlusslichter" seien der Iran und Israel.*[144]

Ist das ein genügender Beweis, dass wir in der Zwischenzeit beispielhaft erfüllen, was die Menschheit von uns erwartet? Wenn aber diese deutsche "Vorbildlichkeit" nicht auf einem wirklichen Reifungsprozess beruhte, sondern nur ein neues Zeichen unserer alten Krankheit wäre? – Heilen, glaube ich, können wir nur, wenn wir bewusst unsere innere Hölle durchschritten haben. Ist die Anzahl derjenigen, die sich in eine solche Therapie begeben haben, ausreichend groß, um unsere Zukunft wirklich verändern zu können?

---

[142] http://www.protokoll-inland.de/PI/DE/NatGedenkFeiertage/20Juni/20Juni_node.html [zuletzt: 15.02.2017]

[143] Siehe auch Micha Brumlik, 2005.

[144] http://www.tz.de/welt/umfrage-bbc-deutschlandhat-beste-image-welt-1152458.html [zuletzt: 15.02.2017] Die Umfrage wurde 2011, 2013 http://www.zeit.de/gesellschaft/zeitgeschehen/2013-05/umfrage-deutschland-popularitaet [zuletzt: 15.02.2017] und http:// www.bbc.com/news/world-europe-22624104 [zuletzt: 15.02.2017] und 2015 http://www. sueddeutsche.de/politik/2.220/positiver-einfluss-auf-weltgemeinschaft-deutschland-das-beliebteste-land-der-erde-1.2287270 [zuletzt: 15.02.2017] wiederholt, trotz gewisser methodologischen Varianten bleibt Deutschland auf dem 1. Platz. Ich komme trotzdem von dem Gedanken nicht los, dass hier vor allem der "hübsche Deckel" (siehe oben, S. 26) beurteilt wird.

Marseille, den 13. Februar 2002
und Thessaloniki, den 15. August 2004

Heute sind es 18° im Schatten und die Mandelbäume blühen. Ich lebe wieder auf. Seit der Rückkehr von meiner Deutschlandreise geht es mir wirklich schlecht. Mit niemandem getraue ich mich, darüber zu sprechen. Ich fühle mich erleichtert, wenn ich nach der Arbeit allein bin. Beim Abendbrot muss ich unaufhaltsam weinen. Ich lasse es geschehen. Ich bin völlig aufgewühlt, nicht wegen meiner Patienten, sondern wegen all dem, was mir endlich klar wird über uns, meine unheimliche "Heimat" und über meine Familie. Ich trinke bis ich schläfrig werde. - Und wenn ich ein Ende machte, aufhörte wissen zu wollen, vielleicht hätte ich dann meine Ruhe? Vielleicht hätte ich dann aber einen Krebs, oder wäre schon tot, oder würde zu einer Pest für die anderen werden? Der Fluch, den unser Land durch seinen ekelerregenden Hochmut heraufbeschworen hat, lastet unerbittlich auf mir, ob ich will oder nicht.

Heute habe ich die Bestätigung erhalten, dass mein Antrag auf die französische Staatsangehörigkeit bejaht wurde. Die Verwaltung benötigt jedoch noch ein Jahr, um mir meine neue Staatsbürgerschaft endgültig zu bescheinigen. Warum mache ich das alles? - "Um einen flexiblen Pass zu haben, denn der deutsche ist steif und bricht, wenn man ihn etwas biegt", sage ich zum Scherz. Aber ich meine es so, denn dieser Unterschied ist für mich sehr bedeutsam. Außerdem gefällt mir das französische Wort für "Einbürgerung", la naturalisation. - Seit über 23 Jahren lebe und arbeite ich hier und zahle meine Steuern. Ist es nicht völlig natürlich, "naturalisiert" zu sein?

Während der Lektüre des Buches *Vergangenheitsbewältigung* in Deutschland von Peter Reichel[145] lese ich zum ersten Mal "Au-schwitz" wie "au!" und "schwitz!" Ich höre "au!", den Schmerzensschrei, des Opfers und "schwitz!", den Ausruf des Täters, der sich ergötzt, (endlich einmal) "heimzahlen" zu können. Oder ich lese, wie es Blalla W. Hallmann in zwei Werken suggeriert:[146] "AUS-SCHWITZ!" im Sinne von "ausschwitzen", als Anspielung auf die berüchtigte "Sonderbehandlung".[147] - Gibt es auch unbewusste Gründe, die gerade diesen Ort des damaligen Deutschlands[148] zum Tatort des totalen Verbrechens werden ließ?

---

[145] Peter Reichel, 2001.

[146] Matthias Reichelt, 2007, S. 114 u. 115.

[147] "Sonderbehandlung (S.B.)" war in der NS-Sprache eine Tarnbezeichnung für die Ermordung von Menschen: https://de.wikipedia.org/wiki/Sonderbehandlung [zuletzt: 15.02. 2017]

[148] Sybille Steinbacher, 2000.

Marseille, den 16. Februar 2002
und Thessaloniki, den 16. August 2004

Eine der letzten Nächte träumte ich von einer jungen Frau, die sich selbst verurteilt hatte und entschlossen war, sich zu verbrennen. Ich bin ihr einziger Zeuge. Der Zeuge ihres letzten Blicks, verloren und hilflos, aber entschieden. Ihr Blick ist so eindringlich und wird mir unvergesslich bleiben.

Unmittelbar nach dem Erwachen sehe ich in diesem letzten Blick das Gesicht der Trennung.

Das Erlebnis der Trennung war für mich, als ob der geliebte Menschen vor meinen Augen verbrenne. Oder als ob ich selbst verbrenne, bei lebendigem Leib. – Ich sehe Bilder des Holocausts … Das Verbrennen der Opfer? Kann das eine Inszenierung des Erlebnisses der Trennung sein? Oder vielmehr der Nicht-Verbindung mit unseren Erzeugern? – Was empfinden wir, wenn diejenigen, die unsere uneingeschränkte Zuneigung erhalten, keine Antwort geben? Wenn wir mit ganzer Seele die Seele des Anderen suchen, aber Leere und Lähmung finden? Weil dieser Andere dasselbe erlebt hat und, um zu überleben, seine Seele töten musste? – Immer mehr sehe ich Zusammenhänge zwischen unseren intimsten menschlichen Erlebnissen und unseren bedauerlichsten und grausamsten Taten. Ich entdecke diese Verbindungen in mir selbst und sehe Möglichkeiten, die mich erschüttern.

Wir haben die Körper unserer Opfer verbrannt. Aber was geschah mit ihren Seelen? Wir konnten die Zeichen unserer Schandtaten verbrennen, die Körper mit den durch Kugeln zerplatzten Schädel, die durch Schläge herbeigeführten offenen und eiternden Wunden, die durch "Hungerkuren" ausgemergelten Leiber, die verschlungenen Körper in der letzten Umarmung vor der Qual des Erstickens … Aber die Seelen? Haben wir sie zuvor schon erstickt, haben sie sich selbst aufgegeben, um ihren Schmerz zu betäuben? Ich glaube, dass die Henker die Seelen zwar quälen, aber nicht verbrennen konnten, und dass die Seelen unserer Opfer fortan uns verfolgen und uns verbrennen …

Unser Gewissen müsste erwachen. Das ist aber so gefährlich für unsere Seelenruhe, dass wir alles versuchen, um es einzuschläfern.

Tagsüber schaffen wir das meistens, aber wenn wir schlafen, in unseren Träumen, sieht es jedoch anders aus. Mein Traum der verbrennenden Frau zeigt das. Und vielleicht auch dieser in der letzten Nacht: Ein älterer, schlanker aber sehr kräftiger Mann verfolgt mich, er will meine Haut; das fühle ich. Er erwischt mich. Ich kämpfe um mein Leben und es gelingt mir, ihn loszuwerden und ihn in einen Abgrund zu stürzen. Aber er kommt zurück, schwer ver-

letzt und blutüberströmt. Voller Wut greift er mich erneut an, und ich schaffe es noch einmal, ihn in die Tiefe zu werfen. Aber wieder kommt er zurück ... Der Kampf nimmt kein Ende und ich wache schweißgebadet auf, völlig verwundert, noch am Leben zu sein.

Wer ist dieser Mann? Mein verletztes Selbst, das mir anhaftet und mich bedroht? Mein Gewissen, das nicht nur meinem "Seelenfrieden" ein Ende macht, sondern mich obendrein auch leiblich vernichten will? Oder vertritt er die Seelen unserer Opfer, die sich an mir rächen (als Ersatz für meine Vorfahren)?

Marseille, den 1. März 2002

Aus Verlegenheit die Sprache verstellen, als ob zugleich ich nicht selber spreche und doch selber spreche. – Deutsch, schwäbisch, englisch, französisch und "selber" sprechen ...

– Vielleicht entspringen meine Sprachwanderungen und Wandlungen der Notwendigkeit, etwas auszusprechen, was in meiner Muttersprache keiner hören konnte. Heißt das, dass ich nur in einer fremden Sprache[149] "selber" sprechen kann und ich selbst sein? – Was macht Verständigung möglich? Das *Ver*-Stehen? Das "zur Seite", das "Anderswo-stehen"-können? Die Fähigkeit "an Ort und Stelle", die Welt des Anderen zu begreifen und zu erlernen? Wie wir ein Haus oder eine Hütte bauen aus dem Material der jeweiligen Umgebung. – Warum haben wir diese Fähigkeit nicht besser entwickelt, obwohl unsere Sprache zeigt, dass sie denkbar ist?

Marseille, den 23. März 2002

Kürzlich habe ich den Film *Amen* von Costa-Gavras[150] gesehen. Ein Satz, der darin von einem der Leidtragenden ausgesprochen wurde, verfolgt mich: "DIE DEUTSCHEN SEIEN VERFLUCHT, FÜR IMMER, DAFÜR, WAS SIE GETAN HABEN!"

Marseille, den 27. März 2002

Meine Lebendigkeit und meine Sprache wiederfinden, das ist ein und derselbe Prozess. Seit meiner Kindheit erdrückt mich eine erstaunliche Scheu, unbekannte Personen anzusprechen, als sei das für mich eine Frage von Leben und Tod. Was macht mich so schüchtern? Die Angst vor Abweisung, die Angst lächerlich zu wirken?

Während meiner letzten psychoanalytischen Sitzung habe ich eine beeindruckende Erfahrung gemacht. Ich erfasste den Kern dieses "Verfahrens": Auf

---

[149] Siehe auch Jeannine Altounian, 2004.

[150] Satz aus dem Film *Amen*, gedreht nach dem Buch *Der Stellvertreter* von Rolf Hochhut, 1967.

dem Weg zu meinem Analytiker steige ich eine Anzahl von Treppen hoch und beginne etwas schwerer zu atmen. Ich phantasiere mich auf der Couch in eine lebensgefährliche asthmatische Krise und stelle mir vor, von meinem Analytiker als Arzt gerettet zu werden.

Am Anfang der Sitzung bin ich noch immer kurzatmig und beängstigt. Die Atemnot und das Gefühl der Unsicherheit des Lebens führen meine Gedanken zum Ereignis meiner Geburt. Meine Mutter hatte mir davon in allen Einzelheiten berichtet, als ich etwa fünf oder sechs Jahre alt war. Ich erinnere mich gut an diese schauerliche Geschichte, wo sich zwei Menschen in hoher Lebensgefahr[151] befinden. Einer nach dem anderen, jeder in seiner Welt. Zuerst bin ich dran. Meine Ausstoßung ist äußerst schwierig, als wollte ich meine erste Heimat nicht verlassen. Ich bleibe zu lange im Geburtskanal stecken. Nur im letzten Moment komme ich dem Gebrauch der Zange zuvor. Die Hebamme ist erleichtert, meine Mutter aber erschreckt. Mein unglückliches Gesicht ist zerquetscht, und meine Nase ganz zur Seite gedrückt.

"Du sahst sehr hässlich aus", gestand sie mir und fügte hinzu: "Ein Glück, sagte ich mir, dass es ein Junge ist, die finden immer ein Liebchen, auch mit schiefer Nase."

Unsere "Geburtsstunde", wie muss das gewesen sein? Alles badet seit einer Ewigkeit, und plötzlich wird es eng und immer enger und es drückt und drückt von allen Seiten. Der Frieden ist hin und wir haben nicht die geringste Ahnung, was uns erwartet. Ein Glück, das Leben entscheidet, denn ich persönlich wäre wahrscheinlich lieber drinnen geblieben. Der Beweis: Meine Nabelschnur war zwar schon längst durchgeschnitten, aber mein Mutterkuchen hielt sich noch krampfhaft am verlorenen Gehäuse fest. – "Mutterkuchen", was für ein Wort! Ich stellte mir ein dickes Stück Torte vor, mit dem das Kind im Mutterleib auf geheimnisvolle Weise von einer klitzekleinen Kaulquappe zu einem pausbäckigen Säugling hochgepäppelt wird. Ähnlich verwundert war ich, als ich später lernte, dieser "Kuchen" gehöre nicht zur Mutter, sondern zum Kind und verhindere, dass sich die beiden gegenseitig "vergiften". Mir erschienen alle Berichte über dieses Naturgeschehen als hanebüchene Erfindungen.

Kaum bin ich also erst einmal mit dem Schrecken davongekommen, geht es meiner Mutter an den Kragen. Weil sich das letzte Stück meines "Kuchens" so unerbittlich an seine Gebärmutter anklammert, bleibt eine Wunde offen. Die

---

[151] "Lebensgefahr" bedeutet, das Leben ist *in* Gefahr. Derselbe Sachverhalt wird auf Französisch *danger de mort* (Gefahr zu sterben) genannt. Seit dem ich den französischen Begriff kenne, komme ich mit dem deutschen nicht mehr zurecht. Ich denke nun immer, das Leben *ist* die Gefahr.

Adern können sich nicht schließen und das geschwächte Herz meiner Mutter pumpt wider Willen ihr gutes Blut ins Freie.

Zu meinem großen Erstaunen beteuerte mir meine Mutter, dass sie damals den Tod keineswegs gefürchtet habe. Ganz im Gegenteil, als eine Befreiung habe sie ihn angesehen, und sie versicherte mir: "Es ist wunderschön durch Verbluten zu sterben. Du schläfst langsam ein und gehst friedlich dahin!" – "Und der kleine Neugeborene mit dem verschrumpelten Gesicht neben dir. Was wird aus ihm?", frage ich mich heute. Aber damals musste ich ihn vergessen haben, genau wie sie. Meine Mutter war durch meine Geburt gänzlich überfordert und hätte sich um ein Haar dem Tod überlassen. Mich überließ sie dem Leben. Schließlich hatte nicht sie, sondern das Leben mich gewollt.

Von alledem spreche ich in meiner Sitzung. Am Ende sagt mir mein Analytiker: "Sprechen zu können gibt Ihnen Ihre Lebenskraft zurück!" Dieser Satz durchfährt mich von oben bis unten und umgekehrt. "Genauso ist es!", antworte ich und füge hinzu, "mein ganzer Körper hört, was Sie mir sagen". Und auf einmal fällt mir auf, dass ich frei atme! Meine Lungen haben sich geöffnet wie Fenster und Türen beim Osterputz. Welche Wonne, wieder Luft zu bekommen und mir zu sagen, ich werde langsam sprechen lernen.

Ich hatte meine Sitzung mit dem Wunsch begonnen, ein gütiger Vater-Arzt sehe meine Not und verabreichte mir die rettende Arznei. Nichts dergleichen geschah. Der Seelenarzt tat nichts; er war nur da, aufmerksam, und ließ mich reden. Er hörte alles an und unterbrach mich nicht. Erst als ich zu Ende geredet hatte, sagte er eine paar Worte, die mir zeigten, dass er mir gefolgt war. Und diese Worte bestätigten, dass mein Mich-aus-sprechen-können mich und meinen Atem befreiten.

Wie wenig "Handlung" bedarf diese Medizin. Die Haltung zählt, nicht die Handlung.

Wüste von Marzousa (Marokko), den 22. April 2002

Eine Woche Wüstenwanderung in einer Gruppe. – Ich habe diese Reise gebucht, weil ich wieder unter Menschen wollte.

Tagsüber habe ich mich ab und zu mit jemandem unterhalten. Jetzt, nachts, wenn alles schläft und kein Wind geht, ist die Wüste lautlos und die Leere erfüllt mich.

Marseille, den 21. Mai 2002

Wieder ein vorsichtiger Tag. Ich mache alles sehr behutsam, die kleinste Bewegung schmerzt. Seit meiner Rückkehr aus der Wüste bin ich krank. Zuerst war es der Darm, dann der Rücken, das rechte Schlüsselbein und die linke Hand. Heute brennt die Harnröhre beim Wasserlassen und mein Hals hat sich versteift. Ich kann nichts anderes tun als abwarten und nachdenken, was wohl gerade mit mir und in mir geschieht. Alles kommt hoch. Es kommt heraus, was mir fehlt. – Kann mein Schmerz vergehen, wenn ich nicht wissen will, dass er zu mir gehört? Kann ich aus meinem selbst-losen Ich ein selbstbewusstes machen, ohne mir restlos alles anzueignen, was ich selbst erlebt habe?

Marseille, den 14. Juni 2002

Unsere Leiden sprechen nicht von einer Krankheit, sondern von uns.

Marseille, den 6. Juli 2002

Heute habe ich den Dokumentarfilm *Im toten Winkel*[152] gesehen. Es handelt sich um Ausschnitte aus Interviews mit Traudl Junge, einer der Privatsekretärinnen Adolf Hitlers. Sie beschreibt Hitler als einen sehr liebenswürdigen, höflichen und väterlich wohlwollenden Arbeitgeber. Er habe sie z. B. darum gebeten, ihm bei seinen Mahlzeiten Gesellschaft zu leisten. Er habe seine Hunde sehr geliebt und habe keine Blumensträuße in seinen Räumen geduldet, weil er nicht habe ertragen können, wie die armseligen Kreaturen langsam vor sich hin sterben. "Ich kann keine Kadaver sehen!", habe er zu seiner Entschuldigung gesagt. Über sich selbst und die Personen, die die letzten Tage mit Hitler im Reichstagsbunker lebten, sagte sie: "Nach Hitlers Selbstmord waren wir keine eigenen Menschen mehr. Wir waren wie Wachsfiguren!"

Nach dem Krieg habe sie es sich nie verzeihen können, für Hitler gearbeitet zu haben. Sie habe zwar ihre Erinnerungen noch in den 40er-Jahren niedergeschrieben, sie aber nie veröffentlicht. Erst jetzt könne sie über ihre beschämende Vergangenheit reden und erhoffe sich dank der Gespräche mit den Autoren des Films eine Erleichterung. – Sie starb ein paar Tage nach seiner Erstaufführung.[153]

Das Bild, das Hitler der damals 22 Jahre jungen Frau von sich gab, zeigt, wie sehr sich das kranke Kind in dem "allmächtigen Führer" nach Liebe und Zärtlichkeit sehnt. Das war es, was ihm fehlte. Sowie den vielen Millionen, die ihn über alles liebten. – Ich glaube, wenn uns die Liebe fehlt, suchen wir die Macht. Und wenn wir alle Gründe haben, wegen unserer Mängel immerfort zu weinen, spielen wir gerne den tapferen Soldaten, der sich vor nichts fürchtet …

---

[152] André Heller u. Otmar Schmiderer, 2001. Dieser Dokumentarfilm bildete eine der Grundlagen des Spielfilms *Der Untergang* von Oliver Hirschbiegel, 2004.

[153] Mündliche Mitteilung der Autoren während der Diskussion nach der Filmvorführung.

Nach meiner Erfahrung sind viele der "kranken Kinder", die trotz ihrer Mängel später Macht an sich reißen, von der Mutter "geliebt" worden, aber nicht für sich, sondern für sie. Entweder als Machtmittel oder als Trostperson.

Hitlers Mutter war anscheinend sehr liebevoll zu ihrem Sohn, hat aber ihren Mann nie daran gehindert, den Kleinen jeden Abend heftig zu verprügeln. Erst der Tod des Vaters hat ihn im Alter von dreizehn Jahren erlöst. Aber danach konnte sie ihrem Liebling ungehindert das Bild vermitteln, ein geniales Kind zu sein, was seinen illusorischen Weltbezug besonders förderte.[154]

Barcelona, den 26. Juli 2002
(Kongress: *Psychoanalytiker im Exil*)

Heute Nacht träumte mir, meine Heimat verlassen zu wollen. Es ist aber Krisenzeit und die Grenzen sind geschlossen. Das Amt für Auswanderung lehnt meinen Antrag ab. Mir bleibt indes die Möglichkeit, mich mit Hilfe einer Untergrundorganisation aus dem Land schleusen zu lassen. Ich treffe meine "Befreier" mit zwei anderen Anwärtern in den unterirdischen Gängen unserer Stadt. Wir sind von einer großen Anzahl bewaffneter Männer umgeben. Plötzlich rückt der Bandenführer an und unsere Lage ändert sich gänzlich. Weil wir Zeugen der Organisation geworden sind, sollen wir beseitigt werden. Es gelingt uns zu fliehen, wir wissen aber nicht, wo wir Unterschlupf finden können. In unseren Wohnungen würde man uns finden. Bei Freunden Versteck zu suchen, würde diese in Gefahr bringen. Was tun, ohne Geld und ohne Nahrung? Warum habe ich nicht daran gedacht, all mein Geld bei mir zu tragen? Die Situation ist völlig hoffnungslos. Außerdem müssen wir drei uns leider trennen, denn einzeln haben wir vielleicht eine Aussicht zu entkommen. Immer noch träumend, erkenne ich, wie sehr meine gegenwärtige Lage den Menschen entspricht, die in der Nazizeit verfolgt und vernichtet wurden. – Aus der Heimat verjagt und in ihr eingesperrt sein! Vor allem denke ich an die deutschen Juden. Immer noch träumend, sage ich mir: "Jetzt bist du an der Reihe und erlebst selbst diese furchtbare Not. Das ist kein Traum, sondern nackte Wirklichkeit."

Barcelona, den 27. Juli 2002

Mir kommt der Gedanke wir hätten alle, als Antwort auf unsere Verbrechen, unser Land verlassen und es unseren Opfern übergeben sollen. Wir lebten dann überall in der Welt verstreut und müssten versuchen, uns jeweils an das Land anzupassen, das uns aufgenommen hat …

---

[154] Siehe u.a. Alice Miller, 1983, und Helm Stierlin, 1976.

Marseille, den 4. August 2002
und Thessaloniki, den 17. April 2015

Anstatt mich im Freien zu vergnügen ohne nachzugrübeln, sitze ich an meinem Tisch und mache meine "Aufgaben". Als ob ich auch heute noch "nachsitzen" müsste.

Aber warum soll ich mir unbedingt einreden, dass es mir gut geht und dass draußen das fröhliche Leben auf mich wartet, obwohl ich weiß, es stimmt nicht. Warum darf ich nicht traurig und betrübt sein, wenn ich es bin? Warum soll ich mich anschwindeln, um nicht traurig zu sein? Warum soll ich sein, wie ich nicht bin? Warum soll ich nicht an den Tod denken, wenn ich an ihn denke? Warum darf ich nicht dasitzen und weinen und nichts tun. Weinen über mein Los? Weinen über alles, was los ist, los-gelöst, ab-gelöst, auf-gelöst, vorbei, verwelkt, verrückt, entgangen, versteckt, vertrocknet, verdorrt, entwichen, getrennt, verloren, vergessen, verleugnet, abgesagt, versagt, verlassen, verscheucht, verstoßen, verurteilt, vernichtet ...? Das alles und doch nicht vergangen ... Warum darf ich nicht unfähig und unbeholfen sein, ohne Lust, ohne Kraft, ohne Wunsch und ohne Wille?

Vielleicht bin ich soeben dabei, mich einer weiteren Antwort zu nähern: Wer etwas so endlos Trauriges wie den Holocaust begehen oder zulassen kann, der muss erstens selbst endlos traurig sein und zweitens muss er nie das Recht gehabt haben, seine eigene Traurigkeit anzunehmen. Es musste ihm verboten gewesen sein, solche "abscheuliche Dinge" wie Traurigkeit, Schwäche, Angst, Zweifel und Verlorenheit, zu empfinden. – Die ständige Gefühlskontrolle führt uns am Ende dazu, überhaupt nichts mehr zu empfinden. Und nur eine ausreichend "ausgebildete" Empfindungslosigkeit kann dem Menschen erlauben, ein so epochales Verbrechen zu bewerkstelligen, wie wir es getan haben.[155]

Warum darf ich nicht traurig sein und mein "Weh und Ach" leben lassen? Warum muss ich mir sagen, dass ich mir all das nur ein-bilde, um mich interessant zu machen und um den anderen Ärgernis zu bereiten? Warum muss ich immer "nur tapfer sein" und so tun, als ob nichts wäre? Warum soll ich immer nur dem "Beispiel der Erwachsenen" folgen?

In ihrem Tagebuch beschreibt meine Großmutter, wie sehr sie sich Mühe gibt, den anderen ihren Kummer nicht zu zeigen. Mein Großvater dagegen beklagt sich regelmäßig, was ihm aber meist von Frau und Kindern übel genommen wird. Er jammerte leider nicht darüber, was ihm seit sehr langer Zeit wirklich fehlte, sondern er verlegte seine Klagen auf das Naheliegende, auf Einzelheiten der Gegenwart. Meine Großmutter, oft sehr enttäuscht von ihrem

[155] Siehe auch Michael Müller-Claudius, 1948 (S. 137 ff.).

Mann, war geneigt, ihn als einen "Weichling" einzustufen, was für die damalige Zeit eine ausgesprochene Beleidigung war. – "Aus Weichlingen tüchtige Männer zu machen", wurde übrigens von dem neuen Direktor des Berliner psychoanalytischen Institutes, Dr. Matthias Göring (Hermann Görings Vetter), als eines der Hauptziele der Seelenbehandlung hervorgehoben.[156] *Sein stellvertretender Leiter, Johannes Heinrich Schultz, war der Erfinder des weltberühmten "Autogenen Trainings", einer Selbstentspannungsmethode, die ich sehr schätze und jahrzehntelang für mich und in meinen Therapien anwandte.*

Wie gut meine eigenen Scheuklappen auch heute noch funktionieren (trotz meines Interesses am Thema), habe ich erst vor wenigen Wochen wieder einmal feststellen müssen. Ich kannte bisher nichts über die Aktivitäten dieses Kollegen während der NS-Zeit.[157] *Jetzt lerne ich, dass er als neuropsychiatrischer Gutachter über die "Heil- oder Unheilbarkeit" Gemüts- und Geisteskranker entschied und damit über deren Leben und Tod ... Nach dem Krieg habe er sich gelobt, Homosexuelle aus den KZ geholt- und ihnen das Leben gerettet zu haben, weil er sie grundsätzlich als heilbar angesehen habe. Als "erfolgreich behandelt" wurden aber nur diejenigen registriert, die mit einer (vom Staat bezahlten) Prostituierten vor Zeugen den Geschlechtsakt vollziehen konnten. Die "Geheilten", jetzt wieder "nützliche Volkselemente", wurden selbstverständlich eilends an die Front geschickt, wo die meisten dann doch umkamen – aber "verdienstreich" ...*

Um aus Weichlingen und aus Homosexuellen vollwertige Frontsoldaten herstellen zu können, "HAT SICH DER PATIENT ERST EINMAL JEDE GEFÜHLSDUSELEI ABZUGEWÖHNEN ... !" Da ist kein Platz für das Bewusstsein der eigenen Traurigkeit und Angst oder für ein Gewissen. Diese "zersetzenden" Eigenschaften werden auf Bevölkerungsgruppen übertragen, die dem "Herrenmenschen" Angst machen, weil sie ihm sein Verdrängtes widerspiegeln. So wie er diese Eigenschaften in sich verdrängt oder vernichtet, muss er sie auch außerhalb von sich verdrängen und vernichten.

Vielleicht ist unsere Angst vor dem Überwältigtwerden durch die eigene Traurigkeit so groß, weil wir nicht nur Gefahr laufen, unseren geistigen Frieden zu verlieren, sondern auch unsere Leistungsfähigkeit und unser wirtschaftliches Wachstum? So wundert es mich wenig, dass bald nach den deutschen Massenmorden und dem verlorenen Krieg das deutsche "Wirtschaftswunder"

---

[156] Hans-Martin Lohmann, 1984.

[157] Jürgen Brunner u. Mitarbeiter, 2008.

kam. Wir mussten unter allen Umständen, dank ständiger Arbeit, vermeiden, Traurigkeit oder andere "böse Gedanken" aufkommen zu lassen.

Auch nach dem Krieg war es wichtig, nicht von seinen Gefühlen beherrscht zu werden. Arbeit war gefragt, nicht Trauer. Vorher war es Kampfgeist, nicht Mitleid.

Wie schon gesagt, verbinde ich unsere Nachkriegs-Arbeitswut ebenfalls mit einem unbewussten Selbstbestrafungsbedürfnis. Bei mir selbst zumindest habe ich solche Tendenzen festgestellt. Zuweilen frage ich mich sogar, ob nicht meine ganze Arbeit hier auch damit zu tun hat. Sicher scheint mir, dass wir mit unserer Beflissenheit, unserem Arbeitswillen und den daraus erhofften Erfolgen bei unseren Siegern besser ankommen wollten. Zeigen, dass wir nicht so übel sind, wie es aussehen konnte, und dass wir immer bestrebt sind, unser Bestes zu tun, mit großartiger Gründlichkeit! (Dieselbe Gründlichkeit übrigens, die auch bei den voll durchorganisierten NS-Morden am Werke war.) Gründlichkeit immer, aber den tiefen Gründen unseres Verhaltens wirklich auf den Grund zu gehen, das fällt uns äußerst schwer. Wer will schon gerne seine Abgründe kennenlernen?

Nicht nur Gefühlskontrolle, Leistung, Pünktlichkeit und Sauberkeit gehören zu den traditionellen deutschen Werten, sondern auch Strebsamkeit und diese Gründlichkeit. Aber haben wir uns unsere Befähigungen wirklich durch soziale Reifung angeeignet, oder sind es zunächst unentbehrliche Abwehrmechanismen gegen Ängste und Bedürfnisse, denen wir nicht gewachsen sind? Hierauf weist die oft zwanghafte Ausübung dieser "Begabungen".

Eine beeindruckende Darstellung von Gründlichkeit gab mir meine Mutter an Weihnachten 1988 während ihres Besuchs bei uns in Marseille. Zusammen mit meinem Stiefvater wollten sie sich "nützlich erweisen". Also haben beide, ohne dass wir sie darum gebeten hatten, jeden Tag von Sonnenaufgang bis Sonnenuntergang in unserem Garten gearbeitet, um ihn wieder "in Schuss" zu bringen.

Meine Mutter hatte sich dem kleinen, brachliegenden, von Unkraut überwucherten Gemüsegarten angenommen. Jedes kleinste Unkrauthälmchen hat sie aus der Erde gezupft, *un par un …*

So sauber und gründlich gereinigt habe ich noch nie ein Stück Erde gesehen. Alles war wirklich einwandfrei. Keiner konnte da was sagen. Aber beide haben, dank der gründlichen Gartenpflege vermieden, mit meiner Frau (die ausreichend deutsch sprach) wirklich ins Gespräch zu kommen. Ich selbst fühlte, auch damals noch, ein solches Unbehagen in der Gegenwart meiner Mutter, dass ich meine Arbeit als Vorwand genommen hatte, um ihr während der Wochentage zu entfliehen. Beim unvermeidlichen gemeinsamen Abendessen ging dann das Gespräch nur um Belangloses.

Unsere Zwänge haben beiden, Mutter und Sohn, geholfen, über ihre seelischen Behinderungen hinwegzusehen. Jeder konnte vorzügliche Arbeit leisten, aber miteinander sprechen konnten wir nicht. Mich hinderten die Widersprüche und die Fülle meiner Gefühle. Meine Mutter fürchtete offensichtlich meinen Vorwurf, "etwas falsch gemacht zu machen". Wir waren beide wie gelähmt. Unsere Welten lagen schon seit langem weit auseinander.

Diese Anekdote versenkt mich erneut in das Seelenleben meiner Mutter. Ich fühle ihre Traurigkeit (die sie meist sehr gut überspielte), ihren verzweifelten Wunsch, von ihren Eltern geliebt und vor allem bewundert zu werden. Ich sehe heute noch klarer, wie ihre Versuche, Eindruck zu machen, fehlschlugen und meist das Gegenteil hervorriefen. Nur ihre Kinder hatten einen Wert im Leben ihrer Eltern, den Wert, den wir Kinder unseren Großeltern gaben, indem wir sie beschäftigten, sie von einander ablenkten und ihrer unglücklichen Ehe einen Sinn erteilten. Auch verhalf ihnen ihre "Aufopferung für die Enkelkinder" zu sozialer Anerkennung. Meiner Mutter aber wurde nichts vergütet; im Gegenteil, sie war die "Eigennützige", die "Unfähige", die "Rabenmutter". ...Es muss zum Verzweifeln für sie gewesen sein. Meine Großeltern haben sie meist nicht nur missverstanden und verurteilt, sondern auch oft vor uns Kindern schlechtgemacht. Das Anliegen meiner Mutter war so hoffnungslos, dass ihr nur die Flucht blieb. Die Flucht in Illusionen. Die Illusion eines idealen Volkes, die Illusion einer totalen Liebe ... Die Flucht vor ihrem inneren Leid. Sie spielte die lebensfrohe und unkomplizierte Zeitgenossin, bis ihr kurz vor dem 71. Lebensjahr, nicht der Kragen, sondern die Schlagader platzte.

Dieses Elend meiner Mutter spürte ich mein ganzes Kinderleben lang. Ich nahm es in mich auf und machte es mir zueigen.

Ich selbst wusste nie so recht, was mir eigentlich geschah. Ich wusste nur, wie grenzenlos meine Liebe für sie war und dass ich mein Leben hergegeben hätte, um ihre Seele zu retten und sie erlöst zu sehen. Später konnte ich sie auch hassen. Ich warf ihr vor, uns kein normales Familienleben ermöglicht und mich nicht genug vor ihr geschützt zu haben. Unverzeihlich war für mich ihre befürwortende Einstellung zur NS-Ideologie. Ihre Ansichten hat sie, soweit ich es beurteilen kann, bis an ihr Lebensende nicht in Frage gestellt. Sie versteckte ihren Rassismus, wie alle "politisch korrekten" Anhänger der extremen Rechten hinter dem Argument: "WIR SCHÄTZEN DIE AUSLÄNDER, ABER BEI SICH ZUHAUSE, BITTE-SCHÖN!" – "BEI UNS ALLENFALLS ALS BESUCHER", hätte meine Mutter großzügig hinzufügen können. Ihr Antisemitismus entsprach der klassi-

schen Projektion eigener Macht- und Herrschaftsgelüste auf die, "DIE WELT ÜBERALL INFILTRIERENDEN UND BEHERRSCHEN-WOLLENDEN JUDEN".

Den Staat Israel aber bewunderte sie, wegen seines unverhüllten Nationalstolzes und seines Kolonisierungswillens. Ich erinnere Worte wie: "Die machen endlich etwas aus dem seit Jahrhunderten von den arbeitsscheuen Arabern völlig vernachlässigten Land!" –

Ich hatte immer das Gefühl, meine Mutter war ihren eigenen Erwartungen nicht gewachsen. Die Erfolge, die sie selbst nicht verzeichnen konnte, musste ihr Vaterland verwirklichen. Was ihr mangelte, hatte und konnte ihr Vaterland. Deutschland war und blieb für sie das einzige Land der Erde, das zu wirklich großen Leistungen fähig ist. Als Deutsche gehörte sie zu den Besten. Als Deutsche war sie sich sicher, all die Anerkennung zu verdienen, die sie als Einzelne nicht fand. Wie oft hörte ich: "WIR SIND DIE BESTEN, ALLE ANDEREN SOLLTEN SICH UNS ZUM BEISPIEL NEHMEN. DEUTSCHLAND IST EIN MUSTERLAND!"

Meine Mutter war mit dieser Einstellung sicherlich nicht allein. – Was würde von vielen Einzelnen übrig bleiben, ohne diese Gleichsetzung mit dem Vaterland? Ein Häufchen Elend, ein großer Klecks schwarzer Galle, Schwermut?

Überheblichkeit kann mit Traurigkeit nichts anfangen. Auch für den Historiker Fritz Stern steht unser deutscher Dünkel mit der Verleugnung unserer Melancholie in Zusammenhang. Er sieht übrigens in unserer Anmaßung einen wesentlichen Entstehungsfaktor des Ersten Weltkrieges.[158]

Vielleicht war die übertriebene Erniedrigung durch das "Versailler Diktat" eine Antwort der Nachbarstaaten auf unseren übertriebenen deutschen Hochmut zur Kaiserzeit? Lernen konnten wir damals nicht, und für die Demokratie waren wir offensichtlich noch nicht reif. Nur eines war sicher: Wie tief gekränkte Kinder wollten wir der Welt zeigen, dass uns keiner klein kriegt, dass wir die Besten sind und bleiben. – "DEUTSCHLAND DAS MUSTERLAND!"

Und wenn meine Mutter Recht hätte? Wenn ich daran denke, was wir Deutschen in den wenigen 12 Jahren der Nazizeit tatsächlich alles "fertiggebracht" haben. Angefangen mit dem Auswuchs einer Massenpartei mit ihren unzähligen "Gliederungen", den Massenveranstaltungen, der "Gleichschaltung", der Verhaftung aller politischen Gegner, der Entlassung aller "nicht-arischen" Beamten, den im Kleinsten dokumentierten Enteignungen des jüdischen Vermögens und Hausrats, der Überwachung aller Mietshäuser, Ausländer und Auffälligen; die Erfassung aller "Erbkranken", aller "Unheilbaren", aller "Arbeitsscheuen", aller "Homosexuellen", aller "Rassenschänder", sowie deren unbeirrten

[158] Fritz Stern, 2007.

Inhaftnahme und, soweit erforderlich, "säuberlich" durchgeführte Vernichtung. Nicht zu vergessen ist die Errichtung all der "prächtigen Bauten der Bewegung", die zahlreichen Siedlungen für die deutschen Arbeiter, die Autobahnen usw. usf. Dann die gewaltige militärische Aufrüstung (fast aus dem Nichts) mit der nachfolgenden, "meisterhaft" geführten "Blitz"-Eroberung fast des ganzen europäischen Kontinents und einem großen Teil Nord-Afrikas … Und damit war es noch lange nicht getan: Die eroberten Länder mussten verwaltet und deren Güter entwendet, wichtige "nichtentartete" Kunstwerke erbeutet werden; viele ihrer Bürger versklavt und deportiert, möglichst alle Partisanen und "Terroristen" erfasst, hingerichtet und deren "Nester" mit Kind und Kegel ausgebrannt werden. Nicht zu vergessen die Erfassung, die Verhaftung, die Gruppierung, der Transport, die Auswahl, die Entkleidung, der Haarschnitt, die Vergasung, die Zahngoldgewinnung, die Verbrennung, die Aschebeseitigung, die Eintragung und der Versand des Diebesguts … oder (als "lokale Endlösung") die Einkreisung, Fluchthinderung, die Vertreibung aus den Häusern, die Sammlung, das in den Wald Treiben, die Entkleidung, die Erschießung, das Vergraben oder das Verbrennen, die Aschebeseitigung … aller erreichbaren Juden und Zigeuner … usw. … Und wie viele? – Nicht viele, Millionen …

Welchen gigantischen Aufwand muss all das gekostet haben, wie viel "gewissenhafte, pflichtbewusste Mitarbeit"? (Wäre Hitler wirklich allein an allem Schuld gewesen und hätte das alles alleine gemacht, dann wäre seine "Übermenschlichkeit" bewiesen.)

Aber mit dem Untergang Deutschlands ist die Liste der Musterleistungen unseres Musterlandes noch nicht an ihrem Ende … Sofort wurde für ungefähr 12–14 Millionen Landsleute aus den amputierten Ostgebieten in unserem verwundeten Stumpf Platz und Bleibe geschaffen. Etwas später, nach der Gründung der BRD, wurde die Mehrzahl aller "belasteten" ehemaligen NSDAP-Mitglieder und -Funktionäre wiederverwendet (in der Justiz, der Medizin, der Industrie, in der Presse und im Militär[159]*) und zugleich den Kindern des Landes versichert, dass die neue Republik weißgewaschen ist und unschuldig wie ein Neugeborenes. In der anderen Republik brachten wir ein anderes Kunststück zuwege: Wir marschierten im selben Gleichschritt und in denselben Reihen weiter, schufen eine Geheimpolizei besser denn je, erklärten uns als "Antifaschisten" und bewältigten im Handumdrehen unsere Vergangenheit. Wir waren fähig, Wundermittel zu entwickeln; im Westen das Persil und im Osten die rote Tinte. Und auf beiden Seiten waren wir musterhafte Schüler unserer neuen*

[159] Norbert Frei, 2010.

Meister. So musterhaft und namentlich im Wirtschaften, dass wir auch hier Wunder vollbracht haben. Nicht zu vergessen ist unsere letzte Leistung. Als wir uns wieder vereinen durften und die Welt uns Scheitern und Wirrwarr voraussagte, wussten wir der Natur zu gehorchen: Die kleine Republik ließ sich von der großen fressen. Die Verdauung dauerte nicht allzu lange und die Vereinigte Republik, dicker als alle Nachbarn, gibt jetzt wieder den Ton an …

– "Was willst Du mehr!", könnte meine Mutter gesagt haben. – "Mir reicht's", könnte meine Antwort sein.

Und welchen Eindruck macht meine meisterhafte Heimat auf die Nichtdeutschen? Was halten wohl die von uns? Sind sie voller Bewunderung, neidisch, eifersüchtig, oder beunruhigt beklommen und verängstigt?

Heute sehe ich noch einen anderen Grund,[160] weshalb ich die Tagebücher meiner Großeltern und die Briefe meiner Mutter erst jetzt lesen kann. Ich war nicht fähig, die Gefühle der Meinen erneut zu erleben. In meiner Kindheit konnte ich sie kaum von den meinen unterscheiden.

Oft sprachen meine Angehörigen von ihrem schmerzlichen Vermissen, über ihr Bedauern manchmal, aber über das Unerträglichste, das Gefühl des Bereuens nie. Es durfte unter keinen Umständen bewusst werden. Von keinem bearbeitet, "arbeitete" es erst lange an meinem Leben, bevor ich begann, bewusst daran zu arbeiten. In der Zwischenzeit, nach fünfzig Jahren Abstand, ist zwar aus unserer Vergangenheit Geschichte schlechthin geworden, aber das Ende meiner Aufgabe sehe ich nicht ab.

Denke ich an die Nachkommen unserer Opfer, in deren Schubladen vielleicht die Aufzeichnungen ihrer ermordeten Vorfahren liegen, frage ich mich, nach wie vielen Generationen sie diese zu öffnen wagen?

Kürzlich erklärte mir ein deutscher Patient, wie sehr ihn die Naziverbrechen beschäftigten und wie sehr er unter seinem Wissen litt. Mit der Jahrtausendwende habe er schließlich entschieden, seine Selbstquälerei zu beenden und seither fühle er sich befreit. – Die Kinder, Enkel und Urenkel der Opfer, können auch sie ihre "Befreiung" einfach entscheiden?[161]

---

[160] Der erste Grund war meine Scham, mich weiter in die Leiden meiner Angehörigen zu vertiefen, nachdem mir klar geworden war, dass sie immer nur von ihrem eigenen Leid und niemals von dem der Opfer ihres verehrten Deutschland gesprochen hatten.

[161] Siehe oben, S. 100 (Gérard Haddad, 2011) und z. B. Adriana Altaras, 2014 (S. 45: "Meine Trauer ist immer da ..."). – Unter den unzähligen Zeugnissen zum transgenerationellen Fortdauern des Opferleids möchte ich insbesondere auf die Werke von Nea Weissberg, 1996, 2008 und 2015 hinweisen sowie auf den von ihr gegründeten Verlag, http://www.lichtig-verlag.de [zuletzt: 02.03.2017], dessen Programm sich vor allem diesem Thema annimmt.

Marseille, den 7. August 2002

Warum habe ich selbst so lange "abgewartet", um mich wirklich in das Erleben unserer Opfer und deren Nachkommen zu vertiefen und mich über unsere Verbrechen besser aufzuklären? Ich muss mich leider zu der breiten Masse der Deutschen rechnen, die, einem unausgesprochenen Einvernehmen folgend, ihr Entsetzen und Bedauern zwar klar beteuerten, aber jede weitere Vertiefung mieden. Ich umging eine weitere Auseinandersetzung sowohl mit den Leiden unserer Opfer als auch unseren versteckten eigenen, die uns zu Verbrechern oder Mitschuldigen werden ließen. Erst seit zwei Jahren spende ich den Großteil meiner freien Zeit dieser Aufgabe.

Marseille, den 21. August 2002

Wie ich die Dinge erlebe und wie ich sie erlebt habe, kann nur ich sagen, kein anderer.

Marseille, den 6. Oktober 2002
und Thessaloniki, den 26. August 2004

Dass meine Mutter Antisemitin war, gibt mir das Gefühl es selbst gewesen zu sein; so sehr schäme ich mich für sie. Ihre vermisste Selbstprüfung habe ich übernommen. Die Reue und die Verzweiflung an sich selbst konnte sie offenbar nicht auf sich nehmen. Sie, ein Mensch voller Lebensfreude, der leidenschaftlich liebte und herzensgut sein konnte, wie konnte sie mit ansehen, dass die Juden um sie herum entrechtet, misshandelt und abtransportiert wurden? Sie hätte das Zeug dazu gehabt, aufzubegehren, aber sie hat den Rausch des mächtigen Deutschland bevorzugt und hat sich das Gehirn waschen lassen. Sie, die stets unbeirrt ihre eigene Meinung verteidigte. Wäre sie sich eines Tages ihrer Einfalt und ihres verhängnisvollen Irrtums völlig bewusst geworden, hätte sie sich erschossen, ohne mit der Wimper zu zucken. Aber sie wählte das Leben. Mit den Selbstmordgedanken quäle ich mich herum. Sie liebte zu sehr das Leben und hat es vervielfacht, ohne lange nachzudenken. Sie überließ es ihrem Nachwuchs, etwas aus dem Gegebenen zu machen. Die unannehmbaren Seiten ihrer Seele hat sie mir übergeben. – Plötzlich finde ich einen Sinn für mein häufiges mich Übergeben in meiner Kindheit:[162] Ich verkörperte (metonymisch) das Geschehen des Übergebens. All das, was die Meinen nicht bei sich behalten und selbst verdauen konnten, übergaben sie mir. So verdaue ich, bis zum heutigen Tag, viel Unverträgliches, das ich mir jedoch nicht selbst eingelöffelt habe.

Als meine Mutter die Gefahr spürte, ich könnte ihr etwas davon zurückerstatten, mied sie mich wie ihren Schatten. Ich war zwar erstaunt darüber, dass

[162] Siehe oben, S. 103.

der Mensch, den ich am meisten in meinem Leben geliebt habe, Angst vor mir hatte, aber auch ich flüchtete vor ihr. So sind wir uns bis zu ihrem Tod nie wieder wirklich begegnet. Es war mir nicht mehr möglich, in einer Weise mit ihr zu sprechen, wie ich es hier in schriftlicher Form tue. Nie habe ich es gewagt, sie zu fragen, was sie davon hält, eine jüdische Enkeltochter zu haben. Ich fühlte, wie unsicher sie war. Sie freute sich über ihre Enkelin und mochte sie, aber von ihrer jüdischen Herkunft zu sprechen, hätte meine Mutter gezwungen, sich zu ihrer Ansicht über Juden im Allgemeinen zu äußern. Das haben wir alle vermieden. – Soeben wird mir bewusst, dass mir, sobald ich das Wort "Jude" oder "jüdisch" schreibe oder denke, spontan tradierte Klischees und Vorurteile hochkommen. Wie unerbittlich haftet uns an, was wir in unseren ersten Jahren aufgesaugt haben! Die französischen oder englischen Worte *"Juif"* oder *"Jew"* lösen dies nicht bei mir aus.

Wenn ich Deutsch reden höre, fühle ich den Seelenzustand des Sprechenden. Höre ich Französisch, bin ich glücklich, alles zu verstehen, sogar das, was "zwischen den Zeilen" gesagt wird. Das Englische würde ich gerne noch besser verstehen und sprechen, habe mich aber damit abgefunden. Höre ich Griechisch, verstehe ich kaum ein Wort und erlebe das Wohlbehagen, wirklich in der Fremde zu sein, gemischt mit dem Unbehagen meiner Ohnmacht.

Höre ich Jiddisch, kommen mir die Tränen.

Jiddisch ist "meine" Sprache, die Sprache all der Dinge, mit welchen ich alleine bin.

Jiddisch ist die Sprache für alles, was keine Antwort findet. Jiddisch ist die Sprache der fröhlichen Weisheit, die Sprache des Ewigen, der Liebe, die nie enden wird und mächtiger ist als alle Holocausts.

Jiddisch ist die Sprache eines deutschen Landes, das offen sein kann und entgegenkommt.

Jiddisch ist die Sprache des Humors, die Sprache, die das Vergängliche, das Unsichere kennt und das Fest.

Jiddisch ist die Sprache der Verzweiflung und der Aufrichtigkeit der Ausgelieferten und der Getäuschten.

Jiddisch ist die Sprache all derer, welche die Tragik unserer "Menschlichkeit" zu spüren bekamen.

Marseille, den 7. Oktober 2002

Wie können wir uns Verbrechern gegenüber verhalten?

Das Natürlichste ist, sie zu hassen oder zu verachten. Aber das ändert sie nicht. Wollten wir, dass die Welt besser wird, müssten wir uns gerade demjenigen zuwenden, der uns abstößt. Die Zuwendung scheint mir die einzig mögliche Therapie der "Schlimmsten". (Zuwendung heißt nicht "Einverstandensein" oder Straflosigkeit.)

Wollten wir eine menschlichere Zukunft, müssten wir am meisten da einbringen, wo wir am liebsten Köpfe abschlagen oder alles aufgeben möchten. Auf Französisch wird "das Böse" "le mal" genannt, was ebenfalls "der Schmerz" oder "das Leid" heißt.[163] In der Tat erscheint mir unser Leid der Ursprung des "Bösen" zu sein, vor allen Dingen das verdrängte, nie mitgeteilte und nie geteilte Leid.

Aus meiner beruflichen Erfahrung und meinem Versuch, unser menschliches Leid besser zu verstehen, sind mir zwei universelle Grundbedürfnisse des Menschen aufgefallen: erstens das Ausdrucksbedürfnis, das Bedürfnis des "Herauskommens", und zweitens das Austauschbedürfnis als Bedürfnis weiterzugeben, zu teilen, mitzuteilen. Das erste ist wie der Schrei, der zum Schmerz gehört. Und das zweite gehört zu unserer Bestimmung als soziales Lebewesen. Diese Bedürfnisse sind so grundlegend, dass wir um sie nicht herumkommen.

Marseille, den 11. Oktober 2002

Heute hat sich einer meiner deutschen Patienten versprochen. Er sagte "Mord" statt "Wort". Er wollte über Mitteilung und Antwort sprechen, aber im Grunde beschäftigte ihn das Vernichtet-werden und das Vernichten. Wie oft hatte er als Kind die ausbleibenden Antworten auf seine Mitteilungen wie einen Mord erlebt. "Das hat mich erledigt!", klagte er. Wenn er heute ähnliche Enttäuschungen erfährt, kommen ihm Mordphantasien. Nur auf dem Umweg des Versehens konnte er von etwas sprechen, worüber man sich als "wohlerzogener Mensch" lieber ausschweigt.

Marseille, den 12. Oktober 2002

Ich glaube, wir haben in Deutschland eine ausgezeichnete Verdunklungskultur.

Marseille, den 19. Oktober 2002
und Thessaloniki, den 22. April 2015

Vergangene Nacht kam mir ein Traum, der, meiner Ansicht nach, etwas Wesentliches über unsere tragischen deutschen Täuschungen und Fehler aussagt. Es ist die Geschichte eines alten, mächtigen und ehrwürdigen Baumes. Ganz das Urbild der deutschen Eiche. Dieses beeindruckende Gewächs ist schwer krank oder schon verstorben. Zu spät hatte man erkannt, dass nicht das Unge-

[163] Auch im Deutschen ist noch etwas von dieser zweiten Bedeutung erhalten, wenn wir z.B. von einem "bösen" (schmerzenden bzw. kranken) Finger sprechen.

ziefer, das ihn bewohnte, seine Krankheit verursacht hatte, sondern das Gift, mit dem man ihn von den vermeintlichen Schädlingen befreien wollte.

Am Fuß des Baumes befand sich ein tiefes, tellergroßes, schwarzes Loch, das mit einem unterirdischen Hohlraum in Verbindung stand. Aus dieser Öffnung sehe ich Schildkröten herauskriechen, eine nach der anderen. Es sind sehr viele und sie sind in großer Eile, weil sie zu ersticken drohen. Ich gehe an das Loch und helfe ihnen herauszukommen so gut ich kann. Besonders die Alten tun sich schwer. Alle wollen ans Licht.

Mein erster Einfall ist der Völkermord und seine Folgen für uns selbst. Wir haben uns grundlegend getäuscht: Anstatt nachzuforschen, was bei uns "unter der Erde" geschieht und was an unseren Wurzeln nicht in Ordnung ist, haben wir Schädlinge erfunden und daran geglaubt, uns durch Rosskuren ein für alle Mal heilen zu können. Noch kränker sind wir geworden. Und unsere schöne alte Eiche haben wir für immer unansehnlich gemacht. Auch wenn wir ihre getöteten Äste mit hübschen Farben anmalen, mit Lametta schmücken und jetzt alle Chemikalien verbieten, ändert das nichts. Nichts ist rückgängig zu machen.

Noch etwas anderes sehe ich in dem Traum: Der verheerende Fehler öffnet unerwartet eine Verbindung mit einer "Unterwelt", aus der "alles herauskommen" muss. Und was kommt heraus? Schildkröten. Unmengen von Schildkröten. Viele sind uralt. Was bedeutet dieses bescheidene Geschöpf? Seit Urzeiten, äußerst empfindlich und anscheinend zu sehr gefährdet, hat es gelernt, von fast nichts zu leben und seinen Leib in einen Panzer zu verwandeln. Es kann sein ganzes Leben lang fast scheintot sein, nur ab und an muss es unter die Sonne.

Obwohl die Schildkröte seit meiner Kindheit eines meiner Lieblingstiere war, habe ich erst seitdem ich in Frankreich lebe regelmäßig von ihr geträumt. In meinen Träumen erschienen sie mir immer zu mehreren und meist waren es vergessene Tiere, die ich zufällig entdeckte. Ich fand sie halbtot in Schubladen, beinahe vertrocknet in verdorrtem Gestrüpp oder fast erstickt im Schlamm. Nur einmal entdeckte ich am Meeresstrand unter Kieselsteinen welche, die sich lebhaft bewegten. Solange ich im deutschen Sprachraum lebte, blieb für mich die Schildkröte Sinnbild meiner Weltabgewandtheit. Mein Leben in der französischen Sprache eröffnete mir eine neue unerwartete Bedeutung. *Tortue* auf Französisch hört sich an wie tort tue. Eines Tages wechselte ich das Geschlecht der "tortü" und vernahm anstelle von la *tortue*, le *tortue!* Plötzlich ging mir ein Licht auf, denn *"le tort tue"* heißt auf Deutsch "der Fehler tötet".

Das ist tatsächlich der Kern meiner Lebenserfahrung, den ich bislang vor mir versteckt hielt.

Zu unseren "Familiengefechten", die meist um des "Rechthabens" geführt wurden, gehörten Vorwürfe. Vorwürfe, etwas falsch gemacht, Unrecht getan oder den anderen verletzt zu haben, trafen mich immer direkt ins Herz. Sie gehörten für mich in der Tat zu den "tödlichen" Geschossen, weil sie in mir ein entsetzliches Reuegefühl erweckten. Ich hatte eine fürchterliche Angst, durch meinen Fehler die Achtung und die Zuwendung der "verletzten" Person zu verlieren und verstoßen zu werden. Nur das beschämende Abbitten konnte das als Strafe eingesetzte Schweigen (des "Verletzten") langsam auflösen, jedoch erst nach Ablauf einer qualvollen Zeitspanne. Mir wurde zwar verziehen, aber nicht ohne ernste Ermahnung. Und bei dem kleinsten Fehltritt fing der ganze Zirkus wieder von vorne an. – Nicht nur le tort tue, sondern er "tort-ture" (torture). Der Fehler foltert ...

Wahrscheinlich haben diejenigen, die mir Vorwürfe machten, die Qual ihrer eigenen verdrängten Reue über begangene Fehler durch meine Bestrafung an mich weitergegeben.

Marseille, den 1. November 2002
und Thessaloniki, den 24. April 2015

Heute früh bin ich mit einem anderen aufschlussreichen Traum aufgewacht. Ich treffe Wolfram M., einen entfernten, etwa gleichalten Verwandten, hier in Marseille auf der Straße. Er erzählt mir mit Stolz, dass er soeben Adolf Hitler begegnet sei. Der Führer habe wie jeder seine Einkäufe gemacht. Wolframs Augen leuchten und plötzlich bricht es aus ihm heraus: "Hitler fehlt uns. Er muss so schnell wie möglich wieder ans Ruder und Deutschlands Größe und Ruhm zurückerobern!"

Wolfram war ein sehr scharfsinniger Junge, aber etwas "eigenartig". Kurz vor dem Abitur verließ er die Schule und blieb von da an zu Hause. Die Nervenärzte erklärten ihn als (unheilbar) "schizophren". Seine Mutter war eine herzensgute, aber schwache Person. Sein Vater, ein Hochschulprofessor mit besten Umgangsformen, war sehr deutsch-national, überzeugter Anhänger der Lehre von der "Ungleichheit der Menschenrassen"[164] und ein überzeugter Antisemit. (Hat er je daran gedacht, dass seine verehrte Regierung ein paar Jahre vorher seinen "geliebten" Sohn wahrscheinlich ermordet hätte?)

Ich bin entsetzt von meinem Traum.

---

[164] Titel des Hauptwerkes von Joseph Arthur de Gobineau (1816–1882) einer der Begründer der Rassentheorien. Es befand sich im Bücherschrank dieses entfernten Verwandten neben vielen anderen Büchern mit dem national-sozialistischen Gedankengut.

Auch wenn ich diese Liebeserklärung an Hitler in den Mund eines "Verrückten" lege, der Träumer bin ich. Beweist nicht dieser Traum, wie mächtig meine kindliche Einfühlung in die Wünsche meiner Nächsten war? Er zeigt auch, wie sich die Zensur während des Träumens auflockert. Sicher bin ich, dass sehr viele Deutsche nach der Niederlage solche Wünsche haben mussten. Aber dass sie noch 50 Jahre später in meinem Unbewussten "laut werden", wirft mich um!

Heute, am 24. April 2015 gedenken wir des Genozids an den Armeniern vor 100 Jahren,[165] *während in der Türkei immer noch ein "Erinnerungsverbot" herrscht. Die deutschen Regierungen mogeln sich mit einer Vermeidungsstrategie durch, weil sie einerseits ihrem langjährigen Verbündeten und den eingewanderten Türken Unbehagen*[166] *vermeiden möchten und zum andern, sehr wahrscheinlich, weil unser Land bereits bei diesem Völkermord eine hohe Mitverantwortung trägt.*

Frank Nordhausen schreibt in seinem aufschlussreichen Artikel:[167] *"Es ist vielfach belegt: Unmittelbar nach Beginn des Völkermords an den Armeniern, dem bis zu anderthalb Millionen Menschen zum Opfer fielen, wusste die Reichsregierung in Berlin sehr genau, was sich auf dem Gebiet ihres Kriegsverbündeten in Anatolien abspielte – und sie tat nichts." Er zitiert unter anderem die Pariser Historikerin Claire Mouradian, die daran erinnert, dass ein im Abkommen von Sèvres geplantes internationales Tribunal im Vertrag von Lausanne 1922 zugunsten einer Amnestie für alle zwischen 1914 und 1922 verübten Verbrechen aufgegeben wurde. Sie fügt hinzu: "Indem die Henker nicht verfolgt wurden, konnten sie neue Verbrechen begehen. Von dort gibt es eine Verbindung zur Schoah – denn man wusste um die Straflosigkeit des Genozids." Darauf hat sich anscheinend auch Hitler gestützt, als er kurz vor dem Angriff auf Polen während einer geheimen Versammlung seinen Generälen befohlen habe, "unbarmherzig und mitleidslos Mann, Weib und Kind polnischer Abstammung und Sprache in den Tod zu schicken. Nur so gewinnen wir den Lebensraum, den wir brauchen. Wer redet heute noch von der Vernichtung der Armenier?"*[168]

---

[165] https://www.perlentaucher.de/essay/die-chiffre-1915-einsames-oder-gemeinsames-gedenken.html [zuletzt: 15.02.2017]

[166] http://www.faz.net/aktuell/feuilleton/brandenburg-voelkermord-an-armeniern-vom-lehrplan-genommen-1208914.html [zuletzt: 15.02.2017], Regina Mönch, 2005.

[167] Frank Nordhausen, 19. März 2015.

[168] https://en.wikipedia.org/wiki/Hitler's_Obersalzberg_Speech [zuletzt: 15.02.2017]

Am Abend ruft mich Maïcha, meine langjährige armenische Freundin an, um mir mitzuteilen, dass Deutschlands Präsident gestern im Berliner Dom nicht nur klar von "Genozid" an den Armeniern gesprochen habe, sondern auch von der Mitschuld des Deutschen Reichs.[169] *Sie war von dieser Geste sichtlich berührt und erleichtert.*

Ihr Großvater väterlicherseits gehörte zur Bildungsschicht und war Bürgermeister einer kleinen Stadt in Anatolien. Er hatte neun Kinder. Seinen ältesten Sohn konnte er noch vor dem Völkermord zum Studium nach Amerika schicken, sein zweites Kind, eine Tochter heiratete den Sohn des im Ort angesehenen türkischen Nachbarn, der auch die zweite Tochter und die Mutter bei sich aufnahm. Der Großvater gehörte zu den ersten Opfern. Sein jüngstes Kind, Maïchas Vater, damals knapp zwei Jahre alt, wurde von derselben türkischen Familie aufgenommen und gerettet. Die übrigen fünf der neun Geschwister sind jedoch auf grausame Weise ermordet worden.

Seit 2014[170] *spricht zwar die türkische Regierung (im Namen ihres Volkes) den Armeniern wegen der "Vorfälle"*[171] *ihr Beileid aus, verfälscht und minimalisiert aber weiterhin die schon 1919 (auch vom besiegten Osmanischen Reich) anerkannte historische Wirklichkeit. Sie setzt damit (per definitionem) das Verbrechen der Ahnen fort.*

Aus meiner eigenen Erfahrung kann ich nur bestätigen, dass es wirklich keine Schande ist, die Verbrechen seiner Vorfahren ohne Vorbehalt und in allen Einzelheiten anzuerkennen. Eine Annäherung mit den Nachkommen der Opfer ist anders absolut unmöglich.

Obwohl ich mich dank meiner Arbeit an dem Thema erleichtert fühle, bin ich noch immer beschämt, wenn einer von ihnen über Verbrechen spricht, von welchen ich bisher noch nichts wusste. Mit der Zeit habe ich verstanden, dass meine Haltung nur durch meine Kenntnisse auch von Details wirklich glaubhaft wird.

Ich höre oft von der Befürchtung, die Beschäftigung mit unserer (schuldbeladenen) Vergangenheit, behindere den Blick in die Zukunft. Ganz im Gegenteil: Er öffnet sich. Die Zukunft wird, was sie wirklich sein kann, sobald sie nicht mehr vorrangig der "Flucht nach vorne" dient.

---

[169] http://www.zeit.de/politik/deutschland/2015-04/armenien-joachim-gauch-voelkermord-genozid [zuletzt: 15.02.2017]; am 2. Juni 2015 hatte der Deutsche Bundestag das Massaker an den Armeniern als "Völkermord" bezeichnet.

[170] http://www.faz.net/aktuell/politik/ausland/jahrestag-des-voelkermordes-erdogan-spricht-armeniern-erstmals-beileid-aus-12907469.html [zuletzt: 15.02.2017]

[171] Mely, Kiyak, 2015.

Marseille, den 20. Dezember 2002

Auf der Seite 153 des Buches *Les Origines* (Die Ursprünge) von Rainer Schürmann[172] lese ich: "... deutsche Soldaten spielten mit einem sieben Monate alten Baby Fußball ..."

Im ersten Moment dachte ich: Wie liebenswürdig von den Soldaten, ein kleines Kind mitspielen lassen. Aber sofort danach ging mir auf, dass ein sieben Monate alter Säugling noch nicht laufen kann ...

Was müssen Menschen, die das tun, sich selbst und den "Mitspielern" beweisen? Keine "Obrigkeit" kann sie dazu gezwungen haben. Was spielt sich hier ab? – Ein Gedanke kommt mir aus der Erzählung eines Patienten, der in einer Familie aufwuchs, wo jeder jeden hasste und sich keiner um ihn kümmern wollte. Ständig wurde er von einer Person zur anderen "abgeschoben". Er selbst fasste seine grauenvolle Kindheit mit den folgenden Worten zusammen: "Ich wurde gekickt von einem zum anderen." Ich weiß nicht mehr, ob er hinzufügte: "Doch mir hat das nichts ausgemacht", jedenfalls erschien er als ein völlig "abgehärteter" Mensch, der den Zugang zu seinen Gefühlen verloren hatte.

Marseille, den 12. Januar 2003
und Thessaloniki, den 26. April 2015

Heute früh habe ich mir die Haare geschnitten. Als ich sie auf dem Fußboden zusammenfegte, musste ich an die Lager denken und an den Empfangsritus für die "Ausgesuchten", die noch solange zu gebrauchen waren, bis sie sich zu Tode gearbeitet hatten. Diese Menschen wurden im wahrsten Sinn des Wortes "verarbeitet" ... Und ich denke an die anderen Menschen auf der anderen Seite, die die Erschöpften stundenlang stehen ließen, auf sie einschlugen, sie schikanierten, beleidigten und Spaß daran hatten ... Den Zugang zu seiner Seele verlieren. Den Zugang zu sich selbst verlieren. Sich selbst abwesend sein. Nur noch ein Teil eines riesigen gemeinsamen "Trauerspiels" sein. Jeder spielt seine Rolle da, wo er hinbeordert wurde. Alle sind mit allen, keiner ist mit sich. Keiner ist er selbst. Keiner ist "an-sprechbar" ...

In meinem vierten Lebensjahr habe ich dieses "Sich-selbst-abwesend-sein" eines Anderen zum ersten Mal bewusst gesehen. Ich sah es in den Augen meiner Mutter. Meine Schwester war an Scharlach erkrankt und in die Kinderklinik gebracht worden. Auch ich kam aus "Sicherheitsgründen" ins Krankenhaus, aber nicht in dasselbe Zimmer. Ich wurde abgesondert und lag allein in einem kleinen Raum mit fahlem Licht. Am Fußende meines Bettes befand sich die Tür. Die Tür hatte ein großes durchsichtiges Fenster; dorthin schaute ich

[172] Rainer Schürmann, 1976.

und hoffte meine Mutter ankommen zu sehen. Aber nur weiße Gestalten huschten herum. Ganz selten kam eine Krankenschwester zu mir herein, vielleicht weil ich weinte. "Wann kommt meine Mutti?", war meine einzige Frage. "Sie kommt bald", hörte ich, aber sie kam "nie". Das endlose Warten war eine wahre Qual, die erst aufhörte, als ich aus Erschöpfung einschlief. Viele Einzelheiten habe ich vergessen. Ich weiß nicht mehr, ob es gleich nach meiner "Ablieferung" war oder später bei einem Besuch, aber ich sah von meinem Bett aus, hinter dem Türfenster die Augen meiner Mutter, die zu mir gerichtet waren, mich aber nicht sahen. Ich erkannte sie nicht mehr. Ihr Blick traf mich nicht. Er war teilnahmslos und ging ins Ungewisse. Wir waren völlig getrennt. Sie sah verloren und einsam aus wie ich. Unerträglich war das. Ich wollte sie bei mir, aber sie blieb fern. Selbst etwas tun zu können, war für mich damals undenkbar. Mein Geist war unwirksam und mein Körper gelähmt ...

Als ich mich bei meiner zweiten Psychoanalyse zum ersten Mal auf die Couch legte, kam mir genau diese Szene in Erinnerung, und ich fühlte mich erstarrt und ohnmächtig wie einst. Auch das verzweifelte Gefühl der Trennung war wieder da. Ich glaube, sie hatte damals aus Selbstschutz die Verbindung zu dem Kind in ihr verloren und dadurch auch den Kontakt zu mir.

Am Ende der 8 Jahre Analyse erinnerte ich mich erneut dieser Situation, und zum ersten Mal in meinem Leben wurde mir bewusst, dass ich als Dreijähriger laufen konnte. Warum bin ich damals nicht einfach aufgestanden und zu meiner Mutter an die Tür gerannt? 55 Jahre musste ich alt werden und 16 Jahre auf der Couch liegen, um zu erkennen, dass ich nicht nur Warten und Erwarten muss, sondern selbst etwas für mich tun kann! Ich bin wahrlich ein "Musterbeispiel" dafür, wie die Erziehung zum Gehorsam und die angeborene Angst vor der Obrigkeit nicht einmal den bloßen Gedanken eines eigenen Willens ermöglicht. Auch meine Mutter, die so willensstark schien, hat gehorcht. Auf einmal darf sie ihr Kind nicht mehr anfassen, weil der Gott in Weiß sagt "es ist ansteckend"? Warum hat sie nicht alle zur Seite gestoßen, die Tür aufgerissen, mich aus dieser Angstanstalt geholt und gewettert: "Ich weiß, was ich mache, ich nehme die Verantwortung auf mich. Macht Platz. Aus mit dem Gehorsam und Vertrauen ins Leben!"

Mir bleibt heute ein jämmerliches Bild von den meisten "Autoritätspersonen", denen ich in meinem Leben begegnet bin. Ich könnte eine Reihe trauriger Geschichten erzählen. Je strenger und unbiegsamer sie waren, um so mehr haben sie geschwitzt und nach Angst gerochen. Halbtot vor Angst mussten sie gewesen sein, um alles beherrschen und überprüfen zu wollen. Das Einzige, was sie am Leben hielt, waren die eingeschüchterten Gesichter der Gehorsamen und der Wahn, besser zu wissen und daher "das Recht" (jedes Recht) zu haben. Wie gut für sie, dass sie gebraucht wurden in Schulen, in Krankenhäusern, in Ämtern und in Kasernen, sonst hätten sie niemanden zu drangsalieren.

Marseille, den 12. Februar 2003

Nicht das Fehlen der geliebten Person ist das Schlimmste, sondern ihr Fehlen trotz ihres Versprechens, da zu sein.

Marseille, den 26. Februar 2003
und Thessaloniki, den 29. April 2015

Wer so Schwerwiegendes wie Völkermorde geschehen lässt, einfach übergeht oder vergessen will, dessen Seele kann sich nicht entwickeln und die seiner Kinder nur mit Mühe. *Sein Leben jedoch kann "wunderbar" sein. Alle Naziverbrecher, die sich in Schutz gebracht haben, beweisen das. Der in Spanien lebende ehemalige Offizier der Waffen-SS, Paul Maria Hafner, ist hierfür ein erschreckendes Beispiel. Vor ein paar Jahren sah ich einen TV-Dokumentarfilm über ihn.*[173] *Dieser joviale "alte Herr" lebt ungestört in seinem "Paradies" und zeigt nicht die geringste Scham, sich seiner unumstößlichen nationalsozialistischen "Werte" lauthals zu bekennen.*[174]

Ich spreche viel von dem, was meine Großeltern und Eltern zu ihren Lebzeiten geschehen ließen. Denke ich daran, was ich heute zulasse? Millionen verhungern, zwar in anderen Erdteilen; aber auch direkt vor unseren europäischen Ufern ertrinken Tausende. Das lasse ich geschehen. Wie sehr bin ich berührt vom Schicksal dieser Mitmenschen? Was tue ich für sie? Was werde ich meinem Enkel antworten, wenn er mir in 20 Jahren diese Fragen stellt?

Denke ich nicht, ohne es mir zu gestehen, dass es für die "armen" Armen leichter ist zu sterben? Denke ich nicht, dass der Verlust dieser Menschen weniger Gewicht hat als mein eigener Tod oder der meiner Nächsten? Denke ich nicht, dass die Notdürftigen in den benachteiligten Ländern sowieso weniger Lebenserwartung haben? Bin ich nicht dabei, wenn auch "gedankenlos", wieder einmal "Untermenschen" zu erfinden?

Marseille, den 11. April 2003

Was weiß ich, was wissen wir von der Wirklichkeit und der Gewalt unserer Ängste? Ich weiß, dass sie unsere größte Aufmerksamkeit benötigen und wir ihnen entgegengehen müssen, sonst holen sie uns ein und bestimmen unser

---

[173] Günter Schwaiger, 2007: http://www.spiegel.de/kultur/kino/film-ueber-alt-nazi-herrenmensch-in-unterhose-a-549603.html [zuletzt: 15.02.2017]

[174] http://deuxiemeguerremondia.forumactif.com/t8166-hafner-s-paradise-les-vraies-valeurs-selon-hafner-2007 [zuletzt: 15.02.2017] (Interview auf Französisch).

Tun und Lassen. Ist es nicht verrückt, was uns unsere verquaste Existenz auferlegt? Um uns zu retten, müssen wir uns gerade dorthin begeben, von wo wir am meisten fliehen möchten.

Marseille, den 6. Mai 2003

Ich glaube nicht, dass wir Menschen "böse" sind. Ich glaube, wir sind fragil (schwach, hilflos und zerbrechlich). Prekär ist unsere Existenz (unsicher, schwierig und heikel). Unsere ersten Schutzreflexe stellen sich ganz von alleine ein. Am Anfang helfen sie uns zu überleben, und am Ende töten sie uns oder andere.

Marseille, den 11. Juni 2003

Gerade fällt mir noch etwas aus unserer verrückten Existenz ein: Wer sich als ein Nichts fühlt, kann Vater oder Mutter werden, dann ist er auf einmal Alles …

Marseille, den 6. Juli 2003

Seit einiger Zeit kenne ich die Schlussfolgerung meiner Studien über den Deutschen Wahn. Sie ist erschreckend für mich. Deshalb schiebe ich es vor mich hin, sie hier niederzuschreiben.

Wäre ich 30 Jahre früher geboren, in der damaligen Umwelt, mit demselben Erbe, in derselben Weise erzogen, mit derselben Gewalt in mir (also bereit sie weiterzugeben), dann hätte ich wahrscheinlich zu der großen Masse gehört, die der Welt zeigen wollte, dass der Deutsche jemand ist. Jemand, der sich vor nichts fürchtet, und der die härtesten Belastungen auf sich nimmt, um "Führer, Volk und Vaterland" zu dienen. Ich hätte womöglich auch das Zeug gehabt, mich mit Feuereifer für die deutsche Elitetruppe, die SS, zu bewerben und dort zu wirken. Vielleicht wäre ich überaus beflissen und strebsam gewesen, hätte schnell einen hohen Grad erreicht, hätte mich an den Schwächeren gerächt für alle alten Kränkungen, und hätte möglicherweise auch in einer Mordfabrik mitgearbeitet. Sicherlich hätte ich den "wunderbaren" Wahn übernommen, zu den "auserwählten" Herrenmenschen zu gehören, und hätte vermutlich daran Gefallen gefunden, "Minderwertige" verenden zu sehen … Obendrein hätte ich geglaubt, eine gute Seele zu haben, denn "DAS ALLES WIRD JA NUR GETAN, UM DEUTSCHLAND UND DIE WELT ZU VERBESSERN!"

So folgerichtig es klingt, dieses Fazit ist extrem bitter. Ich muss aber fähig sein, es denken zu können. – Gab es nicht solche "Zweihundertprozentige" millionenfach?

Marseille, den 19. Juli 2003

Heute erklärte mir ein deutscher Patient: "Meine Mutter war technisch einwandfrei, aber gefühlsmäßig eine Null."

Wenn wir anfangen, den entsetzlichsten Dingen ins Auge zu sehen, hat unsere Genesung begonnen.

Thessaloniki, den 3. August 2003

Jemand, der nicht in der deutschen Kultur aufgewachsen ist, wird unsere "Deutsche Krankheit" schwerlich nachempfinden können. Ebenso wenig derjenige, der Deutschland nicht genügend lange von außen betrachtet hat.

Marseille, den 30. Oktober 2003

Sich die Vergangenheit aneignen, heißt nicht nur zugeben, dass Hitler den Traum der deutschen Mehrheit verkörperte, sondern auch, dass wir mit diesem "Traum" eine Wahnkrankheit erklärt haben, die von Vollkommenheits- und Vernichtungsgelüsten genährt war und einige Millionen schwer gekränkte Kinder aller Gesellschaftsschichten auf einen gemeinsamen Nenner gebracht hatte.

Marseille, den 23. April 2004

Soeben habe ich den Dokumentarfilm, *Ombres de cristal – seit sechzig Jahren judenfrei* von Yves Jeuland[175] gesehen. Der Autor begleitet Zoya Fiedler, die Enkeltochter der Familie Reinhardt und deren Mutter bei einem Besuch ihrer deutschen Heimat, dem hessischen Städtchen Dudenhofen. Als einzige jüdische Familie im Ort wurde sie von Nachbarn während der "Kristallnacht" verjagt und ihr Hab und Gut vernichtet. Mit Ausnahme von Zoyas Mutter sind alle übrigen Familienangehörigen ermordet worden.[176] Sie war damals etwa 12 Jahre alt. Sie erinnert sich an alles. Nach ihrer Schätzung seien etwa 80 % der Bevölkerung Nazis gewesen. Heute die Menschen herumlaufen zu sehen, als sei nie etwas gewesen, lässt sie ausrufen: "Wenn ich die so sehe, könnte ich sie alle erschießen!"[177]

Der Versuch, mit den Kindern der damals an dem Pogrom Beteiligten zu sprechen, scheitert, da entweder die Türen verschlossen bleiben oder, die seltenen Male wo man zu einem Gespräch bereit ist, gelogen wird. Oder man redet sich heraus: "Mein Vater (langjähriges SA-Mitglied) hatte Befehle. Wenn er es nicht getan hätte, hätten andere es getan und noch schlimmer gewütet. Sowieso ist allein Hitler an allem Schuld. Außerdem vergisst man heute, wie viel Gutes Hitler für die Deutschen getan hat. Damals gab es wenigstens Ordnung ..." – Mir war übel, die ganze Sendung über.

---

[175] Yves Jeuland, September 1998.

[176] http://www.fr-online.de/kreis-offenbach/rodgau-entrechtet-verjagt-und-ermordet, 1473032, 10283914.html [zuletzt: 15.02.2017]

[177] http://www.conne-island.de/nf/60/23.html [zuletzt: 15.02.2017]

Nur eine alte Schulkameradin fällt ihrer Freundin in die Arme. Beide weinen. Der protestantische Pfarrer begrüßt anlässlich seines Gottesdienstes die anwesenden Mitglieder der Familie Reinhard und drückt sein Bedauern aus. Der zur Nazizeit amtierende Kollege predigte für die Erneuerung des "deutschen Christentums" und missbrauchte sein Amt, um die Gemeinde gegen Juden und andere "Fremdrassige" aufzuhetzen. Ein zeitgenössischer Film dokumentiert dies.

Marseille, den 18. Mai 2004

Was mir bei uns Deutschen besonders bezeichnend erscheint und meines Erachtens ein wichtiges Element unserer krankhaften Veranlagung darstellt, ist die Gegensätzlichkeit von hoher technischen Begabung und großer Unsicherheit im Bereich der Gefühle. Dazu gehört auch, was mir sehr häufig auffiel, der oft riesige Kontrast zwischen ausgedehntem Wissen über viele Dinge und völliges Unwissen über sich selbst, sein Unbewusstes.

Unsere erkennbaren und anerkannten technischen und wirtschaftlichen Fähigkeiten vermitteln uns den Eindruck, alles meistern zu können und unser Leben im Griff zu haben. Aber wir vergessen dabei, wie wenig wir unsere Triebe, unsere enttäuschten frühkindlichen Bedürfnisse und unsere tiefen Ängste kennen.

Vielleicht sind es gerade diese unbewussten Bedrohungen, die unsere "Begabungen" entstehen lassen, aus Abwehr und Schutz?

Marseille, den 6. Juni 2004

Zu schreiben, was ich hier schreibe, ist mir ein Bedürfnis. Ich möchte meinen Empfindungen Ausdruck verleihen und mir Luft machen. Auch wenn vieles sehr persönlich ist und stören mag. Gerade das mir Persönlichste will ich vermitteln, denn niemand kann das an meiner Stelle tun. Ich hoffe, mit meinen Bekenntnissen und Überlegungen beizutragen, die schwer zugänglichen (subjektiven) Gründe aufzudecken, die unseren Nazi-Wahn und seine Verbrechen möglich machten. Als "Fachmann" weiß ich, dass wir neue Krisen nur dann vermeiden können, wenn wir uns unserer Schwachstellen oder krankhaften Veranlagungen bewusst sind, und sie nie aus den Augen verlieren.

Thessaloniki, den 13. Juli 2004

Gestern hatte ich wieder einen bemerkenswerten Traum.

Ein erwachsener Mann erhält von einem älteren (seinem Vater?) den Befehl, einen jungen Mann (seinen Sohn?) zu maßregeln, weil er dem Ältesten nicht gehorchen will. Der Erwachsene, voller Hass und Zorn (gegen seinen Vater?) ergreift den Jüngeren bei den Fußknöcheln und schleudert ihn, Schopf nach unten von einer Seite zur anderen, sodass der Kopf wieder und wieder auf dem Boden aufschlägt.

Weil mir als Zuschauer die Szene unerträglich ist, versuche ich, den Wutentbrannten am Weitermachen zu hindern, jedoch ohne Erfolg; seine Wut war ihm noch nicht vergangen. Die Zeit scheint endlos, bis der Erbitterte, völlig erschöpft, die Quälerei einstellt, sein lebloses Opfer am Boden liegen lässt und sich langsam zu dem Haus im Hintergrund begibt. Er hat unterwegs eine Axt aufgelesen und schlägt damit eine Fenstertür im Gartengeschoss ein. Es sieht so aus, als wolle er jetzt die im Inneren verschanzten Frauen in Stücke hacken.

Ich wache auf. Gepeinigt. Mein ganzer Körper schmerzt.

Ich glaube zu verstehen, worauf dieser Traum anspricht. Der Mann im mittleren Alter hat nicht den Mut, den Befehl des Älteren (der Obrigkeit) zu verweigern. Seinen Hass gegen diesen und gegen seine eigene Ohnmacht lässt er an dem Schwächeren, dem Jungen, aus. Er macht ihn (buchstäblich) fertig. Dann macht er sich an die Frauen und bringt sie um, als ob sie letztlich die Verantwortlichen seien.

Ich denke an unsere Erfahrung mit der Urmutter. Von ihr hängt unser Leben ab, also ist sie die "Urverantwortliche".

Und woher kommt diese unerschöpfliche Gewalt?

Den ein Leben lang aufgestauten Hass gegen die Befehlenden kann der zum Gehorsam gedrillte Einzelne nicht gegen seine (oft verherrlichte) Autorität richten, sondern nur gegen den Schwächeren. Wie im Traum tobt sich der Gehorsame desto williger an seinem Opfer aus, als er es auf Befehl tut. Nach außen hin gehorcht er ja nur. Er selbst braucht sich nicht verantwortlich zu fühlen. Nichts steht auf dem eigenen Konto. Seiner Hassentladung sind also keine Grenzen gesetzt.

Ich glaube, diese Szene hat sich bei unseren Kriegs- und Naziverbrechen millionenfach abgespielt. Und mein Traum, der sich aus meinen persönlichen Trieben speist, beschreibt recht einleuchtend den universellen (meist unbewussten) Tätermechanismus des "selbstlosen" Menschen.

Der so häufige Mord an Frauen könnte durchaus mit dem Hass gegen die "Urmutter" erklärt werden; und derjenige an Kindern und Säuglingen mit der Verdrängung des Kindes in sich bzw. der Vernichtung des Abbilds unseres ursprünglichen Ausgeliefert-Seins, unserer unerträglichen Ohnmacht.

Weiterhin entnehme ich meinem Traum, dass ich den Ausgangspunkt unseres Gewaltvorrates (im Einklang mit meiner eigenen Erfahrung) in die familiäre "Vertrautheit" des Einzelnen lege und nicht ins namenlos Geschichtliche.

Marseille den 20. Juli 2004

Das Eigentliche unserer "Deutschen Krankheit" und der Krankheit meiner "gemeinen deutschen Familie" ist (oder war) nicht allein die Blindheit bezüglich des Heillosen in der dramatisch beschränkten "Kultur" des Deutschtums, sondern die unerschütterliche Überzeugung, immer Recht zu haben und im Recht zu sein! Diese wahnhafte "Selbstsicherheit" lässt nichts anderes zu als Gehorsam und Unterordnung.

Die Grenzen unseres Wissens sind nicht die Mängel unserer "Wissenschaft", sondern unsere Angst vor uns selbst, vor Wahrheiten, die so unerträglich sind, dass sie unvorstellbar werden.

Solange wir leugnen, diese Angst zu haben, müssen wir sie verkörpern. Sie wird die unterschwellige und unerkannte Macht bleiben, die unser Dasein und unsere Taten bestimmt.

Wie können wir Deutschen eingehen auf uns und unsere Ängste, ohne einzugehen, ohne zu sterben?

Prenons le temps! (Nehmen wir uns unserer Angst an und nehmen wir uns die nötige Zeit!)

ZUSAMMENFASSUNG

WAS, ALS DEUTSCHER, ZU "AUSCHWITZ" SAGEN?[178]

Sich die Wirklichkeit "Auschwitz" (als Sinnbild aller Nazi-Verbrechen) vor Augen zu halten, verschlägt die Sprache. Und Auschwitz, das "berühmteste" aller Lager, ist nur eines von den 42 500 "Gefängnissen", Ghettos, Konzentrations-, Vernichtungs- und Arbeitslager in dem von Deutschen besetzten Europa.[179] Uns die Millionen und Millionen von gequälten und zu Tode geschundenen Menschen und Familien zu vergegenwärtigen ist unerträglich und bleibt im Grunde unmöglich. Zudem, als Deutscher, mich immer wieder zu erinnern,

---

[178] Dieser Text ist die leicht veränderte Wiedergabe eines Vortrags, den ich am 31. Januar 2014 in der städtischen Bibliothek von Thessaloniki anlässlich einer Gedächtnisveranstaltung zum 69. Jahrestags der Befreiung der Konzentrationslager Auschwitz-Birkenau-Monowitz gehalten habe. http://www.alterthess.gr/content/ti-mporo-os-germanos-na-po-gia-aoysvits-toy - titoys-mileh#_ftn1 [zuletzt: 15.02.2017]

[179] Eric Lichtblau, "The Holocaust Just Got More Shocking", veröffentlicht am 1. März 2013, *New York Times*. http://www.nytimes.com/2013/03/03/sunday-review/the-holocaust-just-got-more-shocking.html [zuletzt: 15.02.2017]

dass all dies von meinen Landsleuten verwirklicht oder zugelassen wurde, belebt in mir, ob ich will oder nicht, mein seit langem bestehendes, tiefes Scham- und Schuldgefühl. Es ist für mich, als Deutscher, unvorstellbar geworden, mich nicht mit dem Holocaust und den anderen Naziverbrechen zu beschäftigen. Eine eindringliche Auseinandersetzung mit der Frage "Wie war es möglich?" habe aber auch ich erst seit Ende der Achtziger Jahre (ab etwa meinem 40. Lebensjahr) begonnen.

Was kann ich zusammenfassend zu dieser Frage "Wie war es möglich?" sagen.

Um Wiederholungen von Katastrophen zu vermeiden oder ihnen vorzubeugen, müssen wir deren Entstehungsfaktoren erkennen und erforschen. Die historischen und gesellschaftlichen Faktoren sind weitläufig untersucht. Täglich nimmt die Anzahl der Veröffentlichungen zum Thema zu,[180] sodass es unmöglich ist, sie alle zur Kenntnis zu nehmen. Meine Aussagen sind daher sehr unvollständig.

Womit ich mich vorrangig beschäftige, sind die persönlichen, familiären und kulturellen Vorbedingungen, besonders jene, die oft unbewusst bleiben. Für meine Nachforschungen habe ich in erster Linie mich selbst und meinen familiären Hintergrund als "Material" verwendet. Etwas, was übrigens kaum ein anderer als ich selbst tun kann.

Wie viele wissenschaftliche Forscher[181] habe auch ich, als Laie, festgestellt (oder feststellen müssen), dass im deutschen Sprachraum eine besondere Empfänglichkeit zum autoritären Denken und Handeln bestand und vermutlich noch besteht. Auch wenn wir ihre Allgemeingültigkeit anerkennen, hat sie in Deutschland, zumindest quantitativ, einen Grad erreicht, der das "Unmögliche" möglich machte.

Wie lässt sich diese "typisch deutsche" Empfänglichkeit zum Autoritären näher beschreiben? Wissend, dass kein Volk oder Staat eine Einheit bilden kann,[182] versuche ich, die Nazizeit und ihre Gräueltaten (global von außen betrachtet) als einen kollektiven Krankheitsausbruch anzusehen. Die Symptomatik kann Aufschlüsse über die dahinterstehende "Anfälligkeit" einer ausschlaggebenden Anzahl Einzelner geben. Als erstes fällt auf, dass dieser "Ausbruch" die Erscheinung einer Wahn- oder Geisteskrankheit hatte. Als Psychiater wis-

---

[180] Siehe hierzu, Alain Finkielkraut, 2010.

[181] Siehe u. a. Norbert Elias, 1992.

[182] Siehe u.a. die sehr aufschlussreiche Abhandlung *Die Schuldfrage* von Karl Jaspers aus dem Jahr 1946.

sen wir, dass diesen Krankheiten meistens eine Identitätsschwäche, ein mangelndes Selbst zu Grunde liegt.

Wie kann es dazu kommen? Wie wird, von Grunde auf Selbst-Entwicklung verhindert?

Am Anfang war Erziehung[183] antwortet mit ihrem Buchtitel die Kindheitsforscherin Alice Miller. Sie beschreibt sehr ausführlich die Wirkungen des traditionellen deutschen Erziehungsstils. (Vielleicht hat sich hier seit dem Ende der 1960er-Jahre einiges verändert, jedoch, meiner Erfahrung nach, eher an der Oberfläche.) Der Historiker Philippe Burrin stellt andererseits in seinem Buch *Hass und Grauen. Essay über den nationalsozialistischen Antisemitismus*[184] sehr klar die herkömmlichen deutschen Werte dar. Diese sind, nach ihm, (und ich folge ihm darin) nicht universelle Werte, sondern "lokale" oder zweitrangige Werte. Als ersten nennt er das "Deutschtum", eine geo-biologische Qualität, die nur durch das Blut weitergegeben wird. - Ein "Wert", der schon in seinem Ansatz durchaus rassistisch ist. Die übrigen "Werte", auf denen sich dieses "Deutschtum" aufbaut, sind nach ihm: Gehorsam, Disziplin, Obrigkeitshörigkeit, Ordnung, Gefühlskontrolle, Pünktlichkeit, Sauberkeit und Leistung (insbesondere auf den Gebieten der Technik, des Militärs und des Sports). Kann eine Erziehung, die den Kindern ganz vorrangig diese Werte vermittelt - um nicht zu sagen "einpaukt" - selbstbewusste, selbstständige und mündige Menschen hervorbringen? - Das Gegenteil ist der Fall.

Werfen wir nun einen Blick auf die deutsche Sprache.

Wir wissen, dass sich in jedem sprachlichen Ausdruck die unbewusste Auffassung der mitzuteilenden Angelegenheit anzeigt oder "entpuppt". Die folgenden drei deutschen Vokabeln sind in diesem Sinne äußerst sprechend.

Die erste ist das noch immer sehr übliche Wort für Altruismus, die "Selbstlosigkeit". "Selbst-*losig*keit" heißt Sein ohne Selbst! - Wie soll oder kann eine Person gut sein zu einer anderen, ohne ein eigenes Selbst zu haben? - Ist diese unbewusste Auffassung des Gutseins nicht absurd (um nicht zu sagen, verrückt)?

Der zweite Ausdruck, untrennbar von jeder Erziehung, ist das deutsche Wort für die Weitergabe von Wissen und von Fähigkeiten, der "Unterricht". Was sagt "*Unter*-richt"? Richten nach unten! Und das sagt alles: Im deutschen Sprachraum ist der Wunsch oder die Handlung des Lehrens (oft unbewusst) ein Wunsch und ein Akt des Unterwerfens, des Unselbständig-machens.

---

[183] Alice Miller, 1983.

[184] Französischer Originaltitel: *Ressentiment et apocalypse. Essai sur l'antisémitisme nazi.* (Das Buch ist nicht auf Deutsch übersetzt.)

Ein dritter Ausdruck betrifft das lebenswichtige Gebiet der Heilkunde. In der deutschen Sprache nennen wir die ärztliche Tätigkeit, die zur Heilung verhelfen soll "Behandlung". Be*handeln* aber bedeutet soviel wie "*Hand*anlegen", "manipulieren", mit anderen Worten, den Kranken in einer Weise beeinflussen, die der gegenwärtigen Norm entspricht. – Wir sind also in unserer "Kultur" weit entfernt von dem Gedanken des "Dienstes" am Kranken, im Sinne des griechischen Wortes "Therapie".

Diese genannten, tief traditionell und kulturell verwurzelten Weisen, auf andere einzuwirken verhindern, oder behindern zumindest, die Selbstentwicklung und Mündigkeit des Betroffenen. Sie sind außerdem zwangsläufig erniedrigend, niederdrückend und kränkend, auch wenn dies nicht immer bewusst beabsichtigt wird. Kränkungen verursachen nicht nur, wie die deutsche Sprache sagt, Krankheiten, sondern Ärger, Hass und latente Gewalt.

Der selbstlose und unmündige Mensch hat logischerweise nicht die Fähigkeit, seinen Ärger und Hass direkt an seinem Unterdrücker abzureagieren. Er muss also diese Bedürfnisse auf andere übertragen. Er kann auch kaum, weil er es nicht darf, seinen Unterdrücker als seinen Feind oder Gegner betrachten und wird deshalb auch sein Feindbild auf andere projizieren.

Diese intimen, persönlichen Realitäten, vor allem das unterschwellige, unbewusste und oft unvorstellbar gigantische Gewaltpotenzial, können letztendlich zu dem führen, was in Auschwitz geschehen ist. Wenn eine Gemeinschaft, ein Volk oder eine Nation in einem genügend hohen Prozentsatz aus solchen gekränkten und selbstschwachen Kindern besteht, dann kann, unter gewissen Umständen, das "Unmögliche" durchaus möglich werden. Den Beweis haben wir.

Was wird ein Mensch machen, der auf Grund seiner inneren Erlebensgeschichte genügend Gründe angesammelt hat, ein potenzieller Gewaltmensch zu werden? Im besten Fall wird er, nachdem er sich seiner seelischen Schwäche und seiner inneren Hölle bewusst geworden ist, einen jahrzehntelangen schmerzlichen "Selbstfindungsweg" antreten, auf dem er sehr vieles neu erlernen muss. Im *häufigsten* Fall aber kann er nur überleben, indem er seine seelische Unzulänglichkeit und seine innere Hölle verdrängt und sie auf andere überträgt. Er wird sogar mehr oder weniger bewusst versuchen, Gelegenheiten und Objekte zu finden, um sich abreagieren zu können. In "normalen" Zeiten tut er es an seinen Kindern und an all denen, die unter ihm stehen. Und in Kriegszeiten – das sind für ihn die besten und meist ersehnten – hat er endlich seinen Feind oder seine Feinde. Er kann dann "denen" nicht nur "etwas feste drauf[185] ge-

[185] Siehe oben, S. 36.

ben" oder sie "ausrotten", sondern er erhält obendrein auch noch Lob, Geld und Ruhm dafür.

Das eben Gesagte führt dazu, noch ein anderes Zeichen des Wahnsinns oder der Verrücktheit zu nennen, das Gespaltensein. Bewusst sind der identitätsschwachen Person nur jene ihrer Seiten, die allgemeinen Gefallen finden, wie Höflichkeit, Bildung, sozialer Status, Wissen usw. Alles Unangenehme wie Unsicherheit, Angst, triebhafte kindliche Bedürfnisse, Ärger, Hass und potenzielle Gewalt, wird *abgespalten* und für immer ins Unbewusste verdammt. Viele von den so strukturierten Personen, die äußerlich nicht aktiv "dabei" waren, konnten die Aktiven *unbewusst* beauftragen, verhinderte eigene innere Abreaktionsbedürfnisse an ihrer statt zu befriedigen. All diese haben im Grunde, als "Untätige", weit mehr "getan" als nur zugelassen oder nur "dabeigestanden". (Hinterher betrachteten sie sich "selbst-verständlich" als völlig unschuldig.) Die ausschlaggebende Bedeutung dieser "Täterkategorie" sowie anderer "Mitläufer" oder "Zuschauer"[186] für das Zustandekommen des "Undenkbaren" wird, meiner Ansicht nach, noch immer unterschätzt. Was all diese "Untätigen" anbelangt, drückt sich die deutsche Sprache klar aus: Das Wort "Untat" bedeutet wörtlich die Nicht-Tat, das Nicht-tun und im geläufigen Sinn das Verbrechen, die Schandtat.

Gehen wir noch einmal zurück zu dem "deutschen Wahn" und der ihm zugrundeliegenden Identitätsschwäche. Warum gab es die übergroße Begeisterung für ein starkes großdeutsches Reich, für einen allmächtigen Führer und für den "unerbittlichen" Kampf gegen Unmengen von "unguten Menschensorten" oder allerlei "bösen" Feinden? Weil der Identitätsschwache zusammenbricht, wenn er sich nicht an einem Idol und/oder einer oft gemeinsamen "großen Sache", einer Ideologie, einem Dogma festhalten kann. – Das scheint mir übrigens die psychologische Basis aller Formen autoritären, totalitären und faschistischen Denkens zu sein.

Wenn dieses Bedürfnis der Identifikation sehr stark ist, kann es ohne weiteres zur Entwicklung von Wahnvorstellungen führen. Denn nur eine "unerschütterliche Überzeugung" gibt diesen Personen den existenziell notwendigen psychischen Halt. Natürlich hilft ihnen auch, dass ihr Wahn von sehr vielen geteilt wird. Sie fühlen sich als "Mitglied" oder "Anhänger" einer gemeinsamen "Bewegung" selbstverständlich "ganz normal". Die Nazi-Verrücktheit hat im Großen und Ganzen zwei Wahn-Themen hervorgebracht: Den Größenwahn

[186] Siehe Raul Hilberg, 1999.

und den Sauberkeitswahn. Der Größenwahn entspricht dem Wunsch, die eigene gekränkte Kleinheit zu beheben oder aufzuheben. Der Sauberkeitswahn lässt sich besser erläutern, wenn man die französische Sprache zu Rate zieht: Das französische Wort für "sauber", *propre,* bedeutet sowohl "sauber" als auch "eigen" und "selbst". Also, derjenige, dem das Eigene, das Selbst fehlt, oder es nur schwach ausgebildet ist, entwickelt fast zwangsläufig den Drang, sich die ihm zugängliche Welt *"propre"* zu machen, sie sich anzueignen und sie zu "säubern". Er fühlt sich gezwungen, "seine" Welt (und warum nicht gleich die ganze Welt) von all dem und denen zu säubern, die ihm fremd sind und ihn beängstigen, wie Behinderte, Geisteskranke, Homosexuelle, "Zigeuner", Juden, Slawen usw.[187]

Und hiermit sind wir wieder in Auschwitz ...
Am Ende eines Vortrags ist es üblich, ein "Schlusswort" zu sagen. Angesichts Auschwitz, des Holocaust und aller anderen Nazi-Verbrechen kann und darf es jedoch kein "Schlusswort" geben! Ich denke diesbezüglich an den in Deutschland sehr häufig zu hörenden Ausspruch: "Wir müssen endlich einen Schlussstrich (unter das Vergangene) ziehen!"[188]

Die Nachfahren der Betroffenen können, auch wenn sie es wünschten, keinen "Schlussstrich ziehen". Sie haben keine Ruhe.[189] Und die Nachkommen aller Verantwortlichen *sollten* keine Ruhe haben.

---

[187] Siehe auch Arno Gruen, 2002.

[188] Siehe u.a. Karl Jaspers (anlässlich der "Verjährungsdebatte" im Bundestag), 1966.

[189] Siehe oben S. 142, Gérard Haddat, 2011; Adriana Altaras, 2014 u. Nea Weissberg, 1996, 2008 und 2015.

Bibliografie

ALICKE, Klaus-Dieter, Lexikon der jüdischen Gemeinden im deutschen Sprachraum, Gütersloher Verlagshaus, 2008.

ALTARAS, Adriana, Doitscha, eine jüdische Mutter packt aus, Kiepenheuer & Witsch, Köln, 2014.

AMÉRY, Jean,

– Jenseits von Schuld und Sühne. Bewältigungsversuche eines Überwältigten, Klett-Cotta, Stuttgart 1977.

– Zur Psychologie des deutschen Volkes (1945), Gesammelte Werke, Band 2 (S. 500 – 534), Stuttgart 2002.

– Besuch in Deutschland, Rotbuchverlag, 1993.

– Eichmann in Jerusalem: A Report on the Banality of Evil, New York 1963.

ASSMANN, Aleida, "Die Chiffre 1915 – Einsames oder gemeinsames Gedenken?", Perlentaucher.de vom 25. 04. 2015. https://www.perlentaucher.de/essay/die-chiffre-1915-einsames-oder-gemeinsames-gedenken.html [zuletzt: 15.02.2017]

BIRSIM, Tassos, Burning woman at Kali Sikia by German Nazis, griechischer Dokumentarfilm (27'), 2014.

BODE, Sabine, Die deutsche Krankheit – German Angst, Piper, 2008.

BRECH, Sarah Maria, "Als Deutsche 'Nesthäkchens' Mutter ermordeten", Die Welt vom 13. Januar 2013. https://www.welt.de/geschichte/zweiter-weltkrieg/article112708668/Als-Deutsche-Nesthaekchens-Mutter-ermordeten.html [zuletzt: 15.02.2017]

BROWNING, Christopher, Des hommes ordinaires, Bibliothèque 10/18, Paris, 1992.

BRUMLIK, Micha, Wer Sturm sät ... Die Vertreibung der Deutschen, Aufbau Verlag, Berlin 2005.

BRUNNER, Jürgen; Matthias SCHREMPF und Florian STEGER, "Johannes Heinrich Schultz and National Socialism", Isr. J. Psychiatry Relat. Sci., Vol. 45, No. 4 (2008) p. 257–262.

To request for the full text:
https://www.researchgate.net/publication/24425054_Johannes_Heinrich_Schultz_and_National_Socialism [zuletzt: 15.02.2017]

BUBIS, Ignatz und Peter SICHROVSKI, "Damit bin ich noch längst nicht fertig", Ullstein Verlag, 1998.

BURRIN, Philippe, Ressentiment et apocalypse. Essai sur l'anti-sémitisme nazi, Seuil, 2005.

BUNDESARCHIV, Gedenkbuch – Opfer der Verfolgung der Juden unter der nationalsozialistischen Gewaltherrschaft in Deutschland, 1933-1945, 2006. https://www.bundesarchiv.de/gedenkbuch/ [zuletzt: 15.02.2017]

COUDRAY, Jean-Pierre. Freud et les Jiné. Un psychiatre au Mali 1981-1987, La Maison d'à côté, 2008.

ELIAS, Norbert, Studien über die Deutschen. Machtkampfe und Habitusentwicklung im 19. und 20. Jahrhundert, Suhrkamp, 1992.

FINKIELKRAUT, Alain, L'interminable écriture de l'Extermination, Edition Stock, Paris, 2010.

FRANK, Anne, "Ich glaube an das Gute im Menschen" Das Tagebuch der Anne Frank, S. Fischer, Frankfurt 1957.

FREI, Norbert (Hrsg. und Mitautor), Hitlers Eliten nach 1945, Deutscher Taschenbuch Verlag, München, 4. Auflage, 2010.

FRÖMMEL, Susanne, "Reservebataillon 101", Geo Epoche Nr. 43 (Der Zweite Weltkrieg, Band 1), Juni 2010.

FÜRST, Max (Autor), Margot FÜRST (Hrsg.), Gefilte Fisch und wie es weiterging, DTV, München, 2004.

GOLDSCHMIDT, Georges-Arthur,

– Quand Freud voit la mer, Buchet-Chastel, Paris, 1996.

– Quand Freud attend le verbe, Buchet-Chastel, Paris, 1999.

GRUEN, Arno, Der Fremde in uns, DTV, München, 2002.

GUNKEL, Christoph; Katja IKEN, "NS-Kriegsgräuel in Griechenland", Der Spiegel vom 04.02.2015.

http://www.spiegel.de/einestages/kriegsverbrechen-von-ss-und-wehrmacht-in-griechenland-a-1016511.html [zuletzt: 15.02.2017]

HADDAD, Gérard, Lumière des astres éteints. La psychanalyse face aux camps. Grasset, Paris, 2011.

HAUPT, Stefan, Ein Lied für Argyris, DVD, Salzgeber & Co. Medien GmbH, 2007. (105 Minuten)

HELLER, André; Otmar SCHMIDERER, Im toten Winkel. Hitlers Sekretärin, Dokumentarfilm, Österreich, 2001.

HILBERG, Raul, Die Vernichtung der europäischen Juden, Fischer, Frankfurt 1999.

HUMBERT, Fabrice, L'origine de la violence, Livre de Poche, Paris, 2009.

HOCHHUTH, Rolf, Der Stellvertreter, Rowohlt, Hamburg 1967.

JANKELEVITCH, Vladimir, L'imprescriptible, Seuil, Paris, 1986.

JASPERS, Karl,

– Wohin treibt die Bundesrepublik?, Piper, München 1966.

– Die Schuldfrage. Von der politischen Haftung Deutschlands, Piper, München (1946) 2012.

KIYAK, Mely, "Vorfall oder Völkermord?", Zeit-Online vom 22. April 2015. http://www.zeit.de/kultur/2015-04/armenien-voelkermord-bundestag-anerkennung [zuletzt: 14.02.2017]

KLEE, Ernst, Was sie taten. Was sie wurden. Ärzte, Juristen und andere Beteiligte am Kranken- und Judenmord, Fischer, Frankfurt am Main 1986.

KLEMPERER, Victor,

– LTI – Notizbuch eines Philologen, Berlin, 1947.

– Ich will Zeugnis ablegen bis zum letzten. Tagebücher 1933-1945 (Band I-VIII), Aufbau-Verlag, Berlin 1995.

– Und so ist alles schwankend. Tagebücher Juni – Dezember 1945, Aufbau-Verlag, Berlin 1996.

– So sitze ich denn zwischen allen Stühlen. Tagebücher 1945-1959 (Band I-II), Aufbau-Verlag, Berlin 1999.

KOUNIO-AMARILIO, Erika Myriam, Damit es die ganze Welt erfährt. Von Saloniki nach Auschwitz und zurück 1926-1996, Hartung-Gorre, 2003.

KRAUS, Karl, Die letzten Tage der Menschheit: Tragödie in fünf Akten mit Vorspiel und Epilog, ungekürzte Ausgabe, Jung und Jung Verlag, 2014.

KUNDERA, Milan, Die unerträgliche Leichtigkeit des Seins, Fischer Taschenbuch, 1987.

LANG, Hans-Joachim, "Frieden und Freude nur für kurze Zeit", Schwäbisches Tageblatt, Tübingen, 8. Dezember 2007.

http://www.kirchameck.de/GelMeld5.htm [zuletzt: 15.02.2017]

LECERF, Christine, «L'homme qui n'a pas connu la paix. Une lumineuse biographie de Jean Améry, le 'philosophe suicidé'», Le Monde 18/01/2008. (Die Autorin der Biographie ist Irène HEIDELBERGER-LEONARD, Jean Amery Revolte in der Resignation, Klett-Cotta Verlag, Stuttgart 2004)

LEVI, Primo, Si c'est un homme, Pocket, Paris, 1990.

LOHMANN, Hans-Martin (Hrsg.), Psychoanalyse und Nationalsozialismus. Beiträge zur Bearbeitung eines unbewältigten Traumas, Fischer, Frankfurt am Main 1984.

LONGERICH, Peter, «Nous ne savions pas». Les Allemands et la solution finale 1933-1945. Un aveuglement assassin, Éditions Héloïse d'Ormesson, 2008.

MATTHÄUS, Jürgen; Jürgen FÖRSTER, Richard BREITMANN, Konrad KWIET, Ausbildungsziel Judenmord? "Weltanschauliche Erziehung" von ss, Polizei und Waffen-SS im Rahmen der "End-lösung", Fischer, Frankfurt am Main 2003.

MEYER, Thomas, "Die Begegnung zwischen Paul Celan und Martin Heidegger" (Celans Gedicht "Todtnauberg"), Hagalil, 24.02.2009.

http://www.hagalil.com/ archiv/ 2000/12/celan.htm [zuletzt: 15.02.2017]

MILECH, Titus,

– «La temporalité maniérée. Le maniéré ou l'ombre du passé dans la présence parentale», L'Art du comprendre, n 10, Paris 2001.

– Die Leiden des Blalla W. Hallmann oder seine Leidenschaft, unser Dunkelstes ans Licht zu bringen in Matthias Reichelt, (Hrsg.), Die Sprache verschlagen. Die Bildgewalt des Blalla W. Hallmann, Verlag für Moderne Kunst, Nürnberg 2007.

– "Deux dernières lettres à mon père", Approches, n 146, Paris, 2011.

– "Collective and personal identity in times of destabilization", Journal of the Hellenic Systemic Thinking & Family Therapy Association, No 8, Athens 2016.

http://www.hestafta.org/index.php?option=com_content&view=article&id=165:collective-and-personal-identity-in-destabilization [zuletzt: 14.02.2017]

MILLER, Alice, Am Anfang war Erziehung, Suhrkamp, Frankfurt am Main 1983.

MITSCHERLICH, Alexander und Margarete, Die Unfähigkeit zu trauern. Grundlagen kollektiven Verhaltens, Piper, München 1968.

MÖNCH, Regina, "Völkermord an Armeniern vom Lehrplan genommen", FAZ Feuilleton vom 24.01.2005.

http://www.faz.net/aktuell/feuilleton/brandenburg-voelkermord-an-armeniern-vom-lehrplan-genommen-1208914.html [zuletzt: 13.02.2017]

MÜLLER-CLAUDIUS, Michael

– Deutsche Rassenangst. Eine Biologie des deutschen Antisemitismus, Schwetschke, Berlin 1927.

http://sammlungen.ub.uni-frankfurt.de/freimann/content/titleinfo/177638 [zuletzt: 13.02. 2017] (Vollständiger Text im PDF)

– Der Antisemitismus und das deutsche Verhängnis, Joseph Knecht Verlag, Frankfurt am Main 1948.

MÜLLER-HOHAGEN, Jürgen, Verleugnet, verdrängt, verschwiegen. Seelische Nachwirkungen der NS-Zeit und Wege zu ihrer Überwindung, Kösel-Verlag, 2. Aufl., 2005.

NACHAMA, Andreas; Julius H. SCHOEPS, Hermann SIMON, (Hrsg.), Juden in Berlin, Henschel Verlag, 2002.

NORDHAUSEN, Frank, "Ja, es ist hart, aber nützlich", Frankfurter Rundschau vom 19. März 2015.

http://www.fr-online.de/kultur/voelkermord-armenier--ja--es-ist-hart--aber-nuetzlich-,1472786,30168910.html [zuletzt: 13.02.2017]

ONFRAY, Michel, Le songe d'Eichmann, Galilé, Paris, 2008.

OUAKNIN, Marc-Alain, Bibliothérapie, Seuil, Paris, 1994.

PAPANDREOU, Zeta, «Δίστομο: Ιστορική συνείδηση και κοινωνική μνήμη» - Η Αυγή Online, 2015. http://www.avgi.gr/article/5563716/distomo-istoriki-suneidisi-kai-koinoniki-mnimi# [zuletzt: 13.02.2017]

PETER, Jürgen, Der Nürnberger Ärzteprozeß im Spiegel seiner Aufarbeitung anhand der drei Dokumentensammlungen von Alexander Mitscherlich und Fred Mielke. Münster, Hamburg 1994.

REICHEL, Peter, Vergangenheitsbewältigung in Deutschland. Die Auseinandersetzung mit der NS-Diktatur von 1945 bis heute, C. H. Beck, München 2001.

REICHELT, Matthias (Hrsg.), Die Sprache verschlagen. Die Bildgewalt des Blalla W. Hallmann, Verlag für Moderne Kunst, Nürnberg, 2007.

REZVANI, Serge, L'origine du monde, Actes Sud, Arles, 2000.

RICHEZ, Marion, La conscience du corps à la lumière de Victor von Weizsäcker, Thèse en philosophie, Sorbonne, Paris, 2017.

ROSH, Lea & Eberhard JÄCKEL, Der Tod ist ein Meister aus Deutschland, Hoffmann & Campe, Hamburg 1990.

SCHEUB, Ute, Das falsche Leben. Eine Vatersuche, Piper, München 2006.

SCHREBER, Daniel Paul, Denkwürdigkeiten eines Nervenkranken, Oswald Mutze, Leipzig 1903.

SCHÜRMANN, Reiner, Les Origines, Fayard, 1976.

SCHWAIGER, Günter, Les Vraies Valeurs selon Hafner, Dokumentarfilm (Österreich/ Spanien) 2007.

SEELOW, Soren, «17 octobre 1961: 'Ce massacre a été occulté de la mémoire collective'», Le Monde, 17/10/2011. http://www.lemonde.fr/societe/article/2011/10/17/17-octobre-1961-ce-massacre-a-ete-occulte-de-la-memoire-collective_1586418_3224.html [zuletzt: 13.02.2017]

SEELOW, Soren, «17 octobre 1961: 'Ce massacre a été occulté de la mémoire collective'», Le Monde, 17/10/2011.

http://www.lemonde.fr/societe/article/2011/10/17/17-octobre-1961-ce-massacre-a-ete-occulte-de-la-memoire-collective_1586418_3224.html [zuletzt: 13.02.2017]

SFOUNTOURIS, Argyris, Trauer um Deutschland. Reden und Aufsätze eines Überlebenden. Herausgegeben v. Gerhard Oberlin. Königshausen & Neumann , Würzburg 2015.

SPECTOR, Shmuel & Geoffrey WIGODER (editors), The Encyclopaedia of Jewish Life Before and During the Holocaust (3 Vol.), New York University Press, 2001.

SPONSEL, Rudolf, "Zur Etymologie der Worte von Wahn und Wahnsinn", Internet Publikation für Allgemeine und Integrative Psychotherapie, 1999-2015.

http://www.sgipt.org/gipt/psypath/et_wahn0.htm [zuletzt: 13.02.2017]

STERN, Anne-Lise, Le savoir déporté. Camps, histoire, psychanalyse, Seuil, Paris, 2004.

STEINHOFF, Volker, "Holocaust – Die Lüge von den ahnungs-losen Deutschen. Die Nachkriegs-Ausrede vieler Deutscher. Eine Lebenslüge", Das Erste, Panorama-Beitrag vom 10. Mai 2001. Video (12'14"): https://www.youtube.com/watch?v=d3Hg99XGCIw [zuletzt: 13.02.2017]

STEINBACHER, Sybille, "Eine deutsche ‚Musterstadt'. Die Geschichte von Auschwitz im Zweiten Weltkrieg oder: Zwischen Alltag und Massenmord", in Frankfurter Rundschau Online vom 29. 08. 2000. http://www.hagalil.com/archiv/2000/09/auschwitz.htm [zuletzt: 13.02. 2017]

STERN, Fritz, Fünf Deutschland und ein Leben. Erinnerungen, C. H. Beck, München 2007.

STIERLIN, Helm, Adolf Hitler, Familienperspektiven, Suhrkamp, Frankfurt/Main 1975.

TERESTSCHENKO, Michel, Un si fragile vernis d'humanité. Banalité du mal, banalité du bien, Édition La Découverte, Paris, 2005.

TERNON, Yves, Perception et prévention du génocide (Vortrag gehalten, anlässlich der Tagung zum Thema, "Lernen und sich erinnern: Holocaust, Genozide und organisierte Staatsverbrechen im 20. Jh., Berlin vom 12 bis 15 März 2003.

TÖLLE, Gertrud, Wir waren Nachbarn. Spuren jüdischen Lebens in der Stadt Wünnenberg, Hrsg.: Gertrud Tölle, 2014.

TROYKE, Karsten, Leg den Kopf auf meine Knie, jiddische Lieder, Producer: Peter Talmann, 1998, Raumer Records RR 12698.

TZELEPI, Chryssa & Akis KERSANIDIS, The Chronicle of an Extermination, documentary, Greece, 2013.

URBANEK, Julia, "Das Treffen von Paul Celan und Martin Heidegger als Märchen-Drama – 'Man versteht nichts und weiß alles'", David. Jüdische Kulturzeitschrift. Heft Nr. 70, Dezember 2006. http://www.david.juden.at/kulturzeitschrift/66-70/70-urbanek.htm [zuletzt: 13.02. 2017]

VERHOEVEN Michael, Der unbekannte Soldat, Dokumentarfilm, 2006. http://www.3sat.de /page/?source=/ard/sendung/137042/index.html [zuletzt: 13.02.2017]

VIDAL, Dominique (éditeur), Les historiens allemands relisent la Shoah, Édition Complexe, 2002.

WIECK, Michael, Zeugnis vom Untergang Königsbergs. Ein "Geltungsjude" berichtet, HVA, Heidelberg 1990.

WEINSTEIN, Miriam, Yiddish. Mots d'un peuple, peuple de mots, Éditions Autrement, Paris, 2003.

WEISSBERG, Nea

– (Hrsg.) Als man Juden alles, sogar das Leben raubte... Über die nachträgliche Wirksamkeit der nationalsozialistischen Zerstörung. Gespräche mit den Nachkommen der Täter und der Opfer. Ein Interviewbuch, Lichtig-Verlag, Berlin 1996.

– Das Glück hat mich umarmt. Ein Briefroman, Lichtig Verlag, Berlin 2008.

– (Hrsg.) Mit Jürgen MÜLLER-HOHAGEN (Hrsg.), Beidseits von Auschwitz. Identitäten in Deutschland nach 1945. Lichtig-Verlag, Berlin 2015.

WILLENBERG, Samuel, Révolte à Treblinka, Édition Ramsay, Paris, 2004.

WILLMS, Johannes (Autor), Bernard LORTOLARY (Übersetzer), La maladie allemande: Une brève histoire du présent, Gallimard, Paris, 2005.

ERHARD ROY WIEHN

WIE WAR DAS MÖGLICH?

NACHWORT MIT TEXTAUSZÜGEN ALS EINFÜHRUNG

"Nur das Unmögliche ist der Mühe wert."
Titus Milech, S. 19 u. 23.

In unserer Edition Schoáh & Judaica haben wir seit 1984 zwar auch einige Judaica veröffentlicht, vor allem jedoch Schriften zur Schoáh: Überlebens- und Nichtüberlebensberichte, weil wir vor allem den Opfern ihre Stimme zurückgeben wollten. Damit versuchten und versuchen wir, so gut wie möglich dem gerecht zu werden, was auch der Autor der vorliegenden Schrift fordert: "Das Mindeste, wozu wir bereit sein sollten, ist, sehr aufmerksam zuzuhören, was diejenigen zu sagen haben, denen auf Grund des deutschen Wahns die schrecklichsten Leiden widerfahren sind." (S. 11)

*

Dr. med. Titus Milechs *Tatort Deutschland – Meine unheimliche Heimat* ist unsere erste Publikation eines französischen Psychiaters deutscher Herkunft, der lange in Marseille praktizierte und seit einigen Jahren in Griechenland lebt. *Tatort Deutschland* ist eine der aufrichtigsten, bewegendsten, einzigartigstens, persönlichsten, schärfsten, schonungslosesten, stärksten Selbst- und zugleich deutschen Gesellschaftsanalysen, die aus dem Leiden an Deutschland und der deutschen Geschichte entstand. Dazu in diesem Nachwort einige Auszüge als Einführung in das außergewöhnliche Buch von Titus Milech:

"Zusätzlich zu dem ererbten Kranksein bin ich auch noch persönlich krank geworden; an dem Deutschtum, das mir überliefert wurde, an seiner Blindheit über sich selbst, an der Falschheit und den lächerlichen (ein Kind aber sehr beeindruckenden) Posen fast aller 'Respektspersonen', denen ich in meinem Leben begegnet bin. – Ich kann meine deutsche Sprache kaum noch ertragen, und seit langem nur mit Unbehagen hören oder sprechen." (S. 12) – "Deutschland kommt mir vor wie ein einziger Tatort und ein riesengroßes Grab, mit einem hübschen Deckel drauf." (S. 26) – "'AM DEUTSCHEN WESEN SOLL DIE WELT GENESEN' hallt es noch von fern und nah ... Dann kommen die Maßlosigkeit, der Stolz, der Hochmut und die Überheblichkeit. Für mich ist die 'Kultur' des Deutschtums eindeutig krankhaft." (S. 60) – Von der eigenen Mutter muß der Autor hören: "'Der Krieg ist seit fast 50 Jahren vorbei! Das reicht jetzt! Davon wurde genug geredet! Was wisst ihr schon. Ihr habt damals nicht gelebt und vergesst immer, dass Hitler sehr viel Gutes für das deutsche Volk getan hat!'" (S. 67)

Aber "Wie ich mit Scham feststellen musste, dass nahezu alle meine Patienten, direkt oder indirekt, unter den Deutschen gelitten hatten." (S. 68) Und "Um Deutschland 'von innen', um das umgestülpte, das umgekrempelte Deutschland kennenzulernen, sehe ich mir seine Tatorte und deren Gedächtnisstätten an." (S. 70) – "Wer vom 'Endsieg' träumte, träumte von der Beständigkeit eines national-sozialistischen Großdeutschland mit mehr oder weniger derselben Führung und derselben Politik. Er träumte von einem endgültig judenfreien Europa und dem 'Verschwinden' von zig Millionen von Slawen und anderen 'Minderwertigen', einem gigantischen 'Lebensraum' bis zum Ural und, warum nicht, bis an den Pazifik, frei für die endlose Entfaltung der 'besten Menschenrasse der Welt, dem Arier, dem Deutschen.'" (S. 71)

"*Wie ein guter Christ an Gott glaubt, so glaubte sie als 'gute Deutsche', dass Juden keine Deutschen seien und auch nie Deutsche werden könnten. (...) Was den Juden am Ende wirklich in Polen geschah, hätte man selbstverständlich nicht gewusst. 'UND WENN WIR ES GEWUSST HÄTTEN, WAS HÄTTEN WIR TUN KÖNNEN? WIR WOLLTEN, DASS DIE JUDEN IN FRIEDEN LEBEN, ABER NICHT BEI UNS!'*" (S. 75) – "Ohne Zweifel ist das allererste, so viel wie möglich über die deutschen Verbrechen wissen zu wollen, die Opfer anzuhören und ihre Berichte zu lesen." (S. 84) – "Wer es eilig hat, kann sich darauf beschränken, nur die Namensliste der von uns in Europa ermordeten Juden zu lesen, die man im Holocaust-Mahnmal in Berlin einsehen kann. Dafür sind nur sechs Jahre, sieben Monate und siebenundzwanzig Tage notwendig." (S. 102)

Doch "Wenn wir anfangen, den entsetzlichsten Dingen ins Auge zu sehen, hat unsere Genesung begonnen." (S. 154) "Zu schreiben, was ich hier schreibe, ist mir ein Bedürfnis. Ich möchte meinen Empfindungen Ausdruck verleihen und mir Luft machen. Auch wenn vieles sehr persönlich ist und stören mag. Gerade das mir Persönlichste will ich vermitteln, denn niemand kann das an meiner Stelle tun. Ich hoffe, mit meinen Bekenntnissen und Überlegungen beizutragen, die schwer zugänglichen (subjektiven) Gründe aufzudecken, die unseren Nazi-Wahn und seine Verbrechen möglich machten. Als 'Fachmann' weiß ich, dass wir neue Krisen nur dann vermeiden können, wenn wir uns unserer Schwachstellen oder krankhaften Veranlagungen bewusst sind, und sie nie aus den Augen verlieren." (S. 155) "Es ist für mich, als Deutscher, unvorstellbar geworden, mich nicht mit dem Holocaust und den anderen Naziverbrechen zu beschäftigen." (S. 158)

"Gehen wir noch einmal zurück zu dem 'deutschen Wahn' und der ihm zugrundeliegenden Identitätsschwäche. Warum gab es die übergroße Begeisterung für ein starkes großdeutsches Reich, für einen allmächtigen Führer und für den 'unerbittlichen' Kampf gegen Unmengen von 'unguten Menschensorten' oder allerlei 'bösen' Feinden? Weil der Identitätsschwache zusammenbricht, wenn er sich nicht an einem Idol und/oder einer oft gemeinsamen 'großen Sache', einer Ideologie, einem Dogma festhalten kann. – Das scheint mir übrigens die psychologische Basis aller Formen autoritären, totalitären und faschistischen Denkens zu sein." (S. 161)

*

Auch wenn man vielleicht nicht mit allen Überlegungen des Autors übereinstimmen mag, kommt Dr. med. Titus Milechs *Tatort Deutschland – Meine unheimliche Heimat* doch absolut zur richtigen – zur *rechten (!)* – Zeit, insbesondere wenn man den Ausgang der Bundestagswahl 2017 und den Einzug einer rechtsradikalen Partei in den Bundestag bedenkt – 72 Jahre nach dem Ende des Zweiten Weltkriegs und der Holocaust-Schoáh in Europa keine Alternative, sondern eine Schande für Deutschland.*

25. September 2017

Franz Kafka an Oskar Pollak am 27. Januar 1904 (im Eingangsbereich der Tel Aviv University, Foto Erhard Roy Wiehn)

* "Deutsches Wahlergebnis erhöht Sorgen der europäischen Juden", in: Tachles – Das jüdische Wochenmagazin (Zürich) im Internet am 25. September 2017.

Dr. med. Titus Milech

Geboren am 24. September 1947 in Tübingen.

Familie bis Januar 1945 ansässig im ehem. Königsberg - Ostpreußen (Kaliningrad) und im ehem. Kolberg - Pommern (Kołobrzeg).

1966–1967 Studium Generale (Philosophie u. Psychologie) in Tübingen und Wien.

1968–1974 Medizinstudium in Erlangen, Lyon (DAAD Stipendium) und Würzburg.

1969 Arbeit als Pflegerhelfer im "Bau 21" (Psychiatrische Abteilung) des Städtischen Krankenhauses Nürnberg.

1969 "Individualreise" durch die Sowjetunion, den Mittleren Orient und die "Ostblockstaaten".

1971–1978 erste Lehranalyse (Phänomenologischer Orientierung).

1975–1978 Wissenschaftlicher Assistent an der Psychiatrischen Universitätsklinik Würzburg. Schwerpunkt Sozialpsychiatrie (Mitbegründer der extramuralen Psychiatrie in Unterfranken).

1979–1980 *assistant étranger* an der Universitätsnervenklinik in Marseille. Durchführung einer Studie über die extramurale Psychiatrie im Departement der *Bouches du Rhône* (unterstützt von der Deutschen Forschungsgemeinschaft).

1981–2009 Freie Praxis als Psychiater und Psychotherapeut/Psychoanalyst in Marseille.

1996–2003 zweite Lehranalyse (Freud - Lacan Orientierung).

1997–2011 Mitglied der *Société de Psychanalyse Freudienne* (SPF).

Mitglied der *École française de Daseinsanalyse* (EFD).

Seit 2010 im Ruhestand. Umzug nach Thessaloniki.

Vorträge und Publikationen

«L'en-nuit de Christian Gabrielle Guez Ricord», *Sorgue, Poésie Art Littérature*, n 2, L'Isle-sur-la Sorgue, 2000. http://www.leboisdorion.fr/sorgue_n2_christian_ga-brielle_guez_ricord-65-4.html [zuletzt: 09.10.2017]

Thérapie d'identité selon Benedetti, in:Dominique Pringuey et Franz Samy Kohl (Hrsg.), *Phénoménologie de l'identité humaine et Schizophrénie,* Collection Phéno, Paris, 2001.

«Le maniéré ou l'ombre du passé dans la présence parentale», *L'Art du comprendre*, n 10, Paris 2001.http://www.artducomprendre.com/precedents.php [zuletzt: 09.10.2017]

Die Gruppe und der Einzelne im Werk von Edvard Munch, Vortrag anlässlich des XIII. Weltkongress der WADP (world association of dynamic psychiatry), München, 13-17 mars 2001.http://www.wadp-congress.de/2001/con-2001-vortrag.html [zuletzt: 09.10.2017]

Destin de la folie et psychothérapie analytique, Vortrag anlässlich der Journées d'Études de la SPF (Société de Psychanalyse Freudienne), Paris, 22. u. 23. März 2003.

«Délirer' selon Binswanger», *L'Art du comprendre* n 3-4, Paris 2004/2005.

Edvard Munch et le cri identitaire, Vortrag anlässlich der Journée de psychiatrie phénoménologique, Nice, 9. Mai 2005. https://newsletter.phenomenology.ro/pages/nice-mai-2005.htm [zuletzt: 09.10.2017]

Die Leiden des Blalla W. Hallmann oder seine Leidenschaft, unser Dunkelstes ans Licht zu bringen, in: Matthias Reichelt (Hrsg.), *Die Sprache verschlagen – Die Bildgewalt des Blalla W. Hallmann*, Verlag für Moderne Kunst, Nürnberg, 2007. https://vfmk.org/de/shop/die-sprache-verschlagen [zuletzt: 09.10.2017]

Le lieu du crime. L'Allemagne l'inquiétante étrange patrie, L'Harmattan, Paris 2011. http://www.editions-harmattan.fr/index.asp?navig=auteurs&obj=artiste&no=20084 [zuletzt: 09.10.2017]

«Deux dernières lettres à mon père», *Approches. Revue trimestrielle. Littérature et science humaines*, n 146, Paris 2011.

Du corps souffrant au sujet parlant, Vortrag anlässlich der Journée de l'EFD (École Française de Dasein Analyse), Paris, 16. Juni 2012. http://www.daseinsanalyse.fr/index.php?option=com_content&view=article&id=52:milech-t-16062012d&catid=2:textes-des-communications&Itemid=16 [zuletzt: 09.10.2017]

"Was, als Deutscher, zu Auschwitz sagen?", Vortrag anlässlich des Gedenktages der Stadt Thessaloniki zur 69jährigen Befreiung des KZ Auschwitz unter dem Thema: "Nie wieder Faschismus", Thessaloniki, 31.01.2014. Text auf Griechisch: *http://www.alterthess.gr content/ti-mporo-os-germanos-na-po-gia-aoysvits-toy-titoys-mileh* [zuletzt: 09.10.2017]

Ο τοποσ του εγκληματος. Γερμανία, η ανησυχητική παράξενη πατρίδα, Thyrathen, Thessaloniki, 2013. http://www.thyrathen.gr/book.php?id=199 [zuletzt: 09.10.2017]

Mit Margarita LAZAROU, «La contradiction au cœur du peuple grec», *Approches* N 163, édition Dacres, Paris 2015 http://revue-approches.fr/n163-la-contradiction/ [zuletzt: 18.02. 2017]

"Collective and personal identity in times of destabilization", *Journal of the Hellenic Systemic Thinking & Family Therapy Association*, N 8, Athens, 2016.Text auf Englisch: http://www.hestafta.org/index.php?option=com_content&view=article&id=165:collective-and-personal-identity-in-destabilization-periods1&catid=2:uncategorised&Itemid=106 [zuletzt: 18.02.2017]

Dr. Drs. h.c. Erhard Roy Wiehn, M.A.

Professor (em.) im Fachbereich Geschichte und Soziologie der Universität Konstanz; Veröffentlichungen vor allem zur Schoáh & Judaica;

https://de.wikipedia.org/wiki/Erhard_Roy_Wiehn

Bücher der Edition Schoáh & Judaica aus den Jahren 2024 - 2026

Erhard Roy Wiehn (Hg.), . Gegen Vergessen III. Zehn neue Einführungen in unsere Edition Schoáh & Judaica. George Orwell 40 Jahre später. Special Postscript by Peter Kasdan. 2024. 216 Seiten, € 29,80. ISBN 978-3-86628-812-6

Erhard Roy Wiehn (Hg.), Jüdische Hommagen an Menschen und anderes. 2024, 122 Seiten. € 19,80. ISBN 978-3-86628-795-2

Irene Gabriele Gill, Ein Flüchtlingsleben. Erfahrungen einer dem Holocaust Entkommenen. Herausgegeben von Erhard Roy Wiehn. 2024. 276 Seiten. € 24.80. ISBN 978-3-86628-806-5

Erhard Roy Wiehn (Hg.), Jüdischkeit im Holocaust. Überlebensgeist und Überlebenskraft.2024. 216 Seiten, € 24,80. ISBN 978-3-86628-813-3

Menachem Amitai, „Ich nehme es Ihnen nicht übel, dass Sie Jude sind." Ein jüdischer Psychoanalytiker in Deutschland. Herausgeg. von Erhard Roy Wiehn. 2024. 138 Seiten; € 24,80. ISBN 978-3-86628-819-5

Erhard Roy Wiehn (Hg.), Jüdische Kinder im Holocaust. Erinnerungen. 2024, 226 Seiten; € 29,80. ISBN 978-3-86628-820-1

Christel Wollmann-Fiedler, Judaica und Israelia. Biographisches, Dichtung, Feste, Interviews, Kunst, Reiseberichte, Rezensionen. Herausgegeben von Erhard Roy Wiehn. 2024. 366 Seiten, € 39,80. ISBN 978-3-86628-817-1

Erhard Roy Wiehn (Hg.), Jüdische Hoffnungen im Holocaust - Erinnerungen der Edition Schoah & Judaica. 2024. 94 S., € 24,80. ISBN 978-3-86628-822-5

Erhard Roy Wiehn (Hg.), Pfadfinder in der deutschen Nachkriegszeit. Gesammelte Erinnerungen. Vorwort von Anton Markmiller. 2024. 148 Seiten. € 24,80. ISBN 978-3-86628-827-0

Erhard Roy Wiehn (Hg.), Pfaff-Lehrlinge erinnern sich an ihre Lehrzeit in Kaiserslautern 1951-1955. 2024. 132 Seiten. € 29,80. ISBN 978-3-86628-830-0

Erhard Roy Wiehn (Hg.), Jüdisches Jahresarchiv 2024. Zehn neue Einführungen in die Edition Schoáh & Judaica sowie Miszellen aus meinem Lebenskontext. 2025. 236 Seiten. 34,90 €. ISBN 978-3-86628-826-3

Xenis Sachinis, Meine Holocaust Kunst - My Holocaust Art - Η τέχνη μου στο Ολοκαύτωμα. Einführungen - Introductions – Εισαγωγές. Triandafillos Tranos & Titus Milech. Vorwort und herausgeg. von Erhard Roy Wiehn. 2025; 266 Seiten, € 49,80. ISBN 978-3-86628-842-3

Erhard Roy Wiehn, Nichtsdestotrotz. Mein Weg zu mir und zur Welt. Erinnerungen 1937-2025. 1. Aufl. 2025. 378 Seiten. 39,90 €, ISBN 978-3-86628-843-0

Erhard Roy Wiehn (Hg.), Gretel Baum Merom. Hommage an eine zionistische Pionierin 1913-2019. 1. Aufl. 2026. 118 Seiten. 19,80 €, ISBN 978-3-86628-800-3